项目资助

2018年国家社科基金项目"西北农村教学点信息化演进的质性研究"（项目号：18XSH006）

宁夏大学西部一流教育学科系列丛书

王安全 / 主编

西北地区农村教学点信息化演进研究

马晓玲 ◎ 著

中国社会科学出版社

图书在版编目（CIP）数据

西北地区农村教学点信息化演进研究 / 马晓玲著 . -- 北京：中国社会科学出版社，2024.10

（宁夏大学西部一流教育学科系列丛书）

ISBN 978-7-5227-3696-9

Ⅰ.①西⋯ Ⅱ.①马⋯ Ⅲ.①教育工作—信息化—作用—乡村教育—教学模式—研究—西北地区 Ⅳ.①G725

中国国家版本馆CIP数据核字（2024）第110754号

出 版 人	赵剑英	
责任编辑	赵 丽	
责任校对	刘 念	
责任印制	郝美娜	

出　　版	中国社会科学出版社	
社　　址	北京鼓楼西大街甲158号	
邮　　编	100720	
网　　址	http://www.csspw.cn	
发 行 部	010-84083685	
门 市 部	010-84029450	
经　　销	新华书店及其他书店	
印　　刷	北京明恒达印务有限公司	
装　　订	廊坊市广阳区广增装订厂	
版　　次	2024年10月第1版	
印　　次	2024年10月第1次印刷	
开　　本	710×1000　1/16	
印　　张	20.25	
字　　数	302千字	
定　　价	118.00元	

凡购买中国社会科学出版社图书，如有质量问题请与本社营销中心联系调换
电话：010-84083683
版权所有　侵权必究

宁夏大学西部一流教育学科系列丛书
编委会

学术顾问（按姓氏笔画为序）
    石中英 卢晓中 刘铁芳 张斌贤
    范国睿 郝文武 涂艳国 戚万学
    阎凤桥
主　任 王安全 拜发奎
副主任 周福盛 王淑莲 李晓春
主　编 王安全
副主编 丁凤琴 焦岩岩
编　委（按姓氏笔画为序）
    丁凤琴 马　娥 马晓凤 马笑岩 马晓玲
    王安全 王惠惠 田养邑 关　荐 李英慧
    何晓丽 陈　琼 陈淑娟 郝振君 顾玉军
    贾　巍 曹二磊 谢延龙 焦岩岩

总序

党的十九大报告明确提出，要加快一流大学和一流学科建设，实现高等教育内涵式发展。党的二十大报告强调指出，坚持以人民为中心发展教育，加快建设高质量教育体系，发展素质教育，促进教育公平。在国家"双一流"高校建设背景下，西部地区各省市区的许多地方院校结合其自身实际，分别提出了建设国家或者西部一流大学、西部一流学科的战略构想。宁夏回族自治区党委和政府也结合实际提出了"集中建设一批优势特色学科和重点专业，把宁夏大学办成西部一流大学"的总体要求。宁夏大学根据自治区一流大学和一流学科建设精神，提出分 A、B 两个层次建设国内和西部一流学科的要求。教育学是宁夏大学西部一流学科建设的任务之一，因此，学校对其提出了明确要求：提升教师教育人才培养和研究能力，引领自治区基础教育快速发展。

为扎实有效地推进宁夏大学西部一流教育学科建设，孕育和推出一批高质量、有影响力的学术研究成果，宁夏大学教育学院、教师教育学院从 2017 年开始，组织教师教育理论、教师教育课程教学理论、教师教育心理学理论和教师教育信息化方向的科研团队积极开展相关研究。2018—2020 年，在科学出版社推送出 7 本有分量的系列研究成果，汇集为丛书出版。在"双一流"高校二期建设期间，宁夏大学教师教育学院科研人员又与中国社会科学出版社联系，计划出版9本系列丛书，它们分别为：

1. 王安全《西部乡村振兴中的教师教育供给制度研究》。该书以宁夏西吉、海原、固原、隆德等地，甘肃庄浪，陕西定边，新疆南疆英吉沙县，四川老林，贵州花溪、凯里六省（区）为主，辅之以青海、内蒙古、云南、四川、重庆、广西等地；抽取十省（区）不同县域及其具有代表性的学校（共计57所），以本地区教育行政人员、乡村学校管理人员、师生、居民作为主要研究对象，以尊重教育情境为原则，通过文献分析方法、政策学政策文本分析法、社会学实地调查和访谈研究方法、民族学人种学研究方法、民俗学方法，运用比较研究方法，对西部乡村教师教育供给制度的历史与现状，西部乡村教师教育供给制度问题及原因，乡村振兴战略中的西部乡村教师教育供给制度内涵，西部乡村教师教育制度取向及变革方式等进行了系统研究，对提升西部乡村不同类型和层次贫困地区的教师教育制度科学化程度有重要参考价值。

2. 曹二磊《预科生数学核心概念理解水平及教学策略》。该书通过自编测试题目、专家对测试题目理解水平认证等环节，对预科生导数理解水平进行了全面系统的测查。在此基础上，该书结合课堂观察与课后访谈，深入挖掘了影响预科学生导数理解的隐性因素；并针对学生理解水平的测查结果，提出了有针对性的、促进其导数理解水平提升的教学策略；通过微型教学实验，验证了教学策略的有效性。该书不仅从整体上分析了预科学生对导数的理解水平，而且深入预科生内部，从导数理解的四个维度对不同专业、性别、定向高校的预科学生的具体理解水平进行了全面细致的考察，对存在的问题及困难做了具体分析与整体掌握，较以往的研究更全面和有针对性。该书没有局限在理论层面以评价学生概念理解水平为导向的质化理解水平问题进行讨论，而是通过本土化的实证研究，探讨了预科生导数理解的量化结果，这种探索在教育结果评价领域具有创新性。

3. 关荐《民族地区文化共同体建设的心理学路径研究》。该书依托心理学实证研究方法，着眼于文化认同与共同群体认同模型建构、文化与心理学之间关系梳理，以及文化认同如何促进文化共同体的建立展开研究。该书从群际接触、群际共情、群体动力三个方面重点探讨文化共同体建立的有效途径，从行为、眼动、神经生理等视角为铸牢中华文化共同体提供了证据，为增强中华民族文化认同，建设中华民族共同的精神家园，弘扬中华民族优秀文化，夯实国家认同基础提供了科学依据。

4. 马晓凤《精准帮扶视野下西北地区农村小规模学校发展研究》。西北农村小规模学校普遍分布在自然环境不利的贫困地区。受区域经济发展水平不均衡等因素的制约，小规模学校的资源配置普遍不均，师资配置严重匮乏。该书以西北三省（区）农村为范围，以陕西、甘肃、宁夏三省（区）17所小规模学校为重点研究对象（它们均来自贫困地区各个县区的中心小学、完全小学或非完全小学乃至教学点，具有典型性），以教育公平理论、市场缝隙理论、教育生态理论为依据，基于精准帮扶研究视角，综合运用多种研究方法，通过理论建构与实践探寻两个层面揭示西北地区小规模学校发展的基本现状及其发展困境，从总体上探究西北地区农村小规模学校发展特征及未来走向，对于贫困地区农村小规模学校的发展具有重要意义和参考价值。

5. 马晓玲《西北地区农村教学点信息化演进研究》。乡村教学点一直是农村偏远地区适龄儿童就近入学的重要途径，因此，国家出台了系列政策措施，以保障那些确需保留的教学点的生存与发展。该书认为，解决教学点生存与发展的路径有很多，其中借助于信息化赋能教育教学，是破解教学点发展难题的重要思路，也是国家长期以来的重要战略决策部署。为此，该书采取历史与现实相统一的思想以及质性研究范式，结合少量数据量化分析，梳理了西北地区农村教学点信息化演进的过程、路径、逻辑及问题等，以期丰富教学点信息化的相关研究，为教育管理部门的相关决策提供科学参考，为教学点信息化发展提供启示和借鉴。

6. 田养邑《后脱贫时代西北民族地区教育精准扶贫介入机制拓展研究》。该书将教育扶贫作为农家子弟生命史书写与创造的时空境遇，使用民族志、扎根理论、大样本问卷调查方法，生动地呈现了乡村境遇贫困产生的原因以及反贫困案例。同时，该书采用科学与人文结合的综合研究范式，全景式地扫描在全面打赢脱贫攻坚战之前宁夏特困地区教育精准扶贫介入机制，探索了这种介入机制的普遍架构，并将教育扶贫的结构化演进和再生产机制作为农家子弟教育反贫困的经典机制，拓展性地延伸到了后脱贫时代。

7. 马笑岩《小学教育专业教学质量评价标准研究》。该书梳理了国内外有关教学质量评价标准的文献资料，厘清了以学习为中心的小学教育专业教学质量评价标准的内涵；以分析中国本科小学教育专业教学质量评价的历史、现状及问题为切入点，在对现状进行实然考察的基础上，突破以"教师的教为核心"的评价维度，探索了"以学习为中心"的小学教育专业教学质量评价标准的指标框架，构建了以学习为中心的小学教育专业教学质量评价标准。同时，该书以学习中心教学理论、有效教学理论、第四代教育评价理论和人的全面发展理论等为指导，在理性反思的基础上，提出了以学习为中心的小学教育专业教学质量评价标准的保障机制和实施策略。

8. 李英慧《梁漱溟青年教育观研究》。该书以梁漱溟先生的经典作品《朝话》为文本，本着"小心求证"的原则，采用"求同比较"与"求异比较"的比较研究法，全面系统地梳理了梁漱溟先生青年教育观的主要内容，以及各部分内容之间的联系和区别；比较了梁漱溟青年教育观主要内容所遵循的共同原则与规律及其青年教育观与他的其他思想观点之间的异同与联系，重点归纳分析了梁漱溟青年教育观的理论特征及实现路径，初步探索了梁漱溟《朝话》所体现的青年教育观的当代价值。考察梁漱溟的青年教育观，虽然看似"题小"，但是却能赋予其新的研究价值与研究意义。

9. 陈琼《西北地区小学中华优秀传统文化传承的典型案例研究》。在对几所小学中华优秀传统文化传承实践加以总结的基础上，该书首先对文化育人理想和现实、文化自信与经济自卑、创造转化和迎合兴趣之间的关系进行了深入思考；其次，从目的、过程与路径、结果三个方面对小学阶段中华优秀传统文化传承教育的基本方式进行了建构；最后在借鉴案例研究学校积极经验、反思其传承不足和传承困境的基础上，从学校微观并辅之以中宏观层面提出了西北地区小学中华优秀传统文化传承教育的建议。该书认为，文化自觉意识和自主发展行动是促进当下西北地区乃至全国小学进行中华优秀传统文化传承教育的关键；清晰地确立学校文化传承教育的理念目标、积极探索"一体两翼"的文化传承思路、充分利用所处地域的地方文化特色资源、有效形成中宏观层面合力支撑的良好局面，是西北地区小学中华优秀传统文化传承教育发展的必由之路。

本系列丛书是宁夏大学教师教育学院多位学术骨干根据其专业经历和研究专长多年思考和研究的结果，具有较高的理论水平和实践意义。它们是宁夏大学教育科学研究水平和学科特色的一次集中展示，对推动我国教育科学研究水平提升和实践探索深化具有重要意义。教育学是一门学科，也是一个研究领域。作为学科，教育学尚需在概念体系、知识体系、理论体系和方法论体系等方面不断完善；作为研究领域，教育研究则需要更好地回应教育改革与发展的理论和实践诉求。学科发展需要和教育实践诉求共同推动着教育学科的发展，教育研究工作者使命光荣、任重道远。

我期待这些成果能在教育理论研究与区域教育改革实践中发挥应有作用；我希望读者对本系列丛书提出宝贵意见和建议，以帮助他们进一步修订和完善相关研究内容，这也是各位作者的真诚愿望；我相信，通过宁夏大学各位作者以及同仁的共同努力，一定能为提高宁夏大学乃至我国西部地区的教育研究水平做出更大的贡献。

是为序。

钟秉林

国家教育咨询委员会委员，国务院教育督导委员会总督学顾问
北京师范大学原校长、中国教育学会原会长

目 录

第一章 绪论 …………………………………………… （1）
    第一节 研究缘起 ………………………………… （1）
    第二节 研究意义 ………………………………… （19）

第二章 国内外研究现状 ……………………………… （28）
    第一节 国外研究 ………………………………… （28）
    第二节 国内研究 ………………………………… （59）
    第三节 核心概念界定 …………………………… （78）
    第四节 研究的理论基础 ………………………… （85）

第三章 关于质性研究的过程说明 …………………… （95）
    第一节 确定田野地点及对象 …………………… （95）
    第二节 进入现场的策略 ………………………… （104）
    第三节 建立关系 ………………………………… （105）
    第四节 搜集资料的具体方法 …………………… （106）
    第五节 研究的信度与效度 ……………………… （110）

第四章 西北地区农村教学点信息化演进 …………………………（112）
- 第一节 建立教学点信息化演进的分析框架 …………………（112）
- 第二节 教学点信息化演进阶段 ………………………………（118）
- 第三节 教学点信息化演进阶段与应用水平 …………………（188）
- 第四节 教学点信息化演进的三重逻辑 ………………………（200）
- 第五节 信息技术对教学点布局结构的影响及教学点信息化生存境遇 ……………………………………………………（217）

第五章 西北教学点信息化演进的问题和影响因素 ……………（239）
- 第一节 西北教学点信息化演进中的问题 ……………………（239）
- 第二节 西北教学点信息化演进的影响因素 …………………（247）

第六章 西北教学点信息化演进的创新策略和实践路径 ………（261）

第七章 总结与展望 ……………………………………………（272）
- 第一节 研究总结 ………………………………………………（272）
- 第二节 研究不足及展望 ………………………………………（275）

附录一 本书调查的西北五省（区）教学点名单 ………………（277）
附录二 教学点信息化演进调查问卷（半开放）………………（280）
附录三 张家塬乡中心学校2018年"一师一优课、一课一名师"活动实施方案（节选）………………………………………（284）
附录四 同步课堂远端教师教学能力调查问卷 …………………（287）
附录五 教学点教育信息化演进影响因素的校长访谈提纲 ……（290）
附录六 教学点教育信息化演进影响因素的教师访谈提纲 ……（292）

参考文献 ……………………………………………………………（294）

后 记 ………………………………………………………………（310）

第一章 绪 论

第一节 研究缘起

一 农村教学点是中国教育事业重要且薄弱的组成部分

教学点是为中国农村偏远贫困地区适龄儿童就近入学而设置的以复式教学为主的小规模不完全学校。其作用在于最大化地整合教育资源,为农村偏远地区受教育条件不利的学生就近入学提供基本保障,使学生有学上,满足少、边、困、偏地区学生的基本受教育需求,在一定程度上促进农村义务教育均衡发展和教育公平。教学点作为乡村学校,是乡村文明建设和乡土文化传承的主阵地,承担着文化服务的功能。对于增强当地社会的凝聚力、强化族群的认同感、传承文化习俗、丰富村民的文化生活、加强文化建设具有不可取代的作用。[1] 另外,小规模学校因为人数少,学生与教师及其他学生之间交流互动频繁,每个学生都能受到教师的关注,更有利于学生的成长。

一个国家的教育系统包括学校教育系统、校外儿童教育系统和成人文化教育系统几部分。其中,学校教育系统包括初等教育、中等教育、高等教育等各级学校以及普通教育和专业教育等各类学校。教学点属于

---

[1] 赵丹、吴宏超:《全球视域下农村小规模学校作用的重新审视》,《教育发展研究》2012年第3期。

初等教育的范畴，是中国教育系统的重要组成部分，其与中等教育、高等教育一起为中国教育事业发展做出了贡献。由于教学点大都地处农村偏远贫困地区，当地经济发展水平决定了教学点办学条件、学校校舍、教育教学资源等办学水平落后，师资严重短缺，教育质量低下。尽管如此，它们依然是偏远农村教育的重要支撑，为农村当地学生上学带来无法取代的便利，得到当地居民的大力拥护和支持。

二　农村教学点具有多样性、多态性和独特性

中国幅员辽阔，自然、经济、历史、区位及制度方面的差异所造成的区域经济发展不平衡由来已久。这种不平衡不仅表现在东西部之间，也表现在城乡之间、大中小城市之间。教育在一定程度上受制于当地经济发展水平，因此，各地区的教育也明显存在着差异。就教学点而言，这种差异表现为不同地区、区域教学点的分布、规模和数量、学生数等的不同。《中国教育统计年鉴2021》显示，中国教学点分布在28个省区，共有83623所教学点[1]，一部分教学点开展复式教学。各省区教学点数量、教学点班级数、复式班级数如表1-1所示。

表1-1　　　全国各省市区小学校数、教学点数及班数

	学校数（所）	教学点数（个）	教学点数占学校数的比例（%）	班数（个）	复式班（个）	复式班数占班数的比例（%）
北京	837	0	0	29977	0	0
上海	680	0	0	23899	0	0
天津	895	0	0	19907	0	0
河北	11604	6546	56.41	181768	280	0.15
山西	4668	1535	32.88	69870	186	0.27
内蒙古	1661	635	38.23	37468	7	0.02

---

[1]　中华人民共和国教育部：《中国教育统计年鉴2021》，中国统计出版社有限公司2022年版，第10—11页。

续表

	学校数（所）	教学点数（个）	教学点数占学校数的比例（%）	班数（个）	复式班（个）	复式班数占班数的比例（%）
辽宁	2601	803	30.87	53994	0	0
吉林	3199	1047	32.73	37867	0	0
黑龙江	1380	668	48.41	35036	0	0
江苏	4116	215	5.22	139154	0	0
浙江	3257	69	2.12	98802	3	0
安徽	6964	2685	38.56	130280	184	0.14
福建	5077	1433	28.23	86681	55	0.06
江西	6753	8096	119.89	118387	1062	0.90
山东	9458	1472	15.56	191084	0	0
河南	17500	12495	71.40	286636	27	0.01
湖北	5322	3231	60.71	94186	58	0.06
湖南	7132	6876	96.41	138741	187	0.13
广东	10599	5533	52.20	278070	15	0.01
广西	7950	9695	121.95	137684	722	0.52
海南	1374	1040	75.69	23194	0	0
重庆	2717	4937	181.71	137403	5	0
四川	5443	4937	90.70	137403	63	0.05
贵州	6709	2404	35.83	100945	75	0.07
云南	10533	2864	27.19	109924	34	0.03
西藏	832	44	5.29	9598	0	0
陕西	4559	1706	37.42	76479	370	0.48
甘肃	4951	5013	101.25	70590	563	0.80
青海	729	612	83.95	13252	22	0.17
宁夏	1129	438	38.80	15484	18	0.12
新疆	3650	529	14.49	71842	0	0

资料来源：根据教育部《中国教育统计年鉴 2021》数据整理所得，教学点数单列，未计入学校总数。

西北地区农村教学点信息化演进研究

中国教学点具有多态性，包括新生型、偏远型和衰落型三种类型。新生型指由于以前要求村村办小学，村与村之间的距离很近，随着适龄入学学生的减少，为了整合教育资源，根据实际情况对邻村之间的村小进行撤并后形成的教学点，还有一部分是因为地理偏远无法撤并，但是学生数量逐年减少的一些小学及完全小学变为教学点或不完全小学，一般保留一至四年级。在调研中发现，很多新生型教学点并未挂牌，还在沿用以前的小学名称，如"同心县王团镇大沟沿学校""彭阳县新集乡白草洼村完全小学""吴忠市红寺堡区太阳山红沙窝小学""会宁县老君坡镇方坡小学""青海玉树扎芒小学""和田地区于田县奥托拉克乡小学"等，但实际上这些学校在近十年之内都变成了教学点。

偏远型是教学点最初也是延续至今的存在状态。这类学校一般地处偏远、散居的村落，服务于当地及周边村落，因地理偏远、交通不便的原因而无法与其他学校合并，因此不得不设立。2012年9月，《国务院办公厅关于规范农村义务教育学校布局调整的意见》发布，该意见指出："原则上每个乡镇都应设置初中，人口相对集中的村寨要设置村小学或教学点，人口稀少、地处偏远、交通不便的地方应保留或设置教学点。"① 这类教学点在农村布局调整前后一直存在，且一般从设立之始就被称为教学点，如宁夏海原县高崖乡沙窝教学点，从20世纪80年代建成起就一直是教学点，一直保持三个年级，生源最多时是33人，服务范围为周边3公里，服务人口约300余人。尽管该教学点近十五年来只有1位老师为三个年级教学，但这类教学点是一种不可替代的存在，不能轻易撤销撤并。

衰落型是指教学点从兴盛到维持再到消亡的过程。衰落有两种情况：一种是自然衰落。指随着城镇化建设进程加速，一部分村民选择进城务工，适龄儿童随迁进城读书，学生数量急剧减少，教育经费、教育资源

---

① 《国务院办公厅关于规范农村义务教育学校布局调整的意见》，http://www.gov.cn/zwgk/2012-09/07/content_ 2218779. htm。

· 4 ·

等随之削减，因此教育条件和质量受到了影响。因此，为了享受相对较好的教育资源及条件，剩下的村民会自愿选择将孩子送至邻近的村小或中心校上学。随之教学点将被合并或撤销，这种教学点的衰落是"自然消亡"，其撤并也遵从了村民的意愿。另一种衰落是"被自然衰落"。一部分未被撤并的教学点虽然保留下来了，但地方政府和管理部门消极对待之，即表面上教学点保留了，但却维持着低水平运转，师资力量薄弱，办学条件差，教学质量不高，老百姓不得不将孩子送到其他教学质量较好的学校上学。长此以往，教学点人数不断减少，最后"被自然衰落"。2015年中央"一号文件"提出要"因地制宜保留并办好村小学和教学点"[①]，很多教学点虽然保留下来了，但如何落实好这一文件的精神，既"保留"又"办好"，办得"小而优"，是一项需要地方政府统筹各方进行长远规划的战略任务。

中国教学点颇具独特性。教学点这一群体具有一些共性特点，包括地处偏远、交通不便、师资薄弱、学生数量少、教学质量较低等。但每个教学点又极具个性和独特性，表现在教学点的规模、师资数量和学历水平、校舍条件、学生数量、教学质量等方面差异很大。从所调研的教学点来看，教学点的规模差异很大，有从完全小学和村小变为教学点的，这类学校规模、校舍条件、教学资源等较为充裕。如甘肃会宁县整体教学点师资数量比较充裕，教学点教师最少有8位，教师学历大部分为本科，学生数量从6—13人不等；大部分教学点为1—3人，还有少部分为一师一校的教学点。西北地区部分教学点师生人数、学历等信息如表1-2所示。

由于中国教学点具有多样性、多态性和独特性，为了深入揭示这种多样性和独特性，本书采用质性研究范式，具体使用田野调查、教育叙事、扎根理论、案例研究等方法，结合少量数据展开分析。

---

① 《中共中央国务院关于加大改革创新力度加快农业现代化建设的若干意见》，中华人民共和国中央人民政府网（http：//www.gov.cn/zhengce/2015-02/01/content_ 2813034.htm）。

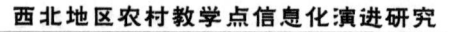

表1-2　　　西北地区部分教学点师生人数及教师学历

	教学点	教师数（人）	教师学历	学生数（人）	年级
至少8位教师	甘肃会宁县老君坡镇方坡小学	8	均为本科	12	四、五、六年级
	甘肃会宁县老君坡镇谢岔小学	8	均为本科	13	二、四、五、六年级
	甘肃会宁县会师镇南咀小学	10	本科4人 专科6人	6	二、三、四、六年级
4—7位教师	宁夏同心县王团镇大沟岩学校	7	在读研究生1人 本科5人 专科1人	112	一、二、三、四年级
	宁夏彭阳县白阳镇姬山教学点	5	本科3人 专科2人	19	一、二、三、四、六年级
	宁夏彭阳县新集乡白草洼小学	5	中专2人 大专3人	27	一、二、三、四年级
1位教师	宁夏海原县高崖乡沙窝教学点	1	中专1人	15	一、二、三年级
	宁夏海原县贾塘乡肖湾教学点	1	大专1人	12	学前班、二年级
	宁夏红寺堡区太阳山红沙窝小学	1	大专1人	3人	一年级
1位教师	红寺堡区巴庄小学	1	大专1人	2人	二年级

三　农村教学点经历了重要的演进发展

农村教学点在中国历史悠久，它与中国农村小学教育发展相伴相生。从组织形式来看，教学点大致经历了古代的"私学"，近代的"村学""乡学"以及现代的"不完全学校"等不同阶段。从政策演变来看，教学点基本上随着中国基础教育政策的变化而变化，教学点政策大致经历了改革开放初期的农村教育调整恢复阶段、农村教育综合改革阶段和城乡统筹改革阶段。

(一) 教学点发展历史演变

首先，就发展历史来说，在中国古代，传说中殷商时代就有了小学，称为"下庠"，周朝时期称为"序"，"家有塾，党有庠，术有序，国有学"。其中庠和塾都是乡村儿童受教育的地方，相当于中国现在的农村小学。先秦时期有国学和乡学，其中乡学是与国学相对而言的，泛指地方所设的学校，主要是私学性质的蒙学教育、乡塾和家学。孟轲说："设为庠、序、学、校以教之。……夏曰校、殷曰序、周曰庠，学则三代共之，皆所以明人伦也。"唐宋时期，教育发展兴盛，官学和私学并存，各类私塾使更多的乡村儿童有了受教育的机会。宋代出现的义学、义塾等都是农村小学教育的主要形式。元、明、清时期各地既有官办义学、社学，也有私人办的义塾、乡塾。清代集以往各类小学之大成，包括社学、义学、乡学、乡塾、书塾、具有蒙学性质的书院等。大体来讲，中国古代地方小学教育的形式主要是义学、社学、义塾、乡塾、书塾等，无论是官府办还是私人办，从教学组织形式来看，均呈现规模小、地方化的特点，它们与中国现在所说的农村教学点的办学特点存在很大相似之处，从教学组织形式来说，私塾可以说是教学点的雏形。

到了近代，如清末初期到鸦片战争以前，农村尤其是偏远地区的农村小学仍以传统私塾为主，正如有学者所言："大约到鸦片战争前，中国基础教育的主要组织形式还是社学、私塾，教学方式主要是教师个别指导、辅导。"民国初期，陶行知、梁漱溟等人纷纷倡导农村教育运动，这时的小学形式多样，包括村学、乡学、民众学校等。至今很多农村教学点仍留有以前"乡学、村学和初小"的特点。

1949 年中华人民共和国成立之后，各地掀起出钱办学校的热潮，乡村小学教育发展很快。1958 年和 1965 年，国务院两次提出国家办学和依靠群众办学的"两条腿走路"的方针，举办村小、简易学校、耕读学校等各种形式的小学。改革开放以后，农村基础教育逐步归政府管理。1985 年《中共中央关于教育体制改革的决定》规定，乡村义务教育实行三级办学、两级管理的体制；确立了利用财、税、费、产、社、基等来源多渠道筹措经费；国家提倡村村办小学。这使得"普九"期间创办小学再度兴起。而随着城镇化的加快、户籍制度改革、计划生育政策调整，农村适龄人口减少，农村小学的规模也随之减小，一些规模过小的学校被撤销或并入中心小学，也就是当前国家开展了近20年的中小学布局结构调整，很多学校被撤并后只保留了低年级，最终变成了教学点。

可见，教学点的发展历史源远流长，其规模小、一师一校、便利入学、复式教学等特征在某种程度上反映了古代私塾、近代村学与乡学对现代农村学校的深远影响。教学点这种特殊的学校类型，不是现代农村教育特有的产物，它甚至比中国正规的小学教育有着更悠久的历史；教学点也不是落后的教育，从某种意义上讲，它反而意味着"现代"。它是适应中国农村特殊群体受教育需求的一种学校类型和教学组织形式。

（二）教学点结构布局演变

学校布局调整是教育发展过程中常态的教育管理活动，教育管理者一般将随着自然环境的变动和社会背景的转换，审时度势地对学校布局进行合理完善，以适应周遭环境的变动和社会背景的转换。① 自改革开放以来，农村学校的布局经历了从酝酿、形成、启动到转型的阶段。历经40多年的发展，农村学校布局调整日趋完善和成熟。中国农村学校布局经历了以普及为基础的农村学校布局调整，以提效为基础的农村学校布局调整，以质优为基础的农村学校布局调整及以关注底线为基础的农村布局调整四个阶段。②

第一阶段（1978—1985年）：以普及为基础的布局调整。1978年，国务院《政府工作报告》提出："到1985年，在农村基本普及8年教育，在城市基本普及10年教育"；1979年《关于继续切实抓紧普及农村小学五年教育的通知》提出，普及教育要在"普及的基础上提高""但

---

① 史宁中等：《新农村建设与城镇化推进中农村教育布局调整研究》，经济科学出版社2014年版，第1页。

② 邬志辉等：《中国农村教育：政策与发展（1978—2018）》，社会科学文献出版社2018年版，第204—213页。

要十分慎重。农村、牧区、山区自然条件、生产条件和生活条件各不相同，十分复杂。调整学校布局，一定要坚持有利于儿童就近入学的原则，一定要坚持多种形式办学，决不能因此造成儿童失学"①。1980年12月，中共中央、国务院颁发《关于普及小学教育若干问题的决定》，提出要从实际出发，因地制宜采取多种形式办学……便于学生就近上学。1983年，《中共中央国务院关于加强和改革农村学校教育若干问题的通知》提出："我国农村情况千差万别，农村教育一定要从实际出发，因地制宜。办学应当坚持多层次、多种规格和多种形式。"② 这一阶段学校布局调整的价值取向是注重公平，因地制宜；对农村小学（包括教学点）的布局强调就近、灵活、因地制宜。

第二阶段（1986—2000年）：以提效为基础的布局调整。1986年第六届全国人民代表大会第四次会议通过的《中华人民共和国义务教育法》首次提出国家实行九年制义务教育，规定"地方各级人民政府应当合理设置小学、初级中等学校，使儿童、少年就近入学"③。随后又颁布了《国家教育委员会等部门关于实施〈义务教育法〉若干问题意见的通知》，提出"学校设置、布局要合理。小学的设置要有利于儿童少年就近入学。农村中心小学以下的村办小学，简易小学的设置、撤销，由乡人民政府提出意见、报县教育局审批"。该通知鼓励采取多种形式办学，"小学除举办按教学计划开设全部课程的全日制小学外，也可在贫穷、边远、居住分散的地区举办适当减少课程门类、适当调整教学要求的村办小学或简易小学"④。这两个文件只是要求学校布局合理，并规定了学校布局调整的审批程序和管理，但未就如何合理布局做出详细规定。

---

① 邬志辉等：《中国农村教育：政策与发展（1978—2018）》，社会科学文献出版社2018年版，第205页。

② 《中共中央国务院关于加强和改革农村学校教育若干问题的通知》，中国改革信息库（http://www.reformdata.org/1983/0506/6612.shtml）。

③ 中华人民共和国教育部：《中华人民共和国义务教育法》，(http://www.moe.gov.cn/jyb_sjzl/sjzl_zcfg/zcfg_jyfl/202110/t20211029_575949.html)。

④ 人民教育编辑部：《国务院办公厅转发国家教委等部门关于实施〈义务教育法〉若干问题的意见》，《人民教育》1986年第11期。

1987年国家教委在《基础教育（中小学）规划、统计用综合指标（试行）》中规定："在确定全覆盖的学校网点布局时，小学一般应以走读、就近入学为原则。在少数特殊地区，也可考虑用寄宿制适当集中办学；中学布局应适当集中、分片入学，以利于提高办学效益，保证教育质量。"① 这是第一次提出"提高办学效益"。1991年财政部发布了《关于对教育补助专款实行项目管理的通知》，规定中央义务教育专款的申报要本着"有利于合理调整学校布局，投资后能提高教学质量并产生较好的效益"。1998年《教育部关于印发〈关于认真做好"两基"验收后巩固提高工作的若干意见〉》规定，"遵循方便学生就近入学和充分利用教育资源，提高办学规模、效益原则，合理调整中小学布局"②。该意见重点强调了布局调整中的"效率"原则。1998年《教育部印发〈关于加强大中城市薄弱学校建设办好义务教育每一所学校的若干意见〉》规定："对一些办学条件和办学水平在短时间内难以有明显改变的薄弱学校，要通过合理调整学校布局，予以撤销或与办学水平较高的学校合并。"③ 2000年，中共中央、国务院颁布的《关于进行农村税费改革试点工作的通知》特别提出，"适当合并现有乡村学校，对教师队伍进行必要的整顿和压缩"。这一阶段学校布局的价值取向是注重效益，整合资源。对一些浪费教育资源、效率低下的学校（包括教学点）进行撤销、合并、压缩和精简，整合优质教育资源，学校布局调整取得了一定的成效。

第三阶段：以提质为基础的布局调整（2001—2012年）。2001年，教育部、财政部发布《关于报送中小学布局结构调整规划的通知》，指出中小学布局调整的目标是"通过调整中小学网点布局，合理配置教育资源，减少中小学学校数量，扩大校均规模，提高教学质量和教育投资效益"。其中还规定"小学布局调整要在坚持学生就近入学的前提下，

---

① 《中小学规划、统计用综合指标及计算方法》，《人民教育》1990年第2期。
② 《教育部关于印发〈关于认真做好"两基"验收后巩固提高工作的若干意见〉的通知》，《教育部政报》1998年第9期。
③ 《教育部印发〈关于加强大中城市薄弱学校建设办好义务教育每一所学校的若干意见〉》，《人民教育》1999年第1期。

重点调整村小和教学点""除交通十分不便的地区继续保留必要的低年级教学点外,有计划、有步骤地撤并一些村小和教学点,积极推动村与村联合办完全小学"。同年5月,国务院颁布的《关于基础教育改革与发展的决定》规定,按照小学就近入学、初中相对集中、优化教育资源配置的原则,合理规划和调整学校布局。农村小学和教学点要在方便学生就近入学的前提下适当合并,在交通不便的地区仍需保留必要的教学点,防止因布局调整而造成学生辍学,学校布局调整要与危房改造、规范学制、城镇化发展、移民搬迁等统筹规划。可以看出,这个阶段的教学点布局调整也是兼顾公平的。2003年,财政部发布《中小学布局调整专项资金管理办法》,该办法旨在推动、支持和鼓励中小学进行布局调整,加快中小学规范化、标准化建设,撤并规模小、办学条件差的学校和教学点,扩大办学规模。该办法加快了布局调整的步伐,并且更加强调效益和规模。

自此开始,各地出现了大规模教学点撤并热潮,同时一系列问题也逐渐凸显,包括因合校撤校后学生上学路途遥远、学生上学途中的安全问题、家长往返接送的时间和经费成本等,这反而加剧了学生上学难问题,这也与"就近入学,整合并享用优质教育资源"的布局调整初衷背道而驰。国家就"盲目撤校"问题及时做出调整,在后续文件中多次提出应"慎重对待""防止'一刀切'""暂缓实施布局调整""规范撤并程序""有必要的按程序予以恢复"等。2006年,《教育部办公厅关于切实解决农村边远山区交通不便地区中小学上学远问题有关事项的通知》颁布,指出"高度重视农村边远山区、交通不便地区中小学生上学远问题""进一步加强对农村边远山区、交通不便地区中小学校布局调整、寄宿制学校建设等方面的调查研究工作,慎重对待撤点并校,确保当地学生方便就学"。2007年,《教育部关于进一步加强和改进对省级实现"两基"进行全面督导检查的意见》强调要"重点检查中小学校布局不合理、大班额、教学仪器设备配备不足的问题"。自此开始,国家对中小学布局合理性进行督查督办。2009年,《教育部关于当前加强中小学管理规范办学行为的指导意见》进一步指出:"在优先方便学生就近入学、不加重农民负担的前提下，根据学龄人口变化，合理布局农村义务教育阶段学校，因地制宜地科学配置教育资源。撤点并校要慎重，坚持一切从实际出发，防止'一刀切'和'一哄而起'。"该指导意见明确表明两点，即"慎重"和"防止一刀切"。教育部后续文件对待撤点并校更加审慎和规范化，2010年，《教育部关于贯彻落实科学发展观 进一步推进义务教育均衡发展的意见》指出，"对必须保留的小学和教学点，要加强师资配备，并充分利用现代远程教育手段传送优质教育资源，保证教育教学质量""要进一步规范学校布局调整的程序，撤并学校必须充分听取人民群众意见，避免因布局调整引发新的矛盾"。自此撤点并校逐渐回归理性，并真正因地制宜，要求听取人民群众意见。

2010年《国家中长期教育改革和发展规划纲要（2010—2020年）》指出，适应城乡发展需要，合理规划学校布局，办好必要的教学点，方便学生就近入学。这是国家第一次明确提出"办好必要的教学点"。后续文件进一步要求规范撤销流程，2012年7月，教育部颁布的《规范农村义务教育学校布局调整的意见（征求意见稿）》指出，要"规范农村义务教育学校撤并程序"。2012年8月，国务院发布的《关于深化推进义务教育均衡发展的意见》要求严格规范农村义务教育学校撤并程序，已经撤并的学校和教学点，确有必要的应重新规划，按程序予以恢复。2012年9月颁布的《国务院办公厅关于规范农村义务教育学校布局调整的意见》要求，"规范农村义务教育学校撤并程序。确因生源减少需要撤并学校的，县级人民政府必须严格履行撤并方案的制定、论证、公示、报批等程序""撤并方案要逐级上报省级人民政府审批，在完成农村义务教育学校布局专项规划备案之前，暂停农村义务教育学校撤并"。可见，这一时期学校布局政策进入调整期，研判布局调整的合理性并关注如何办好教学点，即进行以提质为基础的布局调整。

第四阶段：以关注底线和均衡为基础的学校布局调整（2013—2021年）。2013年12月，教育部、国家发展改革委、财政部发布了《关于全面改善贫困地区义务教育薄弱学校基本办学条件的意见》，指出"办好必要的教学点。对确需保留的教学点要配备必要设施，满足教学和生活基本需求。中心学校统筹教学点课程和教师安排,保障教学点教学质量"。该意见明确了教学点的管理和归属问题,还对教学点的师资、经费投入等做出规定。2014年7月,教育部办公厅等三部门联合颁布了《关于印发全面改善贫困地区义务教育薄弱学校基本办学条件底线要求的通知》,提出"各地应将'底线要求'作为全面改善贫困地区义务教育薄弱学校基本办学条件项目优先保障、必须完成的建设内容。……教学点可参照执行"。"各地教育督导部门要将'底线要求'纳入农村义务教育学校基本办学条件专项督导,加强督导检查。"2015年5月,教育部发布了《关于进一步做好全面改善贫困地区义务教育薄弱学校基本办学条件有关工作的通知》,提出"从学校薄弱环节入手,优先解决最贫困地区、最薄弱学校存在的突出问题,优先建设、购置教学和学生生活最需要的基本设施和设备,确保底线目标都能实现"。这一时期关注底线,也即保障各薄弱学校的基本办学条件。

在确保底线的基础上,国家进一步推进学校的标准化建设和均衡发展。2016年7月,国务院出台了《关于统筹推进县域内城乡义务教育一体化改革发展的若干意见》,要求办好必要的乡村小规模学校,推进学校标准化建设。"科学完善寄宿制学校、乡村小规模学校办学标准,全面改善贫困地区义务教育薄弱学校基本办学条件。各地要在县域义务教育基本均衡的基础上,促进义务教育优质均衡发展。"为了进一步引导义务教育均衡发展朝更好的方向发展,及时巩固均衡发展的成果,2017年9月,中共中央办公厅、国务院办公厅出台了《关于深化教育体制机制改革的意见》,指出"要完善义务教育均衡优质发展的体制机制。要着力解决义务教育城乡发展不协调问题。统一城乡学校建设标准、城乡教师编制标准、城乡义务教育学校生均公用经费基准定额。切实改变农村和贫困地区教育薄弱面貌,着力提升乡村教育质量"。乡村教育尤其是贫困地区的教育被国家提到很重要的地位。

2018年4月,国务院出台了《关于全面加强乡村小规模学校和乡镇寄宿制学校建设的指导意见》,指出要"准确把握布局要求。农村学校布局既要有利于为学生提供公平、有质量的教育,又要尊重未成年人身心发展规律、方便学生就近入学"。"妥善处理撤并问题。学校撤并原则上只针对生源极少的小规模学校,并应有适当的过渡期,视生源情况再作必要的调整。要严格履行撤并的小规模学校,由于当地生源增加等原因确有必要恢复办学的,要按程序恢复。"可见,在追求标准化办学和均衡发展的基础上,更加关注布局调整的合理性。

随着农村学校布局调整的放缓,在未来一个时期内,教学点仍将是偏远农村地区重要的办学组织形式。保留必要的教学点,提高教学点教育教学水平,将教学点建成"小而优、小而美"的学校,希望社会各界参与使教学点学生享受公平而有质量的教育。

四 信息技术是农村教学点提质增效的重要力量

纵观教学点的演进发展历史,教学点具有地理偏远、师资薄弱、教育资源短缺、教学设施陈旧落后、生源少且不稳定等先天性特质。它在社会发展中的地位重要,但却一直被置于边缘化的境地。在教学点的历次布局调整中,教学点不是被撤校、合并,就是走向"自我消亡",能幸存下来的也被烙上了"终有一天会被撤并"的悲观认识。教学点在中国农村教育中发挥着不可或缺的作用,它不会被取代,也不会完全消亡。要将教学点办成"小而优"的学校,信息技术可以发挥重要作用。

(一)教学点在中国农村教育中发挥着重要作用

尽管不同时期教学点的名称和形式不同,如私塾、乡学、村学等,但教学点在中国农村教育中历来发挥着重要作用。首先,教学点推动了义务教育的普及。教育普及,人人接受平等的教育是国家历来的教育政策方针。在新中国成立前,清政府、民国政府及解放区政府发布了多条教育法令,要求普及教育,但当时国家正身处内忧外患的境地,政府没有能力拿出足够的资金推行义务教育。因此多地采用政府筹措和群众出资相结合的方式办学。民国初期,陶行知、梁漱溟等人倡办的村学、乡学、民众学校等极大地促进了农村教育的普及。新中国成立后,国家更加重视义务教育的普及。1951年、1956年,教育部先后两次制定普及小学教育的政策,但限于国家当时的经济水平,缺乏实质性的资金支持。

群众办学再次发挥了作用。1951年，民办小学学生数占当年小学生在校总数的34%。[①] 1958年，国家首次提出了"两条腿走路"的办学方针，群众同教育工作者一起办教育。1980年又重申了"两条腿走路"的办学方针。这个时期的办学以国家为主体，充分调动人民群众的力量。1986年，《中华人民共和国义务教育法》的颁布，标志着中国普及义务教育从此进入法律化阶段。总之，在中国教育发展的长期过程中，教学点以不同形式扩大了广大农村学生受教育的机会。由于教育财政经费长期不足，群众办学在很长时期内被作为义务教育的重要办学模式。村小、简易小学、不完全小学等形式的教学点为普及教育发挥了重要作用。

其次，教学点解决了偏远地区学生上学难的问题。国家在历次学校布局调整政策中尽管强调"就近入学"的原则，但各地在大量撤点并校后还是出现了上学远的问题。据一项对中西部6省（自治区）10944份调查问卷的数据分析，学生上学的距离平均为4.848千米。[②] 上学远还造成学生上学成本增加、上学路途不安全等问题，导致出现了新的"上学难"问题。因此是否应该保留教学点？针对这个问题，有学者对全国6省区、38个县市进行了调查，结果显示，76.0%的家长和68.5%的教师对保留教学点持肯定态度。[③] 家长和教师认为，应该保留教学点，或者将原来的村小改为教学点，至少保留小学一至二年级，这样可以解决上学远、上学难的问题，还可以降低学生的上学成本，解决路途安全问题等，从而可以降低学生辍学率。

(二) 教学点面临的现实困境

教学点受地理环境、经济发展水平、农村社区环境等因素的影响，教育发展先天地处于"弱势"，在农村教育中处于发展不充分、不平衡的地位。

[①] 王英杰、曲恒昌、李家永：《亚洲发展中国家的义务教育》，人民教育出版社2003年版，第229页。

[②] 郭清扬、赵丹、范先佐：《中小学布局调整与教学点建设研究》，人民教育出版社2011年版，第152页。

[③] 郭清扬、赵丹、范先佐：《中小学布局调整与教学点建设研究》，人民教育出版社2011年版，第152页。

西北地区农村教学点信息化演进研究

首先，师资力量严重不足。教学点师资力量一直很薄弱，尽管国家出台了一系列政策对农村教师进行"倾斜照顾"，保障农村教育最基本的教学，但教师"引不进，留不住，教不好"的问题长期存在。第一，教师人数少。教学点一般有1—3个年级，教师人数为1—3人。一名教师负责教三个年级的某一个学科，或一名教师负责一个年级的所有学科教学，教师的工作量很重。第二，教师学历偏低。在所调研的64个教学点共213名教师中，大专及以下学历的教师人数占教师总数的56.3%。第三，教师的学科结构很不合理。在240名教师中，语文、数学、英语、音乐、美术、小学全科等学科背景的人数占总人数的36.3%，其他包括物理、化学、农学、营销学等学科背景的教师通过之前的代课教师转正、各种进修和招考进入教育体制内，被分配到教学点。在教学点，学生的数学课由体育老师教，英语由化学学科背景的老师来教是很常见的。

其次，课程开不齐、开不全、开不好。因师资力量薄弱，加之教学条件有限，有些学科的教学资源短缺等，一门课程开不齐、开不好的问题依然很突出，如英语、科学、音乐、美术、信息技术等课程。虽然各地方及教学点积极响应国家要求，使用"同步课堂""双师课堂""三个课堂"等帮助开展一些学科课程教学，但田野调查显示，从教学内容、教学方式、教学评价及教学效果等方面来看，由于教师缺乏同步协同教学能力、信息技术应用能力、协同教学设计能力等，英语、美术、科学等课程教学与国家要求的"开全、开齐、开好"的目标相差甚远。

最后，教学质量整体不高。市（县）级教育管理部门对教学点的质量要求、教学考核和测评与中心校的要求相同。学生每年参加县级统一考试或抽查考试。从调查总体情况来看，就语文、数学、英语三门课程的考试成绩而言，教学点普遍处于中等及偏下水平。但也有部分教学点，得益于较高的师生比，教师在指导学生学习上更具有优势，能够提供更多一对一的指导，学生的学习成绩远远高出平均水平，如甘肃会宁县老君坡镇谢岔小学的语文成绩优异，年轻教师——邢老师获得县级"先进个人"称号；甘肃会宁县会师镇南咀小学学生成绩突出，他们在初中的成绩也名列前茅。校长曾多次获得各项奖励和证书，师专毕业的英语教师王升奇教学功底好，多次获得"先进个人"称号。然而，就所有课程的教学效果来看，由于受师资力量、办学条件和教学资源所限，与乡镇中心校或县级学校相比较，教学质量总体不高。

（三）信息技术可以为农村教学点提质增效

信息技术为解决农村教学点发展困境提供了思路和途径，大量研究表明，信息技术可以为农村教学点提质增效[①]，赋能教学点发展，主要从信息化基础设施建设、教学资源配备和信息化教学应用三方面来体现。

首先，在信息化基础设施建设方面，从20世纪90年代中期开始，教育部现代远程教育扶贫项目、教育部现代远程教育试点项目为部分教学点配备了教育卫星接收系统，李嘉诚现代远程教育项目等为部分教学点配备了卫星宽带多媒体广播接收设备，教学点根据教育部提供的教育卫星节目表，按时收视教学节目；2003年启动的农村中小学现代远程教育工程为农村教学点配备了DVD影碟机+电视机，并配发了课程配套教学资源，教师可以根据教学需要，灵活播放教学视频；2000年教育部实施的"校校通"工程，开启教学点网络环境建设，使教学点能共享网上教育资源，用较低成本获得丰富而优质的教学资源和课程，实现优质资源共享。义务教育改薄项目、义务教育均衡项目等为教学点配备了投影机、交互式电子白板等设备，使得信息呈现和传递更为便捷。在线互动课堂教学系统为教学点共享优质教学资源和教师资源，缓解师资短缺和开不齐课的情况。

其次，在教学资源建设方面，相继启动的"教育部和李嘉诚基金会西部中小学现代远程教育扶贫项目""UNDP430项目""中欧甘肃基础教育项目""农村中小学现代远程教育工程"等项目不断向农村薄弱学校（包括教学点）下发优秀课程资源，旨在探索利用信息技术手段，通过合理利用优质教学资源，促进农村教育跨越式发展。尤其是联合国计划开发署、英国国际发展部、中国政府三方共同出资的"UNDP430项

---

① 黄涛、田俊、吴璐璐：《信息技术助力农村教学点课堂教学结构创新与均衡发展实践》，《电化教育研究》2018年第5期。

目"在三省九县建立了 135 个教师学习资源中心，对援助那里的小学教师应用远程教育资源和 ICT 技术开展高质量大规模的教师培训，特别是关注了弱势群体：女教师、代课教师、少数民族教师①。为这些人群提供学习机会，提供更大的资源获取途径和获取机会。后续有关部门为教学点购置电子白板并配备白板资源，由"三通两平台"项目建成的国家及省级教学资源大平台及国家中小学智慧教育平台资源，市（县）级教育管理部门及中心校配发的教学资源等对支持和优化教学点教学、赋能教师专业成长具有重要作用。

最后，在信息化教学应用方面，主要依靠持续的教师培训、信息化环境和教学资源进行教学创新。持续的教师培训是开展信息化教学应用的前提，最早期的"UNDP430 项目"援助当地的小学教师应用远程教育资源和 ICT 技术开展大规模的教师培训，该项目通过为教师提供学习机会、学习资源和学习支持，提供更多获取信息和教育资源的机会，为教师增加了更多培训机会。"中欧甘肃基础教育项目"利用欧盟的技术和资金，在甘肃省 41 个国家扶贫县共建立了 686 个教师学习资源中心，每年有近 3300 名中小学（包括教学点）教师接受培训。在农村远程教育三种模式实施后，各地组织教师参加培训，甘肃省会宁县白塬镇当时的信息技术员、已退休的张建国老师经历了农村现代远程教育三种模式的培训。他说，当时会宁县组织了一批教师在西北师大参加培训，培训内容包括教育卫星设备的调试安装、教学资源播放、教育卫星接收设备的简单维护等。还有一部分教师参加了教育部培训，教育部有计划地分期分批培训西部国家级贫困县的部分教师。此后 2004 年教师教育技术能力的颁布，2011 年教师信息技术应用能力提升工程 1.0，2018 年教师信息技术应用能力提升工程 2.0 的实施，教学点教师都通过在线培训和集中面对面的研讨等形式，参加了信息技术应用方面的培训。各地也出台了培训考核标准，将信息技术应用能力培训成效作为教学点教师绩效考核、

---

① 郭炯：《西部农村远程教育中教师学习资源中心有效运行的研究》，硕士学位论文，西北师范大学，2005 年，第 2 页。

职称评聘和职务晋升的必要条件。比如宁夏彭阳县，自2018年开展教师信息技术应用能力提升工程2.0培训以来，县教体局定期公布每一所学校教师在线参与培训的进度和成效，对于达不到培训数量和成效要求的学校，会给予督导、提醒、校长谈话等推动培训效果，并且对教学点的培训要求与其他中小学的要求相同。另外，不断升级优化的信息化环境建设和丰富的教育资源也为教学点信息技术应用赋能增效。

第二节 研究意义

一 理论意义

（一）了解西北地区教学点信息化演变的现实路径，为教育决策部门制定政策提供参考

经研究发现，西北地区教学点信息化演变经历了四个重要阶段。

1. 教学点信息化起步阶段（2003年以前）："UNDP430项目"、中欧甘肃基础教育项目、教育部—李嘉诚远程教育扶贫项目等，为一部分教学点配备了教育卫星接收系统，培训了一批信息技术应用种子教师，教师通过定期收视教育电视节目、录制并播放教育资源，丰富了教学内容，拓展了课堂教学的时空限制，开展了信息技术辅助课堂教学，这些都是一种朴素的信息技术教学应用。

2. 信息化基础建设大发展阶段（2003—2011年）：这一阶段依托国家一系列教育改革举措和信息化工程项目，教学点信息化迎来了大发展。教育部—李嘉诚远程教育等项目的顺利实施，为国家开展农村教学信息化工作奠定了重要基础，积累了宝贵经验。从2003年开始，国家相继实施了中小学现代远程教育工程，颁布了《中小学教师教育技术能力标准》《国家教育中长期发展规划》等标准和文件，开展了《中小学教师信息技术应用能力提升工程》项目等。教学点信息化基础设施建设迎来大发展大突破，教育部、国家发展改革委、财政部于2013年11月启动试点工作。在中西部试点地区建设20594个教学光盘播放点、49598个卫星教学接收点、6934个计算机教室。国家农村远程教育工程为农村地

区的学校进行了三种硬件模式的配备，同时开发了小班教学光盘、多媒体资源库、卫星 IP 数字资源、网络资源、资源库等丰富的资源类型，数字教学资源建设初具规模，且这些资源被以各种方式配置到农村中小学。教师急需信息技术应用培训，但已有培训尚不够；DVD 模式的教学应用遍地开花，但可推广的模式并不多。

3. 信息化应用大力提升阶段（2012—2018 年以前）：2012 年 11 月，教育部启动实施"教学点数字教育资源全覆盖"工程，为教学点配备数字教育资源接收和播放设备，配送优质数字教育资源。2013 年 10 月，教育部实施"全国中小学教师信息技术应用能力提升工程"，旨在提升教师信息技术应用能力、学科教学能力和专业自主发展能力。2014 年 5 月，教育部办公厅印发《中小学教师信息技术应用能力标准（试行）》，旨在全面提升中小学教师的信息技术应用能力，促进信息技术与教育教学的深度融合。自 2014 年起，教育部每年都印发年度教育信息化工作要点，组织开展年度"一师一优课、一课一名师"活动，调动各学科教师应用信息技术的积极性和提高其能力。这一时期中国出台了密集的教育信息化战略规划和政策，这些规划和政策对教学点有十分重要的影响。

4. 互联网＋支持的深化发展阶段（2018 年以来）：如果说 2012 年以前是中国教学点信息化奠定基础的阶段，那么 2012 年以后则进入了深化应用阶段。教育新基建赋能教学点校园信息化建设，部分教学点安装了电子安防系统，在线互动课堂、"双师课堂"设备逐步配齐，教学点网络环境大幅提升；国家中小学智慧教育平台等新兴数字资源（平台）得到应用，开展了"基础教育精品课"建设及应用，国家中小学智慧教育平台在部分教学点得到初步应用，使用电子教材助力课堂教学，使课堂"活"起来。在线同步课堂、双师课堂助力教学点师生成长。

在教学点信息化发展的不同阶段，其信息化设备、信息化教学资源的建设和应用水平不同，教师的信息技术应用能力也处于不断提高中，并且表现出与不同发展阶段相适应的特点。因此，厘清教学点信息化发展阶段，分析每个阶段信息化建设及应用的特点、现状及问题，可以为各级政府及管理部门制定教学点的政策和规划提供参考。

(二) 透视西北地区这一特殊地域教学点的信息化状况，丰富关于教学点研究

与中东部地区相比，西北地区具有面积广大、干旱缺水、荒漠广布、风沙较多、生态脆弱、人口密度小等特点，特殊地形在一定程度上决定了西北地区经济发展缓慢，资源丰富但开发难度大，限制了西北地区的发展。20世纪初至八九十年代，该地区薄弱学校、不完全小学及教学点居多。近二十年来，由于国家对教学点结构布局优化政策的调整，地方政府整合优化利用资源，适龄入学儿童数量减少，教学点的数量逐年减少。为了将教学点办得"小而优"，办成老百姓不出远门就能享受优质教育的学校，教育部等教育管理部门利用信息技术手段，共享优质教育资源，拓展教学时空，改变课堂教学形态，从共享资源发展到共享师资、共享优质课堂。

通过从信息化设备配置、资源配送和教学应用三方面推进，西北地区教学点信息化取得了一定的成效：(1) 学校网络条件明显提高。宁夏等地区采用教育专网改造现有网络环境，解决网络卡顿、使用不畅、贫困地区用网负担大等问题。"十三五"期间，宁夏大力推进"互联网+教育"示范区建设，实施学校联网攻坚行动，实现全区学校互联网200M以上带宽接入全覆盖，平均带宽从2017年的50M提升到411M，超半数学校互联网带宽达到500M以上，无线网络覆盖率从25%提升到100%。① (2) 信息化教学设施建设经历了远程教育扶贫工程、DVD+光盘播放设备、农村远程教育工程、"三通两平台""同步互动课堂"等建设，在所调研的西北五省64所教学点中，99%的教学点安装了交互式电子白板，95%以上的教学点配备了同步互动课堂接收系统。(3) 在信息技术应用方面，教师能够熟练应用希沃白板教学，宁夏地区教学点的教师普遍能够熟练使用希沃教学助手，能够熟练使用宁夏省级教育平台和国家中小学智慧平台上的电子教材开展教学；能够常态化地使用同步互

---

① 《中国日报：构建教育"数字底座"宁夏大力推进教育专网建设》，宁夏回族自治区教育厅（http://jyt.nx.gov.cn/ztzl/hlwjysfqjs/202205/t20220505_3486173.html）。

动课堂开展英语、音乐、美术等课程教学，开不齐课的问题在一定程度上得到了解决。

西北五省（区）各地区、区域信息化发展和演进水平差异很大，总体而言，受国家财政支持力度较大、地区经济发展水平较好、离城镇距离较近、交通条件较好的教学点信息化发展较好。但与中东部地区相比，西北地区教学点信息化整体发展缓慢，学校网络设备老化，网速为100MB/S左右甚至网络不通；教师们缺乏一些实用性技术，如录制微课、视频剪辑、直播课教学及互动等技术；在新一轮课程改革背景下教师的信息化教学设计能力、协同备课、协同教学及协同课后反思的能力不够，且地区间差异很大。在管理方面，当地政府支持力度有限，信息化建设缺乏资金支持；市（县）级教育管理部门和中心校教学点的监管不及时，设备维护和技术应用支持得不到及时响应，等等。

另外，当前对西北地区教学点的研究比较分散，有针对各省（区）教学点信息化的研究和应用，但是对西部五省（区）的深入研究很少见。另外，采用定性分析和量化统计研究较多，从一手田野调查入手的质性研究很少。因此，本书基于深入的田野调查，透视西北地区这一特殊地域教学点的信息化状况，丰富关于教学点的研究。

（三）深化对教学点生存境遇的认识，揭示西北地区教学点生存的独特风貌

农村教学点面临很多现实困境，正在孤独而艰难地求生存。2014年《政府工作报告》提出："继续加大教育资源向中西部和农村倾斜，促进义务教育均衡发展。全面改善贫困地区义务教育薄弱学校办学条件。加强农村特别是边远贫困地区教师队伍建设，扩大优质教育资源覆盖面。"但西北地区教学点的现实情况是，教学点的经费很有限，仅能维持正常运转，没有余力谈及发展；经费渠道单一，财政拨款占教学点年度总收入的比例高达99.5%，几乎是教学点唯一的经费来源，无法足额获得公用经费和专项经费；教师年龄老化，年龄超过50岁的教师在农村教学点所占的比例为45.6%，35岁以下教师在教学点所占的比例为10.6%。

从学历结构来看，获得本科及以上学历教师的教学点比例仅为23.8%。近年来，国家大力推行"特岗教师计划"，但调研表明，92%的教学点根本没有接收过"特岗教师"或"支教教师"。同时，各级政府分配给教学点教师的培训机会较少。教学点教师在一年里从没外出参加过培训的占27.5%。因为缺乏独立身份和法律地位，在自上而下的教育资源配置体系中，教学点本应获得的教育资源往往被剥夺、截留。田野调查表明，教学点在教师培训、评优评先、教师评聘、绩效分配等活动中往往受到不公正待遇，教学点艰难而孤独地运转着。针对这种现状，全国政协委员、华中师范大学前党委书记马敏建议，国家应尽快实施"农村教学点振兴计划"，扭转教学点边缘化生存困境[①]。若不采取有效措施改变农村教学点的生存状态，农村弱势群体子女"上学难、上学远、上学贵"的状况将进一步恶化。

针对上述问题，本书通过田野调查和典型案例分析，深化对教学点生存境遇的认识，揭示西北地区教学点生存的独特风貌，为教学点发展提供突围之径。

二 实践意义

（一）可为西北地区教学点信息化精准帮扶提供现实依据和参考

如前文所述，教学点在信息化方面存在很多实际困难，反映在经费及来源、设施设备、网络环境、师资力量、教师信息化教学设计能力、同步互动教学能力等方面，需要各级政府和社会各界的帮扶。国家出台的信息化相关政策文件都是帮扶性的，且通过工程项目推动落地实施。

教育部《2003—2007年教育振兴行动计划》提出实施"农村中小学现代远程教育计划""争取用五年左右时间，使农村小学教学点具备教学光盘播放设备和光盘资源，并初步建立远程教育系统运行管理保障机

---

① 马敏：《农村教学点面临严重生存困境亟待振兴扶持》，中央政府门户网站（https://www.gov.cn/govweb/xinwen/2014-03/07/content_ 2632539.htm）。

制。农村中小学现代远程教育计划要以地方投入为主，多渠道筹集经费，中央对中西部地区重点支持。"① 该计划通过"现代中小学远程教育"工程项目加以落实。党的十八届三中全会提出，构建利用信息化手段使优质教育资源覆盖面扩大的有效机制，逐渐使区域、城乡、校际差距缩小。为了向教学点提供有针对性的教学资源，2012 年，教育部、财政部启动实施"教学点数字教育资源全覆盖"项目，利用信息技术帮助教学点开好国家规定课程，以使农村边远地区适龄儿童就近接受良好教育。教育部专门组织力量，配套开发人教版 1—3 年级 8 门国家规定课程的数字资源，并从 2013 年 9 月开始通过网络和卫星两种方式同步播发。同时为教学点教师提供专家解读、在线答疑和咨询，积极开展远程指导和服务。各地结合项目开展情况，通过教师应用培训、教研巡回指导等多种方式为教学点提供支持服务。为了进一步扩大优质教育资源覆盖面的有效机制，从根本上解决开不齐、开不足、开不好课的问题，推动实现教育优质均衡发展，2000 年《教育部关于加强"三个课堂"应用的指导意见》颁布并印发了有关"专递课堂""名师课堂""名校网络课堂"应用指导意见。该意见提出中央财政在相关项目中要加大对地方教育信息化建设的支持力度，重点支持中西部地区开展"三个课堂"建设与应用。引导地方加强对农村、边远、贫困、民族地区"三个课堂"建设与应用的经费投入②，目标是到 2022 年，全面实现"专递课堂""名师课堂"和"名校网络课堂"的常态化按需应用。

综上可见，国家一直以来都在帮扶教学点信息化发展，但是各地区、区域、学校信息化发展水平不尽相同，因此本书通过深入调研，为各地区、区域开展精准帮扶提供依据和参考。

（二）揭示教学点信息化演进中的问题、困境和需求，引导其理性发展

教学点信息化演进的不同阶段所面临的问题、困境和需求不同。根

---

① 《国务院批转教育部 2003—2007 年教育振兴行动计划的通知》，中华人民共和国教育部（http://www.moe.gov.cn/jyb_xxgk/gk_gbgg/moe_0/moe_1/moe_4/tnull_5323.html）。

② 《教育部关于加强"三个课堂"应用的指导意见》，中华人民共和国教育部（http://www.moe.gov.cn/srcsite/A16/s3342/202003/t20200316_431659.html）。

据前文对教学点信息化演进阶段的划分，将教学点信息化演进分为四个阶段。

1. 教学点信息化起步阶段（2003年以前）

这一阶段信息化建设处于起步阶段，主要依靠教育部现代远程教育扶贫项目、中欧甘肃基础教育项目、教育部—李嘉诚基金会西部中小学现代远程教育项目、联合国发展计划署（UNDP）430项目帮扶建设，且主要针对西部或西北农村薄弱地区的中小学，没有专门针对教学点建设的说明。这一阶段的问题包括：各级教育行政部门对教育技术发展可能带来的深刻变革思想准备不足，认识不够，因此在经费投入等保障上，没有落实相应的支持措施。教育技术设备水平较低，更新换代困难。虽然部分地区和学校设备情况得到了明显改善，但极不均衡。相当多的教师没有掌握教育技术运用的基本能力，造成了一定程度的设备闲置和浪费。[1]

2. 信息化基础建设大发展阶段（2003—2011年）

这一阶段教育部相继实施了农村中小学现代远程教育工程，颁布了《中小学教师教育技术能力标准》《国家教育中长期发展规划》等文件，开展了《中小学教师信息技术应用能力提升工程》项目等，为教学点配备了"DVD＋光盘"播放模式及相应的资源。先后依据教师教育技术标准，依托中小学教师信息技术应用能力提升工程，对教师的信息技术应用能力展开培训，教学点教师也不同程度地参与了培训。教学点信息化建设迎来了大发展阶段。这一阶段也凸显出一些问题，包括光盘教学资源中蒙古语、藏语、维吾尔语等少数民族学科双语教学资源十分缺乏；在远程教育资源教学应用方面，存在地方资金投入少，硬件设施数量不能满足需要；随意占用、挪用硬件设施；教师的信息技术能力普遍较低；资源在课堂教学中应用的方式、方法欠妥等问题[2]。在农村中小学现代

---

[1] 《总结经验 积极探索 开创我国教育信息化新局面——教育部副部长韦钰在全国多媒体教学网络系统应用现场会上的讲话》，《中国电化教育》1998年第12期。

[2] 杨永贤、罗瑞、杨晓宏：《宁夏南部山区农村中小学现代远程教育资源教学应用调查》，《电化教育研究》2009年第6期。

远程教育三种模式应用上,存在由硬件配备不同决定教学应用模式不同的误区。

3. 信息化应用大力提升阶段（2012—2018 年）

这一阶段依托中小学教师信息技术应用能力提升工程,完成了教师信息技术应用培训。教学点"数字教育资源全覆盖"项目在全国范围内得到实施,截至 2014 年 11 月底,全国 6.36 万个教学点全面完成了"教学点数字教育资源全覆盖"项目建设任务。"三通两平台"建设与应用快速推进、教师信息技术应用能力明显提升、信息化技术水平显著提高。① 三个课堂得到深化应用。然而,这一阶段也存在一些问题,一项针对甘肃省教师信息技术应用能力培训的研究指出②,近五成教师认为,训后跟踪指导与长效评价环节相对薄弱,落实不够；约有 42% 的教师认为没有足够的时间深入学习；近四成的教师认为培训学习难以很好地转化和应用于教学实践,或是课程内容实用性不高。在"三通两平台"建设及应用上,存在"三通"应用的基础硬件设施投入不足,"两平台"建设滞后、管理虚设,"两平台"教师应用能力不到位的问题。③

4. "互联网 +"支持的深化发展阶段（2018 年以来）

教育信息化 2.0 行动计划提出利用信息技术"精准扶智",引导教育发达地区与薄弱地区通过信息化实现结对帮扶,以专递课堂、名师课堂、名校网络课堂等方式,开展联校网教、数字学校建设与应用,实施"互联网 +"条件下的区域教育资源均衡配置机制,缩小区域、城乡、校际差距。"三个课堂"在农村薄弱学校教学中得到深入应用,如田野调研发现,宁夏红寺堡区红沙窝小学加入上海"互加计划"共享英语、美术、音乐和舞蹈等网络课程,叶校长说,学生学习效果很好；东南大学柏毅教授团队协同宁夏大学张玲教授团队于 2020 年 10 月开始,通过

---

① 《教育部关于印发〈教育信息化 2.0 行动计划〉的通知》,中华人民共和国教育部（http://www.moe.gov.cn/srcsite/A16/s3342/201804/t20180425_334188.html）。

② 王莹、张永：《中小学教师信息技术远程培训现状调查研究——以 2016 年甘肃省中小学教师信息技术应用能力提升工程为例》,《甘肃教育》2017 年第 16 期。

③ 孙小健：《张掖市三通两平台建设现状分析与发展对策研究》,硕士学位论文,西北师范大学,2017 年,第 I 页。

在线互动课堂、钉钉直播平台为宁夏西吉开设小学科学网络专递课堂，西吉使台堡镇保林教学点和火石寨乡小川小学参与专题课堂教学。各地利用"互联网＋教育"建设公平而有质量的教育，建立在线同步互动课堂，1＋N在线直播课堂等扩大教师智力资源在线流转。宁夏建立网络联盟，全区157所学校与外省市学校建立线上线下互联互助协作关系。支持中南部9县（区）建设在线互动课堂，推动225所城镇优质学校与450所乡村薄弱学校结对帮扶，开展跨县区、跨学校"1拖2"互动教学教研活动，解决农村薄弱学校教师结构性短缺，开不齐、开不足课的问题。[1] 经田野调查发现，在同步互动课堂应用中普遍表现出教师协同课前备课、协同课堂教学及协同课后反思方面的能力明显不足，同步课堂教学效果不尽如人意。

综上所述，西北地区教学点信息化每个阶段的建设水平、特征及应用水平不同，也表现出问题、困境和需求的不同，本书研究旨在减少和规避类似问题，引导教学点信息化理性发展。

---

[1] 《宁夏回族自治区推进"互联网＋教育"全覆盖 建设公平而有质量的教育》，中华人民共和国教育部（http://www.moe.gov.cn/jyb_sjzl/s3165/201910/t20191009_402268.html）。

第二章 国内外研究现状

第一节 国外研究

国外对小规模学校信息化的探讨较之国内要早得多,研究范围主要是关于农村小规模学校的界定及作用,农村小规模学校的信息化发展,农村小规模学校信息化发展的尴尬处境及信息化发展前景等。尽管由于国情不同,国外农村小规模学校经历了与国内不同的发展轨迹,但从教育教学的本质来看,国内外教学点存在共性,因此国外教学点信息化研究为本书提供了重要启示。

一 农村小规模学校的界定及作用

国外的教学点,一般被称为小规模学校[①]、偏远及乡村学校或复式学校。

(一)小规模学校

学校规模一般是从班级规模、教师人数、校长和教师的角色来界定的。如奥地利学者 Smit Raggl 和 Kerle 依据学生数量将小规模学校界定为

[①] 国外小规模学校还有一种形式,就是在大城市开办,但用以实施某种精英教育和创新实验教育。如在城市附近开办的蒙特梭利特色学校,每个班 20—35 名学生(参见 Raggl, A., "Small Rural Schools in Austria: Potentials and Challenges," in *Geographies of Schooling*, Knowledge and Space: Springer, Cham, 2019, pp. 251 - 219)。

学生数小于 50 名的学校。① 加拿大学者 Mulcahy 将小规模学校定义为学生数少于 100 名，很多学校只有 10—20 名学生。② 澳大利亚学者 Lester 将小规模学校界定为"学校规模较小，招收不到 100 名学生"，在昆士兰州这样的学校占该州学校总数的四分之一。③ 学者 Mehta 将小规模学校界定为学生数"少于 50 人的学校，有 1—3 名教师承担几个年级的教学"④。

小规模学校在全世界普遍存在，这类学校数量在过去几十年间逐渐减少，但仍然占据较大比例，尤其是在发展中国家。在奥地利，这类学校在过去 40 年间关闭了很多，截至 2019 年，在现存的 2998 所小学中，50 人以下的小规模学校有 883 所，尤其是在蒂罗尔州和沃拉尔伯格州，这类学校超过了 40%。⑤ 在意大利，这类小型小学占意大利所有小学的 45.3%。其中，坎帕尼亚有 944 所小型学校，伦巴第有 872 所，皮埃蒙特有 864 所，卡拉布里亚有 836 所。总共包括 591682 名学生。⑥ 在印度的 125 万所小学中，这类学校约占三分之一。⑦

还有规模更小、更偏远的学校，一般有 1 位教师和少于 20 名学生。这类学校往往与社区的关系十分紧密，学校除了承担教学工作以外，还被寄予乡村文化传承和社区文化建设等更多的社会和政治需求。同时这

---

① Raggl, A., Smit, R., & Kerle, U. (Hrsg.), "Kleine Schulen im ländlich-alpinen Raum," *Swiss Journal of Educational Research*, 2016, Vol. 38, No. 3, pp. 1 – 2.

② Dennis, M. M., *Rural and Remote Schools: A Reality in Search of a Polity*, Edge Conference October 2009, St. John's, NL Canada, 2009.

③ Lester, N. C., "Teaching Principals: Their Background Experience and Preparedness for the Role," *Practising Administrator*, 2001, Vol. 23, No. 4, pp. 17 – 21.

④ Mehta, A. C., *Elementary Education in India: Progress towards UEE: Analytical Report 2005 – 2006*, National University of Educational Planning and Administration and Department of School Education and Literacy, Ministry of Human Resource Development, Government of India, 2007.

⑤ Raggl, A., "Small Rural Schools in Austria: Potentials and Challenges," in *Geographies of Schooling*, Knowledge and Space: Springer, Cham, 2019, pp. 251 – 219.

⑥ Mangione, G. R. J., Cannella, G., "Small School, Smart Schools: Distance Education in Remoteness Conditions," *Technology, Knowledge and Learning*, 2021, Vol. 26, pp. 845 – 865.

⑦ Mehta, A. C., *Elementary Education in India: Progress towards UEE: Analytical Report 2005 – 2006*, National University of Educational Planning and Administration and Department of School Education and Literacy, Ministry of Human Resource Development, Government of India, 2007.

些学校也鼓励社区成员和家长进学校,贡献他们的知识和技能。①

(二) 偏远及乡村学校

"城市化"进程获得了媒体和学术界的大量关注,但这种关注模糊了一个事实,那就是世界上还有很多人依然生活在农村偏远地区。政府为这些地区提供社会服务,包括教育等问题,不是很快、很容易就能够解决的。农村学校往往孤立分散、学校间距离长。② 它们往往位于山区或较小的岛屿,以及人口密度较低的内部地区,社会经济状况不佳,学生少,教师需往返于城市和学校两地。在印度 125 万所小学中,约有三分之一的小学在偏远地区,学生人数不到 50 人。③ 通常,这些小学校只有 1—3 名教师,必须开展复式教学。

这类学校往往比较孤立。"孤立"不仅指乡村社区与城市地区的物理距离,还指"文化距离",比如学校和家长之间的距离以及对教育和未来机会的悲观情绪。④ 这些位于农村、岛屿和山区的小型学校面临着地理隔离、种族隔离以及有限的学校和社区资源等的挑战,无法满足特定群体的学习需求。

虽然"农村"和"偏远"的定义并未取得学界的一致认可,但不可否认的是,这类边远和偏远学校占大多数。印尼就是这种现象的典型。印尼总人口约 1.6 亿人,如果只有 5% 的人生活在真正可以被称为"偏远"的地区,那么其中 800 万人口无论以什么标准衡量都符合此特点。⑤

---

① Raggl, A., "Small Rural Schools in Austria: Potentials and Challenges," in *Geographies of Schooling*, Knowledge and Space: Springer, Cham, 2019, pp. 251 – 219.

② Stelmach, B. L., "A Synthesis of International Rural Education Issues and Responses," *Rural Educator*, 2011, Vol. 32, No. 2, pp. 32 – 42.

③ Mehta, A. C., *Elementary Education in India: Progress towards UEE: Analytical Report 2005 – 2006*, National University of Educational Planning and Administration and Department of School Education and Literacy, Ministry of Human Resource Development, Government of India, 2007.

④ Mangione, G. R. J., Cannella, G., "Small School, Smart Schools: Distance Education in Remoteness Conditions," *Technology, Knowledge and Learning*, Technology, Knowledge and Learning, 2021, Vol. 26, pp. 845 – 865.

⑤ Cowell, R. N., Holsinger, D. B., "Indonesia's Small Schools Project: A Fresh Look at a Persistent Problem," *International Review of Education*, 1985, Vol. 31, No. 1, pp. 175 – 187.

（三）复式教学学校

在国际上，复式教学一般有两种存在形式。一种是在大都市的中心地区开设的，旨在开展教学方法、教学结构的创新和实践，或以复式教学这种形式吸引更多生源。如在英国伦敦中心地区的一所小学——英格兰小学，大约四分之一的儿童在学校的复式班就读，这些学校的入学率本应该允许单班教学但却采用了复式教学，这样做是为了应对其他单年级学生入学率的波动，改善学生入学率。实践表明，这种复式教学班学生的成绩低于单个班学生，而且教师无法根据学生的能力适当匹配教学任务。这导致人们建议，如果可能的话，应该避免采用复式教学。[①] 另一种是在农村僻远、师生数量很少、资源匮乏的地区开设的，这种形式是学校、家长和学生别无他法的选择。在英国，这两种形式的复式教学普遍存在。Bennett 等人调查了英国 936 所学校，其中有 619 所学校（占 66%）采用复式教学，其中 37% 在农村地区，32% 在城市地区，27% 在郊区。[②] 英国教育和技能部的数据表明，2000 年，25.4% 的小学教育班被归类为"混合班"，25% 的学生在混合班级里学习。[③] 本书探讨的复式教学指后者，即全世界普遍存在的农村偏远地区小规模学校所开展的教学。

学生数量少，出于经济成本、师资力量等方面的考虑，小规模学校一个最明显的特征就是复式教学。根据不同主体，复式教学一般有复式学校、复式课堂、复式教学及复式教师之说，虽然主体不同，但都强调"复式"，即"多个年级"或"多个课程"之间的混合。对于"复式教学"一词，一个普遍的定义是同一位教师在同一个教室里教授不同年级的课程。[④] 也有学者将其定义为一种教学方法，如 Berry 将复式教学定义

[①] Berry, C., Little, A. W., "Multigrade Teaching in London, England," in *Education for All and Multigrade Teaching*, Springer, Dordrecht, 2006, pp. 67–86.

[②] Bennett, N., O'Hare, E. and Lee, J., "Mixed-age Classes in Primary Schools: A Survey of Practice," *British Educational Research Journal*, 1983, Vol. 9, No. 1, pp. 41–56.

[③] Department for Education and Skills (DfES), http://www.dfes.gov.uk/statistics/DB/SBU/b0222/030-t6.htm, 2022–2–25.

[④] Weber, E., Chaka, T., "Multigrade Education in South Africa: Does It Promote Educational Change and Social Development?" in *Perspectives on Multigrade Teaching*, Springer, Cham, 2021, pp. 41–55.

为同一名教师在同一段教学时间里教授不同年级（例如4—6年级）的学生所使用的方法。①

　　Little和其他多位作者证明，复式教学是一种全球性的教学方法。②在国际上，在大约30%的小学里儿童在复式教室环境中接受教育。③在发达国家，复式学校的比例一直被报道为20%—35%或更高一些。如在地广人稀的澳大利亚，复式学校占全体小学的三分之一。在新南威尔士州的新英格兰地区，这一比例要高得多。④在发展中国家，这一比例往往也很高，因为建立复式学校是扩大基础教育机会的一种方式，尤其是在农村地区。在南非，超过四分之一的学校采用复式教学，甚至一些城市地区的初中学校也在开展复式教学。⑤

　　复式教学的规模可大可小。在一些很小的学校里，可以进行全年级复式教学，从幼儿园到六年级的所有学生都在一个教室里。⑥因为每个年级的人数很少，甚至有的年级没有学生。所以全年级复式教学的总人数少于10人或10—20人。这种情形在澳大利亚很多地广人稀的地区很常见。在澳大利亚，常常是两个或三个低年级班（如幼儿园、一年级和二年级）或者三个或四个高年级班（三—六年级）组成一个复式教学班。同样，在南非，基础年级1—3级通常形成一个复式班，

---

① Berry, C., "Learning Opportunities for All: Pedagogy in Multigrade and Monograde Classrooms in the Turks and Caicos Islands," in *Education for All and Multigrade Teaching: Challenges and Opportunities*, Springer, 2006, pp. 27–46.

② Little, A. W., "Education for All: Multigrade Realities and Histories," in *Education for All and Multigrade Teaching*, Springer, Dordrecht, 2006, pp. 1–26.

③ Perry, C., Love, B., & McKay, K., Composite Classes, Research and Information Service Briefing Paper for the Northern Ireland Assembly, http://www.niassembly.gov.uk/globalassets/documents/raise/publications/2016-2021/2017/education/0517.pdf.

④ Taole, M. J., Cornish, L., "Breaking Isolation in Australian Multigrade Teaching Contexts through Communities of Practice," in *Perspectives on Multigrade Teaching*, Springer, Cham, 2021, pp. 95–117.

⑤ Weber, E., Chaka, T., "Multigrade Education in South Africa: Does It Promote Educational Change and Social Development?" *Perspectives on Multigrade Teaching*, Springer, Cham, 2021, pp. 41–55.

⑥ Bennett, N., O'Hare, E., & Lee, J., "Mixed-age Classes in Primary Schools: A Survey of Practice," *British Educational Research Journal*, 1983, Vol. 39, No. 1, pp. 41–56.

中间年级4—6级形成另一个复式班。澳大利亚等许多国家都设定了最大班额。复式教学班可能满额，但也可能小于最大班额。在南非这样的国家里，复式教学班级往往要大得多，班里有两个或两个以上的年级。因此，复式班级的数量和规模因国家、人口和教师供给不同而不同。

  与单班教学不同，复式教学有其特殊性。任何有关复式教学的改革都要认识到这一点。因此复式教学采取的教学策略包括：（1）合作学习策略。复式教学依据社会建构主义，将学生按照年龄和能力进行混合分组，学生之间通过相互交流进行学习。Van Wyk 介绍了南非六位教师使用合作学习策略的做法，认为复式教学中使用合作学习策略有其优势，但由于资源不足、时间不够、基础设施不足，以及教师必须同时规划并教授多个年级等诸多挑战，合作学习形式也不能过度使用。另外，由于教学必须遵循特定年级的课程及评估，因此复式教学也受到一定的限制。[1]（2）差异化教学策略。差异化教学被定义为一种积极主动的方法，教师通过修改课程目标、教学方法、资源、学习活动和产品来最大限度地为所有学生提供学习机会。[2] 差异化教学的重点是帮助学生在能力不逮的班级中快速进步，并能最大化地兼顾学生的学习需求及学习潜力。在较大班额的班级中实施差异化教学有很多困难和挑战[3]，在小班级中可以较好地实施差异化教学。尤其是复式教学，为差异化教学提供了机遇，因为差异化是复式教学的核心，包括不同年级间的差异以及同一年级学生间的差异。Shareefa 等人研究认为，促进差异化教学成功实施包括四个因素，即教师的积极认知、教师知识、学校的支持和主张，以及所

---

[1] Van Wyk, et al., "South African Multigrade Teachers' Implementation of Cooperative Learning Strategies," *Perspectives on Multigrade Teaching*, 2021, pp. 73–93.

[2] Tomlinson, C. A., Brighton, C., Hertberg, H., Callahan, C. M., Moon, T. R, Brimijoin, K., Conover, L. A., & Reynolds, T., "Differentiating Instruction in Response to Student Readiness, Interest, and Learning Profile in Academically Diverse Classrooms: A Review of Literature," *Journal for the Education of the Gifted*, 2003, Vol. 27, No. 2/3, pp. 119–145.

[3] Vandenberg, K. C., *Class Size and Academic Achievement* (Doctoral Dissertation), Georgia Southern University, 2012.

采用的教学设置。研究还表明，缺乏时间和教师的高额工作量是教师实施差异化教学的挑战。[1]（3）分组教学。在一个复式班级中，使用分组是非常容易的，因为要在每门学科教学中教授所有年级。教学效果取决于教师的教学技能，开展复式教学的教师必须经过恰当的培训。分组教学的前提是对课程的差异化加以处理，课程的差异化包括四个方面：学习内容、学习过程、学习成果和评价的差异化。其中差异化策略包括内容的差异化策略：①前测及其所展示的掌握程度，依据掌握程度对内容从深度、广度和/或复杂性方面进行处理。②学习过程的差异化策略，如布鲁姆目标分类中的高阶思维技能，如分析、综合、评价，以及 Maker 和 Nielson 建议的策略，包括创造性和批判性思维、学习者的自由选择，基于探究的学习、推理和反思，小组互动，根据个人学习需求的高级或慢速节奏以及多样性。[2]③学习成果的差异化策略，包括书面或口头读书汇报、围绕一本书的主题和人物设计一个游戏，以及 Maker 和 Nielson 所建议的，如纸笔作品、现实世界的产品、自选产品及其他丰富的任务。[3]④评价的差异化策略，包括前测、后测、学习日志、师生见面会等。

  复式教学有其明显的优势：其一，小学生可以向高年级学生和同伴学习。与按年龄分班不同，不同年龄段的孩子相处更有利于小学生的社会性交往。复式教学十分强调学生的多样性，并且帮助他们在入学阶段就探索他们自己的潜力。[4] 其二，除了提供学业教育外，还提供了一个安全、家庭般的学习氛围。这里不再强调年龄和竞争，而是调整课程以适应学习者的需求。此外，从教与学的角度来看，复式教学在许多环境

---

[1] Shareefa, M. V., et al., "Facilitating Differentiated Instruction in a Multi-grade Setting: The Case of a Small School," *SN Social Sciences*, 2021, Vol. 1, No. 5, pp. 1–17.

[2] Maker, C. J., Nielson, A. B., "The Role of Teaching-Learning Models in Curriculum Development of the Gifted," in *Teaching Models in Education of the Gifted* (2nd ed.), Pro-Ed. 1995, pp. 1–19.

[3] Maker, C. J., Nielson, A. B., "The Role of Teaching-Learning Models in Curriculum Development of the Gifted," in *Teaching Models in Education of the Gifted* (2nd ed.), Pro-Ed. 1995, pp. 1–19.

[4] Raggl, A., "Teaching and Learning in Small Rural Schools in Austria and Switzerland: Opportunities and Challenges from Teachers' and Students' Perspective," *International Journal of Educational Research*, 2015, No. 74, pp. 127–135.

中提供了更好的教学机会，增加了实施创新和变革的灵活性。① 因为与大学校相比较，小学校的结构不那么僵硬，可以就教学进度、教学内容、应对教学挑战等进行一些灵活处理。小规模学校教师往往不太受基于年龄的学习结构的约束，因为他们经常面对这样的复式教学，因此个性化的教育机会成为常态。

然而，复式教学也面临着很大的现实挑战。第一，因为教师教育、教科书、政策和课程主要侧重于单科或单年级教育②，虽然没有得到证实，但教育工作者和家长通常认为多年级课程不如单年级课程③，特别是对于有天赋的学习者而言。然而，也有研究表明，在学业和情感上，多年级课堂与单年级课堂一样有效④。

第二，在开展复式教学时，教师往往得不到适当的资源和培训支持。复式教学教师的工作量很大，这导致教师管理不善，教学方法不太有效，学生受到的个人关注和指导不足。

第三，缺乏复式教学方面的政策支持，如教师如何规划课程及教学，是否有相关教育政策支持复式教学教师专业发展，及给予教师相关支持，等等。针对这些问题，Weber 和 Chaka 提出，教育官员应出台复式教学的相关政策，通过进行复式教学相关培训以支持教师专业发展，以及给予教师复式教学方面的支持⑤，等等。

复式教学是一种特殊的存在。从教育经济学来考虑，若一个年级的学生太少，不足以支持雇用一名教师，那么就将几个年级合为一个班级，

---

① Hyry-Beihammer, E. K., Hascher, T., "Multi-grade Teaching Practices in Austrian and Finnish Primary Schools," *International Journal of Education Research*, 2015, Vol. 74, No. 7, pp. 104 – 113.

② Bannister-Tyrrell, M., Pringle, E., "Differentiation in an Australian Multigrade Classroom," in *Perspectives on Multigrade Teaching*, Springer, Cham, 2021, pp. 185 – 212.

③ Cornish, L., "Multi-grade Pedagogy and Student Learning," *Bhutan Journal of Research and Development*, 2014, Vol. 3, No. 1, pp. 41 – 52.

④ Saqlain, N., "A Comprehensive Look at Multi-age Education," *Journal of Education and Social Research*, 2015, Vol. 5, No. 2, pp. 285 – 290.

⑤ Weber, E., Chaka, T., "Multigrade Education in South Africa: Does It Promote Educational Change and Social Development?" in *Perspectives on Multigrade Teaching*, Springer, Cham, 2021, pp. 41 – 55.

这样这个班级的规模足够大，就可以支持雇用一名教师。但宏观地讲，复式教学是一个国家经济、社会、文化共同作用的结果，其往往与国家和社会的发展紧密相关。复式教育变革应该巩固社会变革，反之亦然。

ICT（信息和通信技术）教学资源在复式教学中的应用。ICT是一种教学资源，也是重要的教学工具。在复式教学中常常借助于不同的网络课程、数字教学资源支持班级中的分组及个性化学习。

（四）小结

相较于城市以年级为单位的"中心化"教学，国外的小规模学校是一种"去中心化"的教学。[1] 这些小规模学校的存在，不仅仅是应对人口减少的挑战，而且这些学校和社区是"记忆的社区，是历史、艺术、传统和文化遗产的监护人，往往是独特而深刻的，是具有巨大价值的环境宝藏"[2]。小规模学校对减轻社会贫穷、重建学校—社区关系、创建当地相关的课程等具有重要而深远的意义。

在国际上，小规模学校面临着同样的问题，即师资缺乏、教学资源匮乏、学生人数少、师生获得的支持少等。显然，目前仅靠小规模学校自身的努力是不够的，需要在课程传递、教学实施、教师培训、社区参与、学生动机和保留等方面采取一些创新方法。其中，信息技术在小规模学校中的应用是变革这类学校系统的重要手段。各国的实践也证明，信息技术应用推动了这类学校创新和发展的步伐，体现在教师发展、教与学的过程、教学资源、学生发展等方面。

二　农村小规模学校的信息化发展

（一）小规模学校教师技术学习和培训

信息社会对农村小规模学校及教师提出了新要求。教师通过培训等不断学习新技术，提升信息技术应用能力、整合技术于教学的能力和教

---

[1] Kramer, C., "A Multilevel View of Small Schools: Changing Systems," in Baden-Württemberg and Vorarlberg *Geographies of Schooling*, Knowledge and Space, Springer, 2019, pp. 219 – 249.

[2] Mangione, G. R. J., Cannella, G., "Small School, Smart Schools: Distance Education in Remoteness Conditions," *Technology, Knowledge and Learning*, 2021, No. 26, pp. 845 – 865.

学设计能力上。小规模学校教师的技术培训有两种形式：一是通过培训，教师学习各种信息技术。主要针对学校和教师的教学需求，各类教育管理部门、专业协会、培训机构等开展有针对性的课程设计和培训，提升教师的技术素养和信息技术应用能力。二是借助于技术平台和工具开展各种形式的教师培训，促进教师整体专业发展。

第一，通过培训，教师学习各种信息技术，包括各种软件、硬件等，提升其信息素养和信息技术应用能力。美国弗吉尼亚州南部农村的不伦瑞克县公立学校（BCPS）未经认证的教师比例高，学习标准测试分数低，成人文盲率高，生活在贫困线以下的人口比例高，所有这些因素都进一步阻碍了该县的经济和教育发展。为了让这里的公民在不断变化的技术社会中有竞争力，BCPS 的教师需要接受技术培训。为此 BCPS 参照弗吉尼亚州学习标准，开发了为期九周的技术课程培训模块，旨在帮助新教师和资深教师了解该县的教育目标，为该县中小学教师、大学参与人员、教学技术专家建立支持网络，对教师进行教学策略和课程设计培训，利用现有技术，为教师培训创造途径。培训内容包括未来他们将在课堂中使用的各种软件、硬件组件和教学策略，主要通过教师分享其技术应用案例，展示典型范例，分小组由专家进行指导、采取一对一支持等形式开展培训。[1]

除了学习各种软件、硬件组件以外，还需要学习和研究教学法，尤其是小规模学校普遍使用的复式教学法。南非一项针对复式教学教师如何应对 ICT 培训的研究显示[2]，针对复式教学教师的英特尔®培训可被视为一个成功的案例，它帮助复式教学教师采用信息和通信技术工具，如笔记本电脑、互联网及与管理、教学和学习有关的软件。研究表明，ICT 资源有潜力为教师和学习者提供参与管理、教学和学习的新机会。研究还建议，仅仅提供 ICT 工具作为资源并不是解决问题的办法，还必须考

---

[1] Daniel, E., Curry-Corcaran, D. E., & O'Shea, P. M., "ACTT Now: A Collaboration Reshaping Teacher Technology Training," *TechTrends*, 2003, Vol. 47, No. 5, pp. 6 – 19.

[2] Plessis, A., Subramanien, B., "Teacher Usage of ICT in a South African Multigrade Context," in *Perspectives on Multigrade Teaching*, Springer, Cham, 2021, pp. 213 – 241.

虑通过 Intel ® 计划等培训方案来持续支持教师发展。

第二，借助于技术开展教师培训，促进教师专业发展。因小规模学校教师本身就很缺乏，甚至有些学校只有一位教师。脱离岗位外出参加培训意味着学校暂时关门，教学停止。另外，在经济方面，尤其是在经济困难时期，外出参加专业发展活动面临着巨大的经费支出问题。这些支出通常涉及大量的旅行、时间和其他费用。这些因素决定了小规模学校教师外出参加培训的机会很少，甚至几乎没有。因此，借助于信息技术手段的培训很有必要。Evans 研究显示[1]，1992—1994 年，澳大利亚一些学校的教师借助于交互性电视进行专业发展。一方面，教师在其中可以与同行进行交流。1992 年，为了解决美国马里兰州乔治王子郡大规模学校和小规模学校之间学习资源、教师分配等不均衡，以及教师放学后长途跋涉进行专业发展方面的课程学习的问题，采取了有线电视系统学习的方式。[2] 另一方面，通过广播和课程传递促进专业发展。此时的交互式电视不仅是一种教育技术，还是学校的通信技术以及它们的交流社区。另外，美国南达科他州由于人口少，城镇之间距离较远，学校相对孤立、落后，该州采用双向视频会议设备，成立了远程教学学院开展教师培训，以解决该州师资不足问题。[3]

在师资薄弱、技术应用十分滞后的小规模学校里，教师对学生使用信息技术的影响很大，小规模学校的学生将教师看作"天外之人"。"如果老师不习惯使用技术，那么孩子们也不会使用它。"[4] 各种技术应用会为教学实践和学生学习的体验"增值"。因此，小规模学校教师的技术

---

[1] Evans, T., "Constructing Educational Technologies: Interactive Television for Teachers Professional Development in Australia," *Educational Technology Research and Development*, 1995, Vol. 43, No. 1, pp. 94–98.

[2] Appleman, R., "A New View—Applications of Instructional Television," *TechTrends*, 1992, Vol. 37, No. 3, pp. 32–33.

[3] Gosmire, D., Vondruska, J., "Distance Teaching and Learning Academy," *TechTrend*, 2001, Vol. 45, No. 3, pp. 31–34.

[4] Cullen, T., Frey, T., Hinshaw, R., & Warren, S., *Technology Grants and Rural Schools: The Power to Transform*, Paper Presented at the Annual Meeting of the Association for Educational Communications and Technology, Chicago: IL, 2004.

学习和培训非常必要且很重要。

由于受技术的复杂性等因素的影响，教师在学习和使用技术时有一些困难，主要困难之一是教师用于规划技术整合应用的工作时间不足。[①]因此要克服这些困难，教师对待技术的态度和信念很重要。Howley,Wood 和 Hough 研究认为，与非农村教师相比较，农村教师对技术整合的态度更为积极。教师态度、教师对使用技术的准备程度以及技术的可用性与技术整合虽呈显著正相关，而学校的偏远程度和社会经济地位与技术整合没有显著相关性。[②] 为了培养教师对技术整合抱有更积极的态度和信念，Howley, Wood 和 Hough 认为[③]，应提倡导师在场的指导和监督，共享专业学习社区等环境[④]，以及进行职业发展的规划和指导。另外，Darling-Hammond 也提出，对技术学习，应该通过理论和实践相结合的方式"在实践中学习"，从而保证彻底改变现状，改变那些不愿意利用数字化的教师的信念。[⑤]

值得注意的是，农村教师获得教学技术的机会仍然十分有限，他们使用技术的准备还不足以支持学生参与复杂的技术应用。

（二）信息技术支持的小规模学校教学与管理

如前文所述，农村小规模学校地理位置偏远、规模小、基础设施落后、教师十分缺乏，教学质量和师资条件差。另外，偏远农村学校与外界存在地理和文化上的隔离。在这种现状下，适切地应用技术，会减轻这些因素对农村地区教育的负面影响。此外，技术提供了灵活性和便捷

---

① Lewis, J. A., *Improving Rural K-12 Teachers' Use of Technology for Instruction and Student Learning*, Walden University, 2010.

② Howley, A., Wood, L., & Hough, B., "Rural Elementary School Teachers' Technology Integration," *Journal of Research in Rural Education*, 2014, Vol. 26, No. 9, pp. 1-18.

③ Howley, A., Wood, L., & Hough, B., "Rural Elementary School Teachers' Technology Integration," *Journal of Research in Rural Education*, 2014, Vol. 29, No. 9, pp. 1-18.

④ Kormos, E. M., "The Unseen Digital Divide: Urban, Suburban, and Rural Teacher Use and Perceptions of Web-Based Classroom Technologies," *Computers in the Schools*, 2018, Vol. 35, No. 1, pp. 19-31.

⑤ Darling-Hammond, L., "Strengthening Clinical Preparation: The Holy Grail of Teacher Education," *Peabody Journal of Education*, 2014, Vol. 89, No. 4, pp. 547-561.

的获取途径,并具有显著的变革能力,可以促进经济地位较低的学生的学习和成功。① 一些研究表明,农村地区小学的学生比非农村学校的学生学习技术的好处更大。②

信息技术在小规模学校中的应用有很明显的时代性,几乎与各个时代的信息技术发展进程同步。技术的使用可分为明显的五个阶段。

第一阶段:视觉、听觉、视听媒体辅助课堂教学。

主要使用多媒体包括视觉、听觉、视听觉材料辅助课堂教学。在1935年以前,关于视听教育的研究大多是零散的,而且往往是模糊的。自1940年以来,出现了一些研究成果。卡罗尔(Corroll)调查了学校视觉教育并形成成果《教师教育和现代学校中的视觉运动》③,埃利奥特(Elliott)对"教育与电影"进行了系统研究④,最系统的当属戴尔,芬恩和霍本(Dale, Finn & Hoban)关于视听材料及其制作、利用和管理方面的调查表明,视听材料和技术不仅仅是"视觉"或"听觉"刺激,而是"为学生提供丰富、具体体验的现代技术手段"⑤。温曼(Weinman)专门梳理了小学阶段视听教学的研究成果。⑥ 这一阶段视听设备主要用于辅助集体教学,论述集中于基础教育,专门针对小规模学校的研究很少见。

第二阶段:开展远程同步或异步教学。

1. 无线电广播教学

无限电广播在美国有很长的历史了,但其得到广泛而深入的应用还

---

① Devlin, M., McKay, J., "Teaching Students Using Technology: Facilitating Success for Students from Low Socioeconomic Status Backgrounds in Australian Universities," *Australasian Journal of Educational Technology*, 2016, Vol. 32, No. 1, pp. 92 – 106.

② Howley, A., Wood, L., & Hough, B., "Rural Elementary School Teachers' Technology Integration," *Journal of Research in Rural Education*, 2014, Vol. 26, No. 9, pp. 1 – 18.

③ Carroll, J. S., *Teacher Education and Visual Education for the Modern School*, San Diego, Cfal. Y, Office of the Superintendent of Schools, 1948.

④ Elliott, G. M., "Film and Education," *Music Educators Journal*, 1949, Vol. 35, No. 6, p. 45.

⑤ Dale, E., Finn, J. D., & Hoban, Jr. C. F., "Research on Audio-visual Materials," *Teachers College Record*, 1949, Vol. 50, pp. 253 – 293.

⑥ Weinman, C., *Bibliography on Audio-Visual Materials for Teachers in the Elementary School*, New York: Bureau of Publications, Teachers College, Columbia University, 1950.

是在无线电广播学校运动（SOA）期间。无线电广播教学形式在1929—1975年得到应用，甚至持续到20世纪90年代。在全盛时期，全国约有250万名学生（占全国学龄儿童的近10%）接受了SOA教育。尽管取得了很大成就，但提到SOA教育，学者仍将其视为教育技术方面的失败实验。一项来自20世纪40年代早期的研究表明，尽管人们对SOA运动寄予厚望，但它从未吸引过超过10%的K-12听众。[1]赛特勒（Saettler）虽然持更加支持一些的态度，但也暗示说教育广播在第二次世界大战后迅速衰落，到1950年几乎消失。[2] 然而，比安奇（Bianchi）却持有不同的观点，他认为，不能过分强调受众研究和受众规模的重要性，而忽略了衡量SOA成功的其他标准，如NBC对学生音乐教学方面的作用。[3] 他认为，广播依然有好的教育价值，尤其是对于农村地区的学校，因其可以提供K-12全套的课程和教学资源、服务学校不能满足的教学需求、支持课堂教师、建立学习者社区等。

2. 教学电视/交互式电视

电视教学在美国有很长的历史。第二次世界大战后，由于科学技术知识的推动，学校开始使用教学电视等新技术，并为教师提供更好的培训。随着1938年同轴电缆和1945年微波传输的发展，电视台可以在大范围内传输电视信号。1954—1963年，教育促进基金会和福特基金会在多个教育水平上测试了许多教学电视节目。Wood和Wylie探讨了教学电视参与教育教学的八个层面："单一课堂应用、学校层面的项目、地区行政管理、大都会ITV协会、全州运营、区域活动、国家节目和国际发展。"[4] King参考美国国家公共广播档案馆的教学电视和教育媒体

---

[1] Bianchi, W., "Education by Radio: America's Schools of the Air," *TechTrends*, 2008, Vol. 52, No. 2, pp. 36–44.

[2] Saettler, P., *The Evolution of American Educational Technology*, Englewood, Colorado: Libraries Unlimited, Inc., 1990.

[3] Bianchi, W., "Education by Radio: America's Schools of the Air," *TechTrends*, 2008, Vol. 52, No. 2, pp. 36–44.

[4] Wood, D. N., Wylie, D. G., *Educational Telecommunications*, Belmont, CA: Wadsworth Publishing Company, 1977.

资源，梳理了学校层面的教学电视、教学电视的地区管理、大都市地区的教学电视、州一级的教学电视、教学电视中的区域活动，并梳理了自1923—1984年各类组织如AECT和国家教学电视中心（NIT），通过多种项目对教学电视的促进和推动作用。[1]

随着传播技术的发展及学习中交互需求的呼声增强，大约20世纪80年代出现了双向交互式电视（ITV）。交互式电视是为了解决传统远程教育中因师生时空分离而缺乏交互的问题。早在1986年，美国威斯康星州通过双向有线电视系统授课。该系统试图将威斯康星州农村地区一些孤立的、服务不足的学校系统连接起来，通过集中教学资源来丰富课程，为那些无法利用这些资源的学生提供需求有限的课程[2]，这在当时是一个有效的教学传递系统。

1986年，在美国伊利诺伊州，既无资金又缺乏专业知识的农村地区学校使用交互式有线电视在多个系统之间共享教师和课程资源。伊利诺伊州西北部的四所学校创造性地使用互动电视共享六门高级课程，而要将这六门课程单独提供给任何一个学校都是十分昂贵的。四所学校都安装了"电视教室"，以便相邻教室的教师可以看到并监控学生的行为。通过该系统，四所学校中每一所学校的教师都可以把他们的教学传送给其他三所学校，其他三所学校可以同时发送和接收信息。这样每个地点的学生都可以看到教师和学生并听到他们的话。每个老师都以惯常的方式上课，如讲课、用视听设备演示概念、讨论新想法、管理测验和测试。四所学校的学生会像在同一间教室里一样参与课堂。该教学系统有五方面功能，其中重要的有两个方面：一是增加每个学区学生可获得的课程数量。二是提供完全合格、经验丰富且有效的教师教授数学、科学和外

---

[1] King, K., "Television in the Schools: Instructional Television and Educational Media Resources at the National Public Broadcasting Archives," *TechTrends*, 2008, Vol. 52, No. 4, pp. 59 – 65.

[2] Hagon, R., "Serving the Underserved: Two-Way Cable TV Links Rural Schools," *TechTrend*, 1986, Vol. 31, No. 1, pp. 18 – 20.

语的高级课程。① 另外，美国马里兰州和犹他州，都采用类似这种交互式电视网进行教学和共享资源。②

在小规模学校等薄弱学校，因学习资源、教师配备等不均衡，开不齐课、开不好课是普遍存在的问题。比如 Graham，Miller 和 Paterson 研究认为，在澳大利亚、美国和新西兰等国家，也存在农村教师招聘和留任的难题，尤其是在科学、数学和特殊教育教学领域③。因此，采用交互式电视共享一些高级课程的做法，可以算是较早的小规模学校间的共享专递课堂，以此解决师资不足，开不齐、开不好课的问题。

第三阶段：计算机辅助教学。

20 世纪 60 年代，程序化教学思想出现了，为了实现程序化教学思想，人们发明了各种教学机器。到了 70 年代，高性能计算机技术迅速发展，计算机成了实现程序教学思想的最佳机器。计算机通过课件的最优化设计而实现个别化学习。这一阶段的教学也逐步从集体走向个别化学习。鉴于小规模学校生师比的天然优势，教师还使用技术创新及新的学习理论支持个别化学习。1962—1965 年，美国的部分小规模学校使用程序化材料、录音带、录像课程，通过调整教学实践、改进学生分组及其他教学改革，开展个别化学习。1962—1963 年，由杨百翰大学制订的持续发展项目计划也为个别化学习提供了教学设计要素。④ 从 20 世纪 60 年代起开发的程序教学材料、个别化自学材料及计算机教学系统为小规模学校开展个别化学习提供了可能。因小规模学校的边缘性和薄弱性，这一阶段的信息技术应用及研究较少。

---

① Robinson, R. S., Collins, K. M., & West, P. C., "No Funds? No Teachers? Share Advanced Courses with Other Schools via Interactive Cable Television," *TechTrends*, 1985, Vol. 30, No. 2, pp. 17 – 19.

② Albright, M. J., "Cable Connections: Exploring the Possibilities," *TechTrends*, 1992, Vol. 37, No. 3, pp. 31 – 32.

③ Graham, L., Miller, J., & Paterson, D., "Accelerated Leadership in Rural Schools in Bush Tracks," Brill Sense, 2015, pp. 91 – 103.

④ Bohrson, R. G., Stutz, R. C., "Small School Improvement: Urban Renewal Begins in the Country," *The Bulletin of the National Association of Secondary School Principals*, 1966, Vol. 50, No. 307, pp. 53 – 62.

第四阶段：互联网及社交工具教学。

互联网发展依赖于综合业务数字网（ISDN）技术，ISDN是一种在数字电话网的基础上发展起来的通信网络，支持一系列包括话音和非话音业务。功能包括信息系统、视频会议、桌面计算机会议、语音会议及语音邮件和来电显示。

小规模学校通过ISDN联通外部高速公路与课堂教学。1992年11月，美国第一个全国ISDN电话接通了从弗吉尼亚州雷斯顿到加利福尼亚州洛杉矶的全国22个站点。1993年，区域ISDN在全国范围内变得广泛可用。到1994年，ISDN已在美国大约60%的地区使用。社会对教师不断提出新要求，ISDN是一种帮助教师克服这些挑战的工具，它为教师提供额外资源，如教师培训、教育研究和学生指导。① 远程教育打破了偏远农村学校与外界的时空隔离。借助ISDN技术，结合移动实验室、独立在线学习通路、专用于教育的电话线，开展了巡回教师、总结研讨会、函授课、夏令营、远程学习、电子公告、实践交流和视频课程等形式的教学。② 如澳大利亚内陆地区利用互联网虚拟技术建立的空中学校（SOTA）和远程隔离教育学校（SIDE），利用无线电和ICT向农村地区授课。③ 由于学生人数增长速度快于新设施的建设速度，远程教育课程是各州在不需要资本支出修建新学校的情况下为学生提供教育服务的一种选择。④

20世纪90年代互联网技术迅速发展，基于互联网技术的各种视频会议系统得到广泛应用。1988年，为了解决美国高校日益增长的对外语、数学和科学等学科的教学需求，亚利桑那州立大学、社区学院、

---

① Fox, J., Loutsch, K., & O'Brien, M., "ISDN: Linking the Information Highway to the Classroom," *TechTrends*, 1993, Vol. 38, No. 5, pp. 18–20.

② Arnold, P., "Review of Contemporary Issues for Rural Schools," *Education in Rural Australia*, 2001, Vol. 11, No. 1, pp. 31–42.

③ Mangione, G. R. J., Cannella, G., "Small School, Smart Schools: Distance Education in Remoteness Conditions," *Technology, Knowledge and Learning*, 2021, Vol. 26, No. 4, pp. 845–865.

④ Ronsisvalle, T., Watkins, R., "Student Success in Online K-12 Education," *Quarterly Review of Distance Education*, 2005, Vol. 6, No. 2, pp. 117–124.

K-12 系统和州政府代表成立了亚利桑那州教育电信合作组织（AETC），一起研制了一套视频会议系统，并在该州成功应用。在第一次成功的鼓舞下，大学媒体系统公司于 1990 年制作了一场面向全州的小学外语教学视频会议。该视频会议向数百名教育、商业和政府专业人士展示了电信在教学中的潜力。[1]

社交工具还被广泛应用于学校管理中，主要用于远程巡课和教师管理。如在印度，针对小规模学校教师普遍存在的缺课现象，管理者使用社交工具软件 WhatsApp 进行远程巡课、分享和交流信息。[2] 通过应用评价 Apps 监控教师和学生的出勤率，减少教师随意缺课现象。社交工具软件还为师生提供远程学习教材和交流平台，帮助教师向学生分享最新学习资源，支持教师向同行专家学习，获得即时反馈并与同伴分享观点。

第五阶段，新兴技术在教育教学中的探索性应用。

新兴技术应用包括平板电脑、教育机器人、STEM 及创新套件等在教育教学中的应用。

1. 平板电脑

随着技术的大力发展，一些新兴技术在小规模学校和薄弱学校也得到了探索性应用。为了解决大量偏远农村地区教育资源匮乏、高辍学率和教育不平等的问题，印度实施了一项"农村全纳教育"项目（AmritaRITE）。该项目将传统的学校教育目标与道德、科学、技术、生态和社会问题相结合。项目开设的课程主题涉及健康和营养、道德价值观、技术技能、性别平等、童工以及尊重大自然等。这些课程通过先进的多语言移动学习辅助设备，主要是平板电脑进行教学。平板电脑提供九种印度语言的技术辅助教学。根据学生的学习需求，进行技术辅助的差异化教学。经过两年的实践发现，AmritaRITE 平板电脑特别适合印度农村地

---

[1] Barnard, J., "Videoconferencing to Help Build a State Network," *TechTrends*, 1990, Vol. 35, No. 3, pp. 12 – 14.

[2] Nedungadi, P., Mulki, K., & Raman, R., "Improving Educational Outcomes & Reducing Absenteeism at Remote Villages with Mobile Technology and WhatsAPP: Findings from Rural India," *Education and Information Technologies*, 2018, Vol. 23, No. 1, pp. 113 – 127.

区，可以在没有稳定的网络或电力的情况下工作。AmritaRITE 项目也取得了较好的效果，并帮助减少了辍学率，例如马哈拉施特拉邦的 Ransai 村的辍学率从 16 名降至 1 名。①

2. 教育机器人

教育机器人作为重要的智能学伴被引入农村小规模学校。Broadbent 等人开展了一项在农村学校使用机器人的研究②，通过在 7 所农村学校中使用两款流行的同伴机器人——Paro 和 iRobiQ 后发现，学校里的机器人通常被认为很有用。可以用于教授学生有关工程和机器人的知识，可以作为科学或外语学科的教学助理。还有助于心理健康，包括帮助孤独症儿童、安慰病房里的儿童，以及为需要帮助的儿童进行重复练习。由于农村地区学生人数少、资金不足、缺乏专业教师以及与世隔绝，机器人在农村学校可能特别有用。很多师生希望在他们的学校能拥有这些机器人，且女孩对机器人的反应明显比男孩更积极。

3. 创新学习套件

意大利的公司为小规模学校学生提供无线技术，为个人和小组提供数字化学习材料。它们使用谷歌套件，包括 Sharp AnyWhere 和 Sharp Big Pads，这些技术的目标是支持各种教学法，如翻转课堂或不同学校教师和学生之间的技能分布式领导。③

4. STEM 技术

相较于一些城市或较富裕地区的学校，小规模学校可能缺乏技术资源，但小规模学校教师所拥有的更大的自主权有助于设计丰富的 STEM 学习体验和创新活动。因此 STEM 的相关技术被引入课堂教学中。一项

---

① Nedungadi, P., Raman, R., Menon, R., & Mulki, K., "AmritaRITE: A Holistic Model for Inclusive Education in Rural India, Children and Sustainable Development," *Ecological Education in a Globalized World*, 2017, pp. 171–184.

② Broadbent, E., Feerst, D. A., Lee, S. H., Robinson, H., Albo-Canals, J., Ahn, H. S., & MacDonald, B. A., "How Could Companion Robots Be Useful in Rural Schools?" *International Journal of Social Robotics*, 2018, Vol. 10, No. 3, pp. 295–307.

③ Ellerani, P., Tenchini, C. A., & Barca, D., "Smart Learning Extended Environment: Connecting Anywhere People and Organizations," in *SMART* 2018: *The Seventh International Conference on Smart Cities, Systems, Devices and Technologies*, 2018, pp. 61–65.

针对美国 14 位小规模学校教师课堂中整合使用 STEM 的研究表明[1]，学生可以使用的常见的技术是笔记本电脑、平板电脑和交互式白板。小规模学校教师在 STEM 技术整合方面也面临着困难，包括时间限制、专业能力以及开展 STEM 技术整合所需的资源等。

三 农村小规模学校信息化发展的优势与挑战

小规模学校有其发展优势，Raggl 研究认为[2]：（1）小规模学校学生人数少，每个孩子都有可能获得个性化的支持，并形成充满关爱的氛围。（2）拥有宽松的空间条件（建筑设施）。（3）小规模学校比大型学校更容易实施创新性教育理念。很多城市学校教师认识到这种机遇，专门从城市里的大中型学校转到小规模学校。（4）小规模学校因其结构小，更容易开展教学创新变革。如奥地利的两所小规模学校被打造成了蒙台梭利特色学校。小规模学校这种特点决定其实施信息化教学与管理更具有便利性和可行性。

小规模学校也面临着困境和挑战。第一，因为地理位置偏远而带来的困境。（1）教师在组织复式教学时有困难，尤其是在一个班级里有四个年级的时候。所以教师必须经历复式教学的复杂性及不同年龄和学业水平所带来的挑战。[3] Raggl 在访谈一名奥地利老师时，该老师反映说："太难了，逐渐增加的工作需求每天都将我置于很多工作任务中。我是一名教师，同时又被任命为校长。我每周进行 14 小时的教学，还要负责两个学校的管理。"（2）因小规模学校的位置与城市的距离较远，所以教师的家庭与工作长期分离，教师难免有孤独感。（3）教师长期面对同样的学生，与外界人员交流少，教师的生活很单一。因此，跟过去几十

---

[1] Thomas, A., Falls, Z., "Rural Elementary Teachers' Access to and Use of Technology Resources in STEM Classrooms," in *Society for Information Technology and Teacher Education*, 2019, pp. 2549-2553.

[2] Raggl, A., "Small Rural Schools in Austria: Potentials and Challenges," *Geographies of Schooling*, Knowledge and Space, Springer, Cham, 2019, pp. 251-219.

[3] Raggl, A., "Small Rural Schools in Austria: Potentials and Challenges," in *Geographies of Schooling*, Knowledge and Space, Springer, Cham, 2019, pp. 251-219.

年不同，现在的教师更愿意选择住在城市或郊区，然后每天往返于城市与农村学校之间。

第二，在信息技术应用方面，尤其存在明显的困难：(1) 缺乏技术工具和资源获取将一直是偏远农村地区技术应用最大的障碍。[1] 此外，尽管有大量的在线教学材料可以使用，但周边地区仍然存在网络带宽限制[2]，这阻碍了农村学校在教学中实现真正的技术整合。(2) 缺乏技术支持服务。即使农村学校肩负着填补数字鸿沟的使命，但它们往往既没有将技术整合应用于课堂所需的设施，也没有 ICT 技能和知识。如果城市学校能够提供专门的工作人员负责维护和解决技术问题，那么在农村地区小规模学校就不用依赖于技术支持服务。[3] (3) 在 STEM 教学和技术整合方面面临环境挑战。Thomas 和 Falls 在其报告中强调，农村学校在 STEM 教学和技术整合方面面临独特的环境挑战。[4] 与大都市地区不同，农村学校很少雇用教学指导教师、专业发展协调员或其他管理人员，以支持教师使用 STEM 内容。[5] (4) 教师缺乏技术及其整合应用能力。Hilli 认为，教师受限于技术，要想在远程教育中与学生更好地沟通的话，必须发展新的教学策略。[6] 由于教师缺乏技术及其整合应用能力，课堂参与度低。因此应该进行教师技术培训，提供适切的技术帮助。

研究还指出，小规模学校信息化缺乏教学知识和通信技术技能；存在损坏和过时的信息与通信技术设施和设备；缺乏维修、软件更新和频

---

[1] Francom, G. M., "Barriers to Technology Use in Large and Small School Districts," *Journal of Information Technology Education Research*, 2016, Vol. 15, No. 1, pp. 577–591.

[2] Page, G. A., Hill, M., "Information, Communication, and Educational Technologies in Rural Alaska," *New Directions for Adult and Continuing Education*, 2008, No. 117, pp. 59–70.

[3] Howley, A., Howley, C., "Planning for Technology Integration: Is the Agenda Overrated or Underappreciated," *Educational Planning*, 2008, Vol. 17, No. 1, pp. 1–17.

[4] Thomas, A., Falls, Z., "Rural Elementary Teachers' Access to and Use of Technology Resources in STEM Classrooms," *Society for Information Technology & Teacher Education International Conference*, Association for the Advancement of Computing in Education (AACE), 2019, pp. 2549–2553.

[5] Seltzer, D. A., Himley, O. T., "A Model for Professional Development and School Improvement in Rural Schools," *Journal of Research in Rural Education*, 1995, Vol. 11, No. 1, pp. 36–44.

[6] Hilli, C., "Distance Teaching in Small Rural Primary Schools: A Participatory Action Research Project," *Educational Action Research*, 2020, Vol. 28, No. 1, pp. 38–52.

繁断电阻碍了信息技术作为教学工具的有效应用。但是小规模学校和教师依然克服各种困难开展信息技术的探索和应用。这里引用Huett等人的观点，即我们将电子学习视为问题而不是答案。简言之，如果我们作为教育者和培训者，决定要明智地、系统地利用这些可能性，互联网和电子学习将会创造更多的可能性。①

四　国外小规模学校信息化演进的特点

（一）国外小规模学校经历了先减后增的调整

与国内相似，国外小规模学校的规模和数量处于动态调整中，也经历了教学点先减后增的现象。譬如在美国，乡村教育经历了从"根植于乡村"到"向城市迈进"再到"回归于乡村"的发展历程。直到20世纪六七十年代，美国人才逐渐认识到"乡村小规模学校既没有消除的可能，也没有消除的必要"，它只不过是一种"独特"的学校类型，而不是一种"落后"的学校形态。同样，在日本，乡村学校不仅不意味着"落后"，反而意味着"现代"②。

造成这种减少的原因，不仅仅可以解释为学生数量的减少，而且取决于国家的政治决策。因小规模学校承担着振兴农村地区教育，传承和发扬乡村传统文化，建立与农村社区的纽带等功能，所以世界上各国都在尽力保留和维持小规模学校的发展，如奥地利，自2010年起，其教学点数量维持稳定或轻微增长趋势，"他们努力阻止每一所学校关闭，每个社区至少要有一所学校"，甚至一些是少于5名学生的学校。③

（二）小规模学校信息化演进过程符合国外教育信息化发展规律

如前文所述，国外小规模学校的信息化发展经历了五个阶段：视觉、

---

① Huett, J., Moller, L., Foshay, W. R., & Coleman, C., "Implications for Instructional Design on the Potential of the Web, The Evolution of Distance Education: Implications for Instructional Design on the Potential of the Web," *TechTrends*, 2008, Vol. 52, No. 4, pp. 63–67.

② 邬志辉等：《中国农村教育：政策与发展（1978—2018）》，社会科学文献出版社2018年版，第45页。

③ Raggl, A., "Small Rural Schools in Austria: Potentials and Challenges," in *Geographies of Schooling. Knowledge and Space*, Springer, Cham, 2019, pp. 251–219.

视听设备辅助教学，同步和异步远程教学，计算机辅助教学，互联网和社交工具软件教学及新兴技术教学。这一演进过程与国外教育技术发展逻辑基本吻合。美国作为教育技术的发源地，其教育技术发展史可以说是国外教育技术发展的一个缩影。据尹俊华等的研究[①]，美国教育技术的形成与三种教学方法的实践发展有关。一是视觉教学的发展，推动了各种视听设备在教学中的应用，形成了使用教学资源来解决教学问题的思想和方法；二是程序教学的发展，推动了各种学习理论在教学中的应用，形成了以学习者为中心的个别化教学思想和方法；三是系统化教学设计的发展，推动了系统理论、整体论方法在教学中的应用，形成了对教学过程设计、实施和评价的思想和方法。这三条路径独立发展，又相互影响和借鉴，到20世纪60年代末70年代初融为一体，形成教育技术领域。这里选择"视觉教学的发展，及各种视听设备在教学中的应用"这条路径，参考赛特勒对美国教育技术演变史的研究[②]，梳理20世纪90年代以前及未来美国教育技术的演变，发现其大体经历了四个阶段，即视觉和视听教学、视听传播教学、计算机教学应用、互联网教学。各阶段的主要媒体和关键技术如图2-1所示。

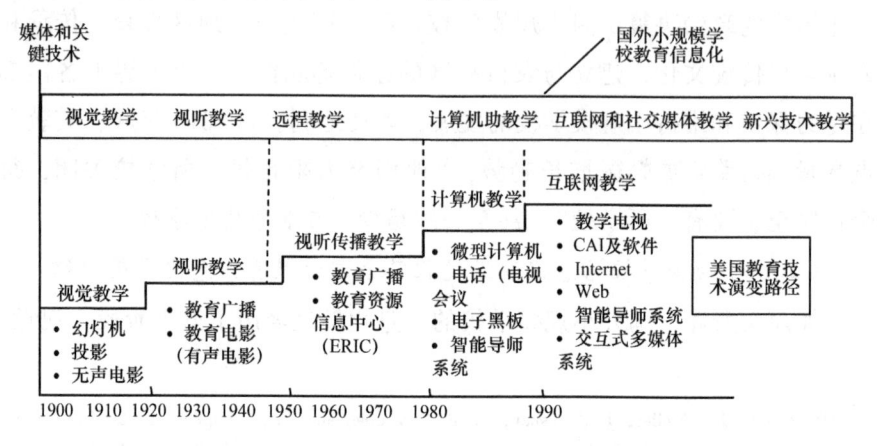

图2-1 美国教育技术演变过程及国外小规模学校信息化演进对比

---

① 尹俊华、庄榕霞、戴正南编：《教育技术学导论》，高等教育出版社2002年版，第3页。
② Saettler, P., *The Evolution of American Educational Technology*, Libraries Unlimited, INC, 1990.

在图 2-1 中，虚线框中是国外小规模学校教育信息化演进过程，其与以美国为代表的国外教育技术演进过程基本趋同，其中视听传播教学阶段小规模学校主要通过教育广播、电话电视会议等开展异步或同步远程教学。另外，因缺乏设备和技术、教学材料、专业教学人员等，小规模学校在教育信息化应用方面稍滞后于公立学校和城市学校。

（三）信息技术演变经历了技术摸索、技术自信到技术理性的逻辑过程

国外小规模学校由于先天性信息技术条件和环境受限，信息化发展一开始依赖学校外力，如政府组织、各级各类教育管理部门、专业协会和组织、大学研究团队等的推动，通过各类教育信息化项目实施和推广，是一个技术他助的过程；随着经济社会发展及信息技术应用逐步走向深入，教师的信息化应用能力不断提升，信息技术应用越来越熟练，教师开始思考并进行创新性的技术应用，譬如，如何开展技术支持的复式教学分组，如何进行基于社交工具软件的同伴互助等。这个阶段教师使用技术已经有了一定的自信，是一个由"他助走向自立"的过程；随着技术应用的深入，教师开始理性思考技术的应用价值、应用合理性和可能的创新空间，试图展示信息和通信技术（ICT）、多媒体教育产品（数字资源）如何影响农村学校的教育，如何提高这些类型学校的教学质量。[1]

（四）国外小规模学校信息化演进主要靠国家和政府力量的推动

教育信息化需要资金、技术、物力、专业人员的共同支持，小规模学校在资金支持、技术服务、专业教学力量等方面具有先天不足。因此国外小规模学校的信息化发展主要靠政府和教育管理部门以项目形式推动。如美国实施的一项旨在促进互联网接入的政府项目 E-Rate[2]，印尼教育部推行的一项推动对全学科、所有教学、评估、教师培训课程等进

---

[1] Kerimbayev, N., Akramova, A., & Suleimenova, J., "E-learning for Ungraded Schools of Kazakhstan: Experience, Implementation, and Innovation," *Education and Information Technologies*, 2016, Vol. 21, No. 2, pp. 443–451.

[2] Park, E., Sinha, H., & Chong, J., "Beyond Access: An Analysis of the Influence of the E-Rate Program in Bridging the Digital Divide in American Schools," *Journal of Information Technology Education: Research*, 2007, Vol. 6, No. 1, pp. 387–406.

行技术支持应用的小规模学校项目①和意大利的一项通过技术鼓励合作交流、资源共享的"小学校运动"项目②等,这类项目有很多。信息化项目需要经费和技术支持,且项目资助和实施要有持续性。项目资助一旦停止,技术使用就有可能中断。在南非,由科技部、基础教育部、农村发展和土地改革部以及省教育厅联合发起的ICT4RED,即"信息传播技术促进农村教育发展"项目,主要支持南非好望角省区教学质量的提高。研究发现,如果没有持续的支持系统,这些学校无法维持引入的变革。因此为了让学校维持活力,社区、公共及私有部门、企业和其他社会机构必须参与到社区教育的未来规划中。③

五 国外小规模学校信息化未来发展趋势

国外小规模学校的信息化发展及应用经历了从扶持、扶贫到自立自强的过程,未来小规模学校信息化发展和应用将体现在六个方面。

(一)探索新的教学点合作方式,进行教学点区域集群式发展

小规模学校有相似的地情、校情和学情,应加强小规模学校之间的合作与交流。Raggl研究认为,应加强小规模学校间的合作,进行区域集群式发展。④ 他认为,一方面,小规模学校教师应该通过非正式、不定期相互碰面来加强联系,相互支持。在一个区域性学校网络中连接几所小型农村小学(可由2-8所学校组成),由一名校长负责这个集群学校。对这些学校给予教学、学习材料等方面的支持。⑤ 这样也可以减少

---

① Cowell, R. N., Holsinger, D. B., "Indonesia's Small Schools Project: A Fresh Look at a Persistent Problem," *International Review of Education*, 1985, Vol. 31, No. 1, pp. 175-187.

② Mangione, G. R. J., Cannella, G., "Small School, Smart Schools: Distance Education in Remoteness Conditions," *Technology, Knowledge and Learning*, 2021, Vol. 26, No. 4, pp. 845-865.

③ Dlamini, S., Vyver, A., "A Qualitative Analysis of an E-education Initiative in Deep Rural Schools in South Africa: A Need to Build Resilience," in *International Development Informatics Association Conference*, Springer, Cham, 2018, pp. 125-137.

④ Raggl, A., "Small Rural Schools in Austria: Potentials and Challenges," in *Geographies of Schooling, Knowledge and Space*, Springer, Cham, 2019, pp. 251-219.

⑤ Raggl, A., "Teaching and Learning in Small Rural Schools in Austria and Switzerland: Opportunities and Challenges from Teachers' and Students' Perspectives," *International Journal of Educational Research*, 2015, No. 74, pp. 127-135.

教师的孤独感。规模较大学校的教师每周可以花几小时去小规模学校教学，中心校长也可以每周到每个教学点工作一天。这样可以进行学术和教学上的支持和交流。还可以在教学点之间开展联合研讨会来促进教师专业发展。另一方面，农村小规模学校应该与幼儿园紧密合作，小学教师与幼儿园教师一起工作。因为对农村来说，他们（小学教师和幼儿园教师）是农村唯一的专业化教育者，应该整合教师资源。他还认为，现在教学点的教师，尤其是只有一名教师的学校，教师同时身兼校长的管理任务。应该将校长的管理工作从教学人员中划分出来，由联合校长承担，教师只专注于教学。

Busher 和 Hodgkinson 也认为，"合作"是帮助解决小规模学校问题的主要途径。[①] 在韩国农村地区，很难拥有合格的教师和良好的设施以获得优质教育。因此政府采用自上而下的设计，在一所学生数不到 200 人的中心学校和四所学生数不到 30 人的学校安装了有线网络，以便这五个不同地点的学生可以同时使用该系统。借助该系统开展社会科学、韩国文学和科学等科目的教学。在实施过程中，资源缺乏是最大的障碍，特别是硬件，是教育信息化预算的最大的支出。经过十年的应用，发现在韩国政府的大力支持下，教学硬件分配、教育软件开发和教师培训等取得了明显成效。[②]

集群式发展也有利于管理。在印度，针对大量教师随意缺席课堂教学的现象，为了便于远程监控和管理，采取了集群化组织方式。印度将四到五个村落编为一个集群，多个集群又形成一个中心校。一般来说，大约五个村落有一个集群协调员，大约五个集群拥有一位中心协调员。由集群协调员、中心协调员一起，使用技术监控和支持教师。通过农村平板电脑教育项目 AmritaRITE，印度使用 WhatsApp 和其他应

[①] Busher, H., Hodgkinson, K., "Co-operation and Tension between Autonomous Schools: A Study of Inter-school Networking," *Educational Review*, 1996, Vol. 48, No. 1, pp. 55–64.

[②] Lee, O., "Information Technology Applications in the Centralized Educational System: Ten Years of Korean Experience," *Educational Technology Research and Development*, 1998, Vol. 146, No. 1, pp. 91–98.

用软件远程监督教师和课堂①，以此减少教师和学生的课堂缺席情况的发生频率，提高学生的学习绩效。

（二）利用信息技术，开设教学点虚拟实践社区

在信息化社会里，需要重新思考乡村学校的需求。西班牙乡村学校的教师通过应用社会软件，创建了虚拟实践社区和"乡村虚拟学校"②。它们通过应用社会性软件在乡村虚拟学校中分享学习资源和教学方法。它们通过合作，开展创造性的实践。该虚拟实践社区形成于学校活动、学校需求及社会性软件使用的不断发展时期。早在2004年，虚拟社区采用Moodle学习平台共享教师培训资源，该系统还接收辅导材料和信息技术相关的教学法内容。到2007年，虚拟社区借助乡村之翼项目为农村学校提供卫星连接，打通了之前的联通壁垒。学校之间互联互通，并且开始寻求合作，这一阶段使用了一些重要的沟通工具，如谷歌小组、视频分享。

随着技术发展及增强网络活动新需求的出现，一些更具创造性和交互性的软件被引入，如共享博客。随着虚拟实践社区VCoP越来越成熟，支持动态活动的工具越来越复杂，需要多样化的媒体支持学校间的资源处理。当前部分VCoP开始参与一个新的欧洲项目（SoRuaLL），该项目可以根据教师所需的目标开发教学场景。结果教师获得了SoRuraLL Virtual Learning World（VLW），这是一个基于网络的平台，整合了相互关联的多个社交网络工具，体现了私人共享空间的概念，促进了社区的交流和相互支持。

澳大利亚地广人稀，复式学校占全部小学的三分之一。教师间的孤立感是一个突出的问题。缓解教师间的孤立感的方法包括使用信息和通信技术、社区参与、家长参与和协作网络，包括非正式和正式的学校集群。研究还表明，通过建立实践社区促进专业发展，可以最大限度地减少教师在复式教学环境中的孤立感。发展中国家和发达国家的教育部门

---

① Nedungadi, P., Raman, R., Menon, R., & Mulki, K., "AmritaRITE: A Holistic Model for Inclusive Education in Rural India," in *Children and Sustainable Development*, Springer, Cham, 2017, pp. 171–184.

② Frossard, F., Trifonova, A., & Frutos, M. B., *Evolutionary Approach of Virtual Communities of Practice: A Reflection within a Network of Spanish Rural School in International Conference on Technology Enhanced Learning*, 2010, pp. 583–589.

都应支持它们的复式教学教师发展类似的实践社区。

(三) 一些前沿技术、新兴技术在小规模学校得到应用

近几年来,随着人工智能、大数据、物联网等技术的发展,一些新兴技术被引入小规模学校,用于人机协同教学。如 Broadbent 等人开展了一项在农村学校使用机器人的研究[①],通过在 7 所农村学校中使用两款流行的同伴机器人——Paro 和 iRobiQ 后发现,学校里的机器人通常被认为很有用。可以用于教授学生有关工程和机器人的知识,可以作为科学或外语学科的教学助理,还有助于心理健康,包括帮助孤独症儿童、安慰病房里的儿童,以及为需要帮助的儿童进行重复练习。由于农村地区学生人数少、资金不足、缺乏专业教师以及与世隔绝,机器人在农村学校可能特别有用。很多师生希望在他们的学校里拥有这些机器人,且女孩对机器人的反应明显比男孩更积极。

(四) 新基建和学习环境建设,有望将小规模学校变成小智能学校

在人工智能技术发展日新月异和数字化转型发展的今天,由信息技术引起的远程学习和在线学习,引发了小规模学校新的时空变化,使学校的拓扑空间和时空连续的新秩序得以建立。社区需要重新规划时间、空间、资源,帮助学校校长和教师维持薄弱地区的教育质量。因此所谓的"智能学校"出现了。Rudduck 概述了智能学校必须遵循的原则[②],包括为更好地生活而创新的课程,将行动的权利转移给学生,创新的方法、理论和先进的教材,基于持续学习的评估模式。为了确保理想的教与学的模式取得成功,智能学校需要对资源进行有效管理和适当支持。通过新基建和学习环境建设,远程教育形式有望成为将小规模农村学校转变为智能学校的催化剂。[③] 根据智能技术和数字新基建的特点,智能

[①] Broadbent, E., Feerst, D. A., Lee, S. H., Robinson, H., Albo-Canals, J., Ahn, H. S., & MacDonald, B. A., "How Could Companion Robots Be Useful in Rural Schools?" *International Journal of Social Robotics*, 2018, Vol. 10, No. 3, pp. 295 – 307.

[②] Rudduck, J., "Students and School Improvement," *Improving Schools*, 2016, Vol. 4, No. 2, pp. 7 – 16.

[③] Mangione, G. R. J., Cannella, G., "Small School, Smart Schools: Distance Education in Remoteness Conditions," *Technology, Knowledge and Learning*, 2021, No. 26, pp. 845 – 865.

学校更关注民主化、教育和推广性。

（五）将加大对技术支持的创新性教学法的研究和应用

技术应用经历了应用摸索、技术自信到技术理性的过程。尤其是在当前阶段，随着新兴技术的不断涌现及深入应用，人们开始反思技术的应用价值及创新空间。小规模学校对技术支持的复式教学法的学习和培训呼声尤其高。复式教学的实施及质量取决于教师的能力及意志力，因此应该通过在职培训提升教师能力，这是复式教学成功与否的一个重要决定因素。[1]在小规模学校教师培训项目中，应该设计复式教学法及技术支持的复式教学法的内容。教师需要理解复式教学结构、开展灵活的教学设计及高效的课堂教学组织能力。教育管理人员也应该补充包含复式教学法的专业发展之路。

（六）加大新冠疫情下小规模学校应用ICT开展教学的研究与实践

新冠疫情促进了ICT在教育教学中的应用，是促进教师、学生和家长数字能力提升的重要驱动因素。突如其来的新冠疫情对小规模学校是严峻的考验，实践样态十分多样化。如捷克大部分地区的小规模学校，都或多或少地参与了在线教育。与二、三年级相比，一年级大多采用异步教学（例如带作业的电子邮件）；学校暂时将艺术、美术和体育课程取消，在项目活动中培养这些技能；一些学校教学材料数字化，取消了印刷教科书，代之以交互式教科书，并引入了在线教师会议。[2] Maněnová、Wolf 和 Skutil 等人研究了新冠疫情期间小规模学校远程教育问题，发现三个关键因素对远程教育形式的影响最大，包括：（1）所有参与者的ICT能力；（2）教育环境的组织；（3）教学方法和形式。[3]因此提出教师必须提升自身数字化素养，包括必须学习新技术工具并探索新的在线教学方式。小规模学校在远程教育方面的经验可以为远程教学过程的组织带来新视角。由于小规模学校的边缘化地位，国家层面的统计和相关研究中关于

---

[1] Benveniste, L. A., McEwan, P. J., "Constraints to Implementing Educational Innovations: The Case of Multigrade Schools," *International Review of Education*, 2000, Vol. 46, No. 1, pp. 31 – 48.

[2] Maněnová, M., Wolf, J., & Skutil, M., et al., "Combating the Coronavirus Pandemic in Small Schools," *Sustainability*, 2021, Vol. 13, No. 13, p. 7086.

[3] Maněnová, M., Wolf, J., & Skutil, M., et al., "Combating the Coronavirus Pandemic in Small Schools," *Sustainability*, 2021, Vol. 13, No. 13, p. 7086.

疫情期间小规模学校如何教学的研究很少。

六 国外小规模学校信息化发展对中国的启示

国外小规模学校信息化发展对中国有着重要启示。

（一）创新教学点发展方式，进行区域集群合作发展

寻求区域合作是解决小规模学校发展问题的一条重要出路。在中国一些省区，如甘肃、宁夏等地区，当前实施的"教师发展共同体"具有区域集群合作发展的特点，它是由市（县）学校、乡镇学校、中心校和教学点的教师按照一定比例组合而成的，主要从教研入手进行教师帮扶发展，但是跨地区、跨区域教学点之间集群合作发展的"教师发展共同体"很少见。教育管理部门应采取"自上而下"的设计，借助"互联网＋"技术，在中心校和所辖教学点布局教育专网，组织形成区域合作集群、发展共同体等，开展异地同步教研和教学。教研可以围绕教学设备的使用与维护、信息技术教学应用、教学资源获取与加工、同步备课授课等主题开展，使教学点在合作教研、教学、管理中得到提升。

（二）利用ICT，设立虚实结合的教学点实践社区

为了提高信息技术应用的时效性，建议借助虚拟学习世界等网络平台，整合其他社交网络工具，如谷歌小组、视频分享、共享博客等，开设虚实结合的实践社区，在社区中开展专家引领研课、同伴互助教学、模拟真实应用、优秀教学展示等形式的活动，进行"做中学"和"学中做"。通过创设虚实结合的实践社区，帮助教师打开所学知识与所用场景之间的通道，为真实应用提高迁移的速度。[1]另外，还可以探索教学点网校、教学点互助平台等联盟模式，推动教学点之间信息资源共享、网络教学、经验交流、问题合作解决等。[2]

---

[1] 闫寒冰、柳立言：《智能技术开启教学共同体新模式》，《中国教育报》2022年7月28日第3版。

[2] 钱佳、郭秀旗、韦妙：《农村教学点教育信息化政策实施困境与路径选择》，《教育研究与实验》2018年第6期。

（三）加大对 ICT 支持教学法的创新研究和应用

2022 年 4 月 21 日，教育部颁布了《义务教育课程方案和课程标准（2022 年）》，这预示着中国将迎来新一轮课程和教学改革。新课标倡导跨学科主题、项目式、落实核心素养的教学。[①] 另外，随着新兴 ICT 的发展及应用推进，技术的应用价值及其支持的教学法创新引起了新的思考。[②] 根据新课标的要求，教学点可以开展跨学科主题的教学，提升学科知识的融通应用；因应教学点地情、学情的特点，开展一些在地化[③]、微项目教学[④]的探索与实践；加大对 ICT 支持的复式教学法的研究和实践。可采用大学—管理部门—企业—学校（UGBS）多方协作模式，加强教学点内外一体化研究和实践。高校（University）研究人员开展创新性教学法的研究，企业（Business）提供信息化设备和技术服务，教学点（School）为教学方法应用提供实践场所，教育管理部门（Government）应该认识到这种创新的价值和深远意义，积极促成多方之间的协作。

（四）加大对重大突发事件下教学点 ICT 应用的支持服务力度

国家在落实教学点信息化时本着设备配置、资源配送和教学应用"三到位"原则，但是在实践中很难不折不扣地落实。信息技术更新换代很快，技术复杂度也越来越高，教师需要持续地学习和培训。但当前的实际情况是，教师的信息技术应用水平明显滞后于教学需求，并且缺乏及时有效的支持。面对新冠疫情等重大突发事件，在很短时间内将教学调整为线上开展，教师没有做好技术应用的准备，感到无所适从，并且缺乏及时有效的支持和培训。

教学点教师的信息技术应用水平本来就较低，他们最需要支持和

---

① 《义务教育课程方案和课程标准修订完成，主要有哪些变化？》，中华人民共和国教育部（http://www.moe.gov.cn/fbh/live/2022/54382/mtbd/202204/t20220421_620258.html）。

② Wang, P. Y., "Examining the Digital Divide between Rural and Urban Schools: Technology Availability, Teachers' Integration Level and Students' Perception," *Journal of Curriculum and Teaching*, 2013, Vol. 2, No. 3, pp. 127 – 139.

③ 季瑜、马晓玲：《农村小规模学校实施在地化创客教育的现实挑战与逻辑框架》，《教学与管理》2022 年第 24 期。

④ 侯清珺等：《从 1.0 到 3.0 的进阶：走向深度的项目学习》，《中小学管理》2020 年第 8 期。

帮扶，仅靠行政指令而不是实质性的支持，是无法使教师摆脱困境的。尤其是在应对重大突发公共事件时，市（县）教育局应做好应用信息技术支持教学点开展线上教学活动的预案，提供符合教学点实际的技术培训和支持。另外，常态化地在"国培计划"等培训项目中设置针对教学点教师的培训，提供小班额教学和复式教学的培训内容。在培训设计上要精准对需，提供一些轻量级、低门槛、实用性的技术及其应用培训，使教师能够很快用、熟练用、常态用，在应用上逐步进阶提升。

第二节　国内研究

国内农村教学点起步于教育部现代远程教育扶贫项目、中欧甘肃基础教育项目、教育部—李嘉诚基金会西部中小学现代远程教育项目、联合国发展计划署 UNDP430 项目的帮扶建设，但这些项目主要针对中西部农村薄弱地区中小学校，对教学点信息化建设情况未作明确说明。真正意义上的教学点信息化建设始于农村中小学现代远程教育项目。在国家和各级政府、教育管理部门的大力支持下，通过实施农村中小学现代远程教育项目，农村教学点数字资源全覆盖项目、"三个课堂"等教育信息化专项建设项目，教学点信息化建设及应用水平得到了显著提升，涌现出了一大批有价值的科研成果。学者已经围绕基于"农远工程"的农村教学点教师专业化发展[1]，信息化促进教学点教育公平[2]，农村教学点教师信息技术应用能力[3]，宁夏农村教学点数字化教学资源应用[4]，信息

---

[1] 孔利华、焦中明：《基于"农远工程"的农村教学点教师专业化发展的策略研究——以赣南地区为例》，《中国教育信息化》2009 年第 22 期。
[2] 王丽娜、陈琳、陈丽雯等：《教学点"全覆盖"项目——信息化促进教育公平典型范例研究》，《中国电化教育》2017 年第 12 期。
[3] 李雅丽：《农村教学点教师信息技术应用能力现状及提升策略研究》，硕士学位论文，广西师范学院，2017 年。
[4] 范春亚：《宁夏农村教学点数字化教学资源应用调查研究》，硕士学位论文，宁夏大学，2021 年。

化助推农村教学点发展的成效①及教学点"三个课堂"及其应用②等方面做了研究。已有文献大多使用定性描述性研究、（准）实验研究及数理统计分析。采用计量学分析，尤其是基于大量文献的可视化挖掘较少。为科学全面、定量直观地反映国内教学点教育信息化的研究情况，本书采用可视化的方法，从文献数量与年度分布、知识基础、研究热点及发展趋势等方面，对国内近几十年的相关研究成果进行梳理，以期为其他研究提供参考。

一 研究工具与数据来源

（一）研究工具

研究采用文献计量法，使用 CiteSpace 和 BICOMB 等计量软件作为分析工具。CiteSpace 通过文献间的共引分析，挖掘引文空间的知识聚类和分布，揭示某一领域的研究热点及前沿；BICOMB 则通过提取文献关键词的共现关系，生成共现矩阵来分析某一领域的主题聚类。在进行文献计量分析过程中，先使用 CiteSpace 分析关键词被引及关键词突变（中心度），得到数字教育研究热点；在此基础上，通过 BICOMB 得到相异矩阵，以及主题聚类；最后使用 SPSS 进行多维尺度分析，得到教学点研究趋势。

（二）数据来源

本书主要针对国内教学点信息化文献的关键词进行词频、聚类、突变词及热点分析，在开展分析前对原始数据的关键词进行统一过滤和筛选，对原始教学点信息化文献数据中缺乏关键词的文献进行了筛选，筛选过程由两名具有一定专业水平的研究人员完成。本书选取中国知网（CNKI）数据库的全部期刊为检索对象，因为 CNKI 中的文献数据量大，覆盖面较广，研究分析结果更具有说服力。

---

① 付卫东、王继新、左明章：《信息化助推农村教学点发展的成效、问题及对策》，《华中师范大学学报》（人文社会科学版）2016 年第 5 期。

② 雷励华、左明章：《面向农村教学点的同步互动混合课堂教学模式研究》，《电化教育研究》2015 年第 11 期。

在国内，教学点有时也被纳入"小规模学校"的范畴，被认为是小规模学校的重要组成部分。因此将以"教学点"和"小规模学校"作为关键词。另外，教学点的信息化情况一般会以"信息化、信息技术、农远工程项目及三个课堂"等词语出现，因此在CNKI中选择"高级检索"，选择"主题"检索，检索条件为"教学点＆信息化"或者"教学点＆信息技术"或者"教学点＆农远工程"或者"教学点＆三个课堂"，以及主题为"小规模学校＆信息化""小规模学校＆信息技术""小规模学校＆农远工程"，进行"精确"检索，检索时间截至2022年6月21日，学科领域选择"社会科学Ⅱ辑"，共检索到762篇文献，文献类型不限。剔除会议纪要、工作报道、教育简报、国外教学点研究、非基础教育（电大、高等教育、职业教育）教学点研究等记录，剩下695篇有效文献。为使研究数据和结论更规范可靠，对关键词进行标准化处理。

二 时空知识图谱及其分析

（一）文献数量与时间分布

经统计发现，关于教学点信息化的研究最早始于1999年，2012年之前呈稳步增长趋势。自2012年起关于教学点的研究文献激增，于2015年研究达到最多（88篇），之后五年一直处于较高状态。这主要应归结于2012年11月教育部启动的"教学点数字教育资源全覆盖"项目，该项目为保障农村边远地区适龄儿童就近接受良好教育，为全国6万多个教学点配送优质数字教育资源，从资源方面保证教育公平和均衡发展。该项目建设周期两年，其后三年左右大多数研究探讨了该项目实施、应用及其效果。文献数量和时间分布具体如图2-2所示。

近三年来，受"互联网＋教育"、云计算、大数据等技术的影响，为了推动教育优质均衡发展，围绕农村教学点开展了"三个课堂"、教育云平台优质教育资源共享、"双师课堂"等研究和实践探索。从成果来看，这方面研究虽有所减弱，但未来会有很大的探索空间。

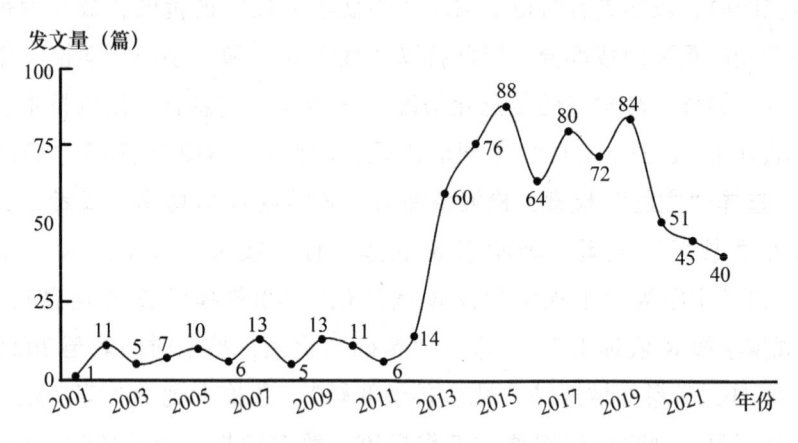

图 2-2 文献数量年度分布趋势

（二）教学点信息化研究的知识基础

知识基础由共被引文献和高被引文献集合所组成。这里通过计算 H 指数来筛选这些文献。H 指数是一种新的科学计量指标，由美国加州大学圣地亚哥分校 J. E. Hirsch 于 2005 年提出。以往对科学家个人科研贡献只注重成果数量，而无法量化成果质量。提出 H 指数就是为了改变这种现状，在评价一个科研人员的成果及其价值时同时兼顾质量和数量。

Hirsch 将科学家个人 H 指数定义为：当且仅当某科学家发表的 Np 篇论文中有 H 篇论文每篇至少获得了 H 次的引文数，其余的 Np-H 篇论文中各篇论文的引文数都 ≤H 时，此 H 值就是科学家的 H 指数。① Hirsch 关于 H 指数的定义仅是针对科研人员个人而言，鉴于 H 指数也完全可用作其他具有相同来源项的评价对象（如科研群体、学术期刊）的评价，因此可采用如下适合各种评价对象的广义 H 指数定义：当评价对象发表的论文中有 H 篇论文的被引次数 ≥H，且其余论文的被引次数都 ≤H 时，此 H 值即为该评价对象的 H 指数。

在 CNKI 中对所检索论文按照被引频次进行排序，得到数字教育资

---

① Hirsch, J. E., *An Index to Quantify an Individual's Scientific Output*, Proceedings of the National Academy of Sciences of the United States of America, 2005.

第二章 国内外研究现状

源研究的 H 指数为 25，H 核文献（H-Core）如表 2-1 所示。这说明在数字教育资源的相关研究中至少有 25 篇论文已经被引用了 25 次。这些高被引文献反映了数字教育资源的二次影响，构成了该领域的重要知识基础。

表 2-1　　教学点信息化高被引文献列表（排名前 25 位）

序号	篇名	作者	出处	年/期	被引（次）
1	"互联网+"教学点：新城镇化进程中的义务教育均衡发展实践	王继新、施枫、吴秀圆	中国电化教育	2016/01	141
2	智慧教育创新实践的价值研究	陈琳	中国电化教育	2015/04	114
3	赋权与赋能：乡村振兴背景下农村小规模学校教师队伍建设之路——基于中西部 6 省 12 县《乡村教师支持计划》实施情况的调查	曾新、高臻一	华中师范大学学报（人文社会科学版）	2018/01	82
4	教育领域综合改革开局之年我国教育信息化新发展——2014 年中国教育信息化十大新闻解读	陈琳、陈耀华、乔灿、陆薇	中国电化教育	2015/01	79
5	中小学教师信息技术应用水平影响因素分析——基于 X 省 14 个市的实证分析	张屹、刘晓莉、范福兰、周平红、白清玉	现代教育技术	2015/06	64
6	信息化助力农村地区义务教育均衡发展：问题、模式及建议——基于全国 8 省 20 县（区）的调查	张伟平、王继新	开放教育研究	2018/01	58
7	信息化助推农村教学点发展的成效、问题及对策	付卫东、王继新、左明章	华中师范大学学报（人文社会科学版）	2016/05	56
8	信息化助力县域内教育优质均衡发展研究	王继新、张伟平	中国电化教育	2018/02	52

续表

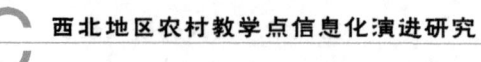

序号	篇名	作者	出处	年/期	被引（次）
9	解读教育信息化十年发展规划——兼论信息化与教育变革	杨宗凯	中国教育信息化	2014/11	49
10	"互联网+"环境下乡村教师的教学困境与归因研究	赵文颖	西南大学硕士学位论文	2017	49
11	我国教育信息化实证测评与发展战略研究	范福兰	华中师范大学博士学位论文	2016	47
12	信息技术助力农村教学点课堂教学结构创新与均衡发展实践	黄涛、田俊、吴璐璐	电化教育研究	2018/05	42
13	农村小学全科教学有效性研究	咸富莲	陕西师范大学博士学位论文	2017	41
14	我国中小学智慧教室建设规范初探	普旭	华中师范大学硕士学位论文	2013	39
15	乡村教师专业发展支持路径研究——基于云南省乡村教师支持计划的实施情况分析	王光雄	西南大学博士学位论文	2018	37
16	基于实证测评的教师信息技术应用能力提升发展规划研究——以广东省惠州市某区为例	张屹等	中国电化教育	2017/04	35
17	教育信息化助推民族地区教育精准扶贫问题研究	李华、刘宋强、宣芳、马静	中国电化教育	2017/12	33
18	中国远程教育系统管理与评价研究	熊艺	天津大学博士学位论文	2009	33
19	基于技术接受模型的农村教师同步课堂采纳与使用影响因素研究	卢强、左明章、原渊	中国远程教育	2018/07	33
20	基础教育信息化应用水平实证测评模型及差异分析——以X省为例	张屹、白清玉、杨莉、范福兰、周平红、单颀	电化教育研究	2015/03	31

续表

序号	篇名	作者	出处	年/期	被引（次）
21	以城乡同步互动课堂促进山区农村学校资源共享的个案研究——以"视像中国"项目为例	梁林梅、陈圣日、许波	电化教育研究	2017/03	30
22	优质均衡视角下县域基础教育信息化发展策略	饶爱京、万昆、任友群	中国电化教育	2019/08	29
23	基于视频互动的同步课堂系统设计及应用研究	汪学均	华中师范大学博士学位论文	2016	26
24	"互联网+"时代教育公平的推进	徐继存	教育研究	2016/06	26
25	信息化促进教学点质量提升与师生发展研究——以共同体构建为焦点	吴秀圆	华中师范大学博士学位论文	2018	25

三 数字教育资源研究热点

（一）关键词分析

从知识理论的角度来说，高频关键词及中心度、突发性能够反映某一时间段共同关注的话题，即研究热点。中心性作为衡量节点重要性的指标，反映了节点在网络中的影响力。关键词共现频次越高，点中心性越高，说明节点越重要。使用 CiteSpace 进行关键词共现分析，这里为了后文使用 BICOMB 进行关键词主题聚类分析，高频关键词的阈值由改进的普赖斯计算公式确定①：根据改进的普赖斯公式 $M = 0.749 \sqrt{N_{max}}$，N_{max} 为关键词的频次最高值。根据词频统计，除去主题词"教学点"（词频为 186），词频出现最高的关键词为信息技术（34），因此计算得到 $M = 4.4$。确定频次≥5 的高频关键词共 60 个，删除其中 15 个不相关

---

① 刘奕杉、王玉琳、李明鑫：《词频分析法中高频词阈值界定方法适用性的实证分析》，《数字图书馆论坛》2017 年第 9 期。

的关键词，包括"管理""应用""策略""对策""发展""问题""咸安区"等，最终得到41个关键词，关键词频次及中心度如表2-2所示。

表2-2 关键词共现频次、中心度及年代（部分）（跨年度：1年）

关键词	频次	中心度	出现年份	关键词	频次	中心度	出现年份
教学点	186	1.00	2001	精准扶贫	8	0.02	2016
信息技术	34	0.13	2004	农村教育	8	0.02	2007
信息化	28	0.11	2008	教师培训	8	0.01	2006
同步课堂	25	0.06	2014	教学资源	7	0.03	2008
教育部	24	0.03	2002	农村小学	6	0.02	2013
全覆盖	24	0.02	2013	乡村教师	6	0.02	2017
教育局	21	0.05	2005	特岗教师	6	0.01	2014
均衡发展	21	0.04	2013	民族地区	6	0.01	2016
专递课堂	20	0.07	2017	智慧学校	6	0.01	2019
义务教育	19	0.07	2002	深度融合	6	0.00	2013
教育公平	19	0.05	2015	教育技术	5	0.03	2007
基础教育	18	0.04	2004	数字校园	5	0.02	2013
校校通	12	0.01	2013	网络教研	5	0.02	2017
远程教育	12	0.03	2004	电教馆	5	0.01	2013
数字资源	12	0.02	2013	特岗计划	5	0.01	2014
农远工程	11	0.04	2007	智慧课堂	5	0.01	2019
教学模式	11	0.04	2002	教育资源	5	0.01	2007
教育均衡	11	0.02	2014	电子白板	5	0.00	2015
宽带网络	10	0.01	2013	数字学校	5	0.00	2015
在线课堂	10	0.02	2014	录播教室	5	0.00	2015
班班通	9	0.03	2014				

这些高频词都曾是国内教学点信息化领域研究的热点，经分析发现

它们集中在六个方面：(1) 在教育理念层面，包括全覆盖、均衡发展、义务教育、教育公平、教育均衡、精准扶贫、深度融合；(2) 在实施主体层面，包括教育部、教育局、电教馆；(3) 在实践路径层面，包括信息技术、教育技术、信息化、远程教育、农远工程、同步课堂、专递课堂、在线课堂、网络教研、特岗计划、特岗教师、乡村教师；(4) 在实践对象层面，包括农村教育、农村小学、民族地区；(5) 在技术实现层面，包括教师培训、教学资源、智慧学校、校校通、数字校园、数字资源、教学模式、智慧课堂、教育资源、电子白板、数字学校、录播教室、宽带网络、班班通。另外，大多数关键词中心度较低，说明这些关键词虽比较活跃，但关系较为松散。

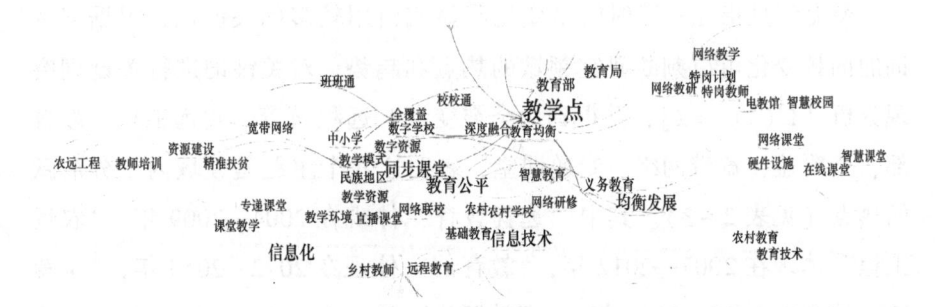

图2-3　关键词共现知识图（阈值=5）

为了更清晰地呈现关键词之间的关系及深层信息，通过CiteSpace V生成关键词共现图（见图2-3）。共现网络中节点 N=831，连线数量 E=1058，网络密度为0.0031，网络密度较低，节点间联系较为松散；Q=0.6349（>0.3），说明网络社团结构显著，Silhouette S=0.8911（>0.5），说明聚类合理，反映出当前该领域研究主体比较清晰、集中。

研究发现，国内大规模教学点信息化建设始于"农远工程"项目，教育部和有关部门组织开发了大量数字化教学资源，经历了"三通两平台"的建设和应用，主要以远程教育形式共享师资和教学资源，促进农村薄弱地区义务教育均衡发展。除主题词"教学点"外，高频关键词还有同步课堂、专递课堂、数字资源、教学模式、在线课堂、教育均衡，这些都是研究的热点；中心度较高的关键词为信息技术、同步课堂、均衡发展、专递课堂、义务教育、教育公平等，它们在网络中具有重要地位和作用，对领域研究和发展具有重要影响。综合考虑词频和中心度都比较高的关键词，发现近二十年来国内教学点信息化主要在教育部的领导下，通过"农远工程""三通两平台""三个课堂"、数字教学资源的建设和应用，促进农村义务教育优质均衡发展。另外，最近几年来，人工智能、互联网+教育等新兴技术的发展对教学点也有较大影响，有些教学点开始尝试开展智慧课堂、智慧教育及网络教研。

(二) 突变词分析

突变词是指在一段时间里变化明显或引用较多的关键词，根据突变词的词频变化可以判断研究领域的热点和趋势。对关键词进行关键词突现分析 [f (x) =2]，共得到六个突变词：远程教育、农远工程、教育部、全覆盖、宽带网络、专递课堂，表明这六个主题是领域内十分活跃的热点（见表2-3）。其中"远程教育"体现在2004—2009年，"农远工程"体现在2007—2012年，"教育部"体现在2012—2015年，"全覆盖"体现在2013—2014年，"宽带网络"体现在2013—2014年，"专递课堂"体现在2019—2022年，并且研究趋势表现为逐年上升。

表2-3　　　　　　　　教学点信息化关键词突变率

关键词	年份	强度	起始年	结束年
远程教育	2001	3.39	2004	2009
农远工程	2001	6.36	2007	2012
教育部	2001	4.13	2012	2015
全覆盖	2001	5.26	2013	2014
宽带网络	2001	3.68	2013	2014
专递课堂	2001	5.05	2019	2022

第二章 国内外研究现状

（三）关键词时序演进研究

国内教学点信息化研究的演进变化，反映了信息技术发展及其对教学点的影响。图2-4反映了研究前沿演进时序，从中可以看出国内教学点信息化研究大致经历了三个阶段：第一阶段是农远工程项目（2001—2010年）及其三种模式的应用，涉及教育部、教育局的统筹规划、远程教育的发展、教学光盘的使用、教学点教师培训及教学模式的变化；第二阶段（2011—2018年）为农村基础教育信息化大力普及深度融合应用阶段，涉及校校通、同步课堂、教学资源共享及通过"三通两平台"及资源共享实现教育公平；第三阶段（2019年以来）为人工智能等新兴技术与教学点深度创新融合阶段，涉及人工智能、"互联网+"等技术的创新应用及其生成的智慧课堂。可见，信息技术发展很快惠及教学点，国家一直将信息技术当作重要的战略计划应用于教学点。人工智能、三个课堂的深入应用及一些创新性教学理念，如创客教育等，是未来教学点信息化研究及应用的重点。

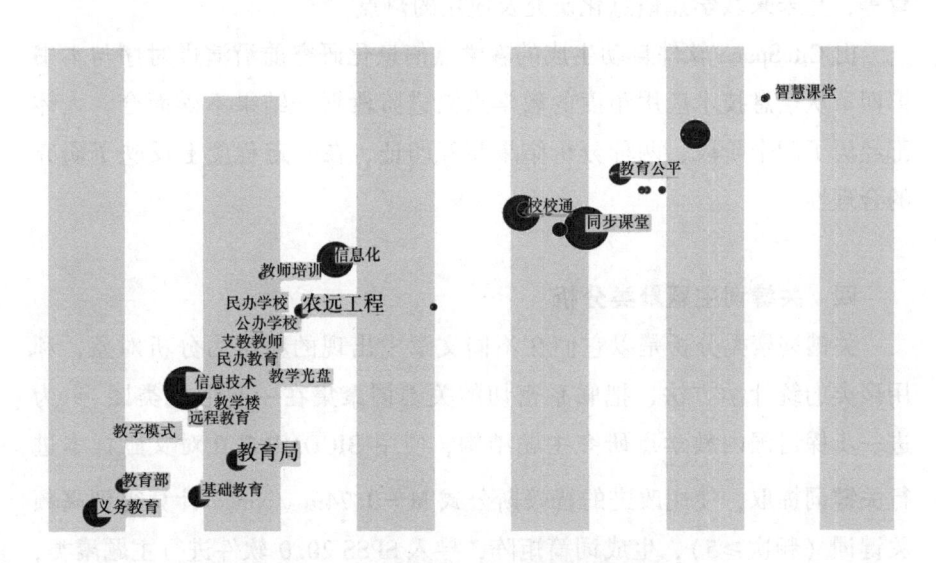

图2-4　教学点信息化研究前沿演进时序

2003年以前，在教学点信息化建设起步阶段，在这个阶段教学点从无到有，在"UNDP430项目"、中欧甘肃基础教育项目、李嘉诚—教育部远程教育扶贫项目等的推动和支持下，农村中小学教育信息化的建设迈开步伐，但这一阶段的建设是针对"农村中小学"这一整体的，文献和研究中几乎没有专门针对教学点的论述，因此相关研究很少见。2003—2011年是"农远工程"项目及其深入应用阶段，涉及教育部、教育局的统筹规划、远程教育的发展、教学光盘的使用、教学点教师培训及教学模式的变化；2012—2017年是农村基础教育信息化大力普及深度融合应用阶段，这一阶段涉及校校通、同步课堂、教学资源共享及通过"三通两平台"及资源共享实现教育公平；2018年以来为新兴技术发展及其应用阶段，人工智能等新兴技术与教学点深度创新融合，涉及人工智能、"互联网+"等技术的创新应用及其生成的智慧课堂。可见，信息技术发展会很快惠及并被应用到农村教学点，国家一直将信息技术深入应用到教学点当作重要的战略计划，以促进农村基础教育优质均衡发展，人工智能、三个课堂的深入应用及一些创新性教学理念，如创客教育等，是未来教学点信息化研究及应用的热点。

由CiteSpace软件自动生成的教学点信息化研究前沿演进时序与本书第四章从信息技术应用角度的教学点演进阶段划分结果不谋而合，大体都经历了四个阶段，两种分析结果相互印证，在一定程度上反映了研究的合理性。

四 关键词主题聚类分析

关键词聚类分析是以它们在不同文章中出现的频次为分析对象，利用聚类的统计学方法，把联系密切的关键词聚集在一起形成类团。[①] 为进一步探讨国内教学点研究主题结构，使用BICOMB 2.0对文献样本进行关键词提取，使用改进的普赖斯公式 $M = 0.749\sqrt{N_{max}}$ 计算得到高频关键词（频次≥5），生成词篇矩阵，导入SPSS 20.0软件进行主题聚类，聚类方法选择Ochiai，形成树状聚类图谱（见图2-5）。

[①] 姚巧红等：《基于关键词聚类的翻转课堂研究分析》，《电化教育研究》2016年第7期。

第二章 国内外研究现状

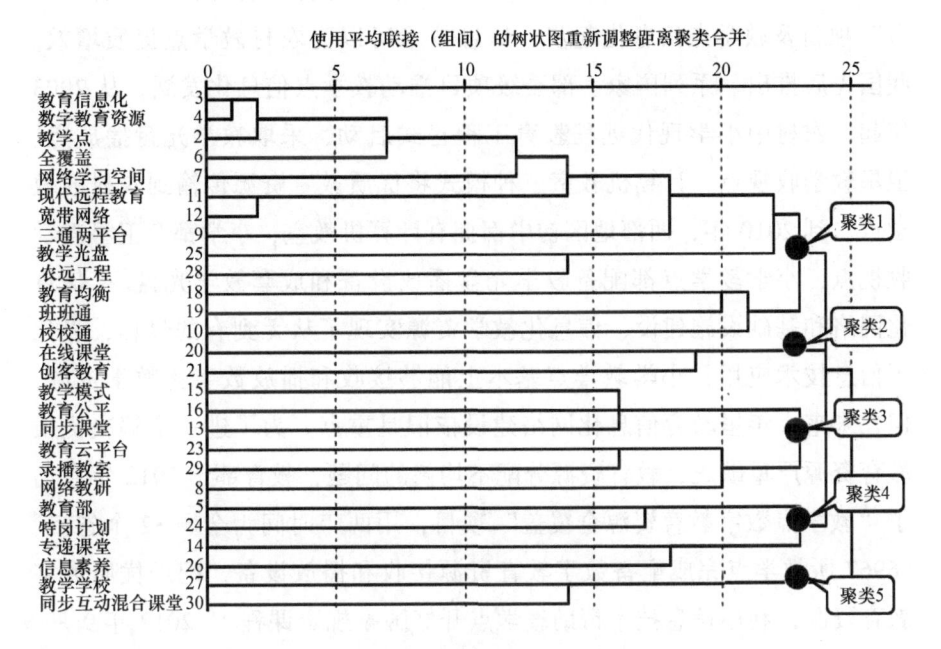

使用平均联接（组间）的树状图重新调整距离聚类合并

图2-5 教学点信息化研究主题聚类知识图谱（1999—2022年）

根据聚类结果，结合关键词共现知识图和时序图分析结果，可将国内教学点信息化研究分为五个热点领域（见表2-4）。

表2-4　　　　　　　　各领域的主题分类

领域	主题分类表
领域1	教育信息化、数字教育资源、教学点、全覆盖、网络学习空间、现代远程教育、宽带网络、三通两平台、教学光盘、农远工程、教育均衡、班班通、校校通、教育云平台
领域2	在线课堂、创客教育
领域3	教学模式、教育公平、同步课堂、录播教室、网络教研
领域4	教育部、特岗计划、专递课堂、信息素养
领域5	数字学校、同步互动、混合课堂

领域1："农远工程""数字教育资源"全覆盖项目和"三通两平台"项目及教学点信息化起步。信息技术可以为农村教学点提质增效。我国先后推出一系列国家、部委级项目推动教学点信息化发展。从2003年起，农村中小学现代远程教育工程正式启动，采取教学光盘播放点、卫星教学收视点、计算机教室三种模式将优质教育资源传输到农村的教学点。到2010年，西部地区初中都拥有计算机教室，小学都有卫星教学收视点，小学教学点都配备教学光盘播放设备和成套教学光盘。① 信息化网络和基础设施建设、信息化教学资源实现了从无到有的过程，强化了信息技术应用，小学教学点基本上能够接收和播放数字化教学资源，但在未来十年里教育信息化网络建设依旧是重点。为了进一步解决优质教育资源严重缺乏，教育资源分配不均衡的问题，教育部于2012年启动了"教学点数字教育资源全覆盖"项目，用两年时间为全国32个省市、66967所教学点完成配备数字教育资源接收和播放设备，配送优质数字教育资源，利用信息技术帮助教学点开好国家规定课程。② 2012年9月，国家开始建设"三通两平台"，也即"宽带网络校校通、优质资源班班通、网络学习空间人人通"，教育资源公共服务平台和教育管理公共服务平台。③ 这些国家项目的实施，推动了农村基础教育信息化环境基本建成建好，信息化教育教学日益普及，优质教育资源不断丰富，信息化教学应用逐渐深化。借助信息技术手段，为农村送去"全科教师"，400多万所偏远贫困地区学校开课不足的问题得以解决④，缩小了区域城乡数字差距，在一定程度上促进了教育公平。

领域3和领域4："三个课堂"项目及信息技术与教学点深度融合应

---

① 《教育部 国务院西部开发办关于印发〈2004—2010年西部地区教育事业发展规划〉的通知》，中华人民共和国教育部（http：//www.moe.gov.cn/s78/A03/ghs_left/moe_1892/s6616/moe_630/201006/t20100602_88628.html）。

② 《教育部关于全面启动实施"教学点数字教育资源全覆盖"项目的通知》，中华人民共和国教育部（http：//www.moe.gov.cn/srcsite/A16/s3342/201211/t20121119_144800.html）。

③ 《刘延东国务委员在全国教育信息化工作电视电话会议上的讲话》，中华人民共和国教育部（http：//www.moe.gov.cn/srcsite/A16/s3342/201211/t20121102_144240.html）。

④ 《信息技术助力解决贫困地区学校开课不足问题》，中华人民共和国教育部（http：//www.moe.gov.cn/jyb_xwfb/gzdt_gzdt/moe_1485/201711/t20171130_320252.html）。

用。"农远工程"项目、"数字教育资源"全覆盖项目和"三通两平台"完成了信息化基础设施和教学资源的建设和应用,"三个课堂"则利用ICT实现了智力资源的流转和共享。2012年,在"教育信息化试点工作座谈会上",杜占元首次提出要发展"三个课堂"——专递课堂、名师课堂和名校网络课堂,并指出在一两年之内要重点抓这三个课堂。① 为了全面推进"优质资源班班通",巩固深化"教学点数字教育资源全覆盖"项目成果,2014年,教育部等部门出台的《构建利用信息化手段扩大优质教育资源覆盖面有效机制的实施方案》强调②,提升教师信息技术应用能力和水平,通过"三种课堂"等形式,促进教育公平、提升教学质量。2016年,《教育信息化"十三五"规划》③ 提出要做到深入推进三个课堂建设,巩固深化"教学点数字教育资源全覆盖"项目成果,充分发挥名师的示范、辐射和指导作用,鼓励名校利用"名校网络课堂"带动一定数量的周边学校。2020年,教育部发布了《关于加强"三个课堂"应用的指导意见》④,指出到2022年,要全面实现"三个课堂"在广大中小学校的常态化按需应用,统筹推进,有组织地推进"三个课堂"的实施。加强"三个课堂"与网络学习空间应用的融合,综合利用人工智能、云计算、大数据、虚拟现实等技术,不断增强"三个课堂"的智能化、共享性、互动性。"三个课堂"项目促进了信息技术与教学点教育教学的深度融合,通过共享师资和智力资源,推动教学模式变革,在一定程度上促进了教师专业发展和学生学习质量的提升。

领域2和领域5:在线技术、数字技术、创客教育等与教学点的创新

---

① 《关于印发杜占元同志在教育信息化试点工作座谈会上的讲话的通知》,中华人民共和国教育部(http://www.moe.gov.cn/srcsite/A16/s3342/201206/t20120626_139233.html)。

② 《关于印发〈构建利用信息化手段扩大优质教育资源覆盖面有效机制的实施方案〉》,中华人民共和国教育部(http://www.moe.gov.cn/srcsite/A16/s3342/201411/t20141124_179124.html)。

③ 《教育部关于印发〈教育信息化"十三五"规划〉的通知》,中华人民共和国教育部(http://www.moe.gov.cn/srcsite/A16/s3342/201606/t20160622_269367.html)。

④ 《教育部关于〈关于加强"三个课堂"应用的指导意见〉》,中华人民共和国教育部(http://www.moe.gov.cn/srcsite/A16/s3342/202003/t20200316_431659.html)。

融合应用。2018年教育部颁布的《教育信息化2.0行动计划》提出[①]：通过"互联网+"、在线教学等技术，使信息技术与教育教学深度创新融合。通过网络扶智，引导教育发达地区与薄弱地区通过信息化进行结对帮扶，以专递课堂、名师课堂、名校网络课堂等方式，探索"互联网+"条件下的区域教育资源均衡配置机制，缩小区域、城乡、校际差距。有条件的地区积极探索信息技术在"众创空间"、跨学科学习（STEM教育）、创客教育等新的教育模式中的应用，着力提升学生的信息素养、创新意识和创新能力，养成数字化学习习惯。在面临教育数字化转型的今天，教学点也面临着新基建及数字校园建设2.0阶段，"三个课堂"、同步互动混合课堂等形式的"空中课堂"、数字学校及其应用所激发的教学创新将是未来发展趋势。

五　结论与思考

本书通过采用计量学的方法，围绕"教学点信息化"这一主题，借助可视化工具对相关文献进行解读，揭示了国内教学点信息化"从无到有、从有到优、从优到强"的过程，将这一过程划分为四个阶段：教学点信息化建设起步阶段（2013年以前）、"农远工程"项目及其深入应用阶段（2003—2011年）、农村基础教育信息化大力普及深度融合应用阶段（2012—2017年）及新兴技术发展及其应用阶段（2018年以来）。研究热点包括"三通两平台"的持续深入应用、数字化教学资源的有效应用、"三个课堂"的常态化按需应用、创客教育及人工智能等新兴技术在教学点中的有效应用。进一步深入分析文献发现，未来教学点信息化还有很大的研究空间，本书提出以下研究议题。

（一）一些重大建设项目建设及应用效果的证实性和实证性研究

近十多年以来，国家及各级政府投入了上千亿元资金推动实施了一系列重大信息化项目工程，包括"现代远程教育""教学点数字资

[①]《教育部关于印发〈教育信息化"十三五"规划〉的通知》，中华人民共和国教育部（http://www.moe.gov.cn/srcsite/A16/s3342/201606/t20160622_269367.html）。

源全覆盖""三通两平台"及"三个课堂"等项目，这些项目所取得的效果是有目共睹的。学者对教学点"数字教育资源全覆盖"项目资源应用[1]、农村教学点数字化教学资源应用[2]、乡村小规模学校优质教学资源供给[3]等应用现状的调查研究较多；也有部分针对双师课堂教学效果[4]、专递课堂实施成效[5]、交互式电子白板提升课堂教学质量[6]的实证研究，这类研究较少，且研究对象范围较小，限于一个县域、区域。几个国家项目耗资千亿元以上，其实施效果到底如何？项目实施后产生了哪些协同作用和效应？对教学点发展和教育教学质量到底产生了哪些影响？这些都需要在项目实施后进行证实性的追踪研究，需要针对全国较大范围、涉及一定数量教学点的实证性研究来说明项目开展的成效。这有助于国家相关管理部门从宏观上做出决策布局和统筹规划。

（二）教学点信息化建设和应用的质性研究

中国教学点具有多样性、多态性和独特性，表现在教学点的区域、规模和数量上。据2021年统计数据，中国教学点分布在28个省（区），共90295个教学点。[7] 中国教学点具有多态性，包括新生型、偏远型和衰落型。中国教学点又颇具独特性。教学点虽具有地处偏远、交通不便、师资薄弱、学生数量少、教学质量薄弱等共性，但每个教学点又极具个性和独特性。表现在教学点的规模、师资数量和学历水平、校舍条件、

---

[1] 刘洋、黄旭光、林毅君：《山东省"教学点数字教育资源全覆盖"项目资源应用现状研究》，《现代教育技术》2019年第4期。

[2] 范春亚：《宁夏农村教学点数字化教学资源应用调查研究》，硕士学位论文，宁夏大学，2021年。

[3] 金慧颖：《信息化视域下乡村小规模学校优质教学资源供给现状的调查研究》，硕士学位论文，河北师范大学，2021年。

[4] 徐畅：《河北省威县双师课堂教学效果实证研究》，硕士学位论文，河北大学，2021年。

[5] 朱文：《云南边远地区"1+N"专递课堂的实施现状及教学成效研究》，硕士学位论文，云南师范大学，2020年。

[6] 任少芳：《交互式电子白板提升农村教学点数学课堂教学质量的实证研究》，硕士学位论文，赣南师范大学，2021年。

[7] 根据《中国教育年鉴》中的数据统计所得。国家统计局编：《中国统计年鉴》，中国统计出版社2021年版。

学生数量、信息化水平、教学质量等方面的差异很大。鉴于教学点的多样性、多态性和独特性，为了深入揭示这种多样性和独特性，宜采用质性研究法，包括田野调查、教育叙事、案例研究、扎根理论研究方法等。现已有针对教学点经费[①]、教学点的形成与危机[②]、偏远地区教学点"撤点并校"[③]问题的质性研究，而关于教学点信息化建设和应用的质性研究很少见，这方面尚有很大的研究必要和空间。

（三）教学点信息化应用的典型模式和案例的研究及推广

农村教学点信息化历时20余年，其建设和应用效果显著。因教学点的多样性和多态性，各地信息化建设和应用形态不尽相同，水平差异也很大。因此应该加大力度研究各区域、城乡、学校信息化建设和应用的模式、典型做法，挖掘形成可复制、可推广、可借鉴的经验和案例。当前已经涌现出如宜春农村教学点对教师吸引力[④]、凤凰县箭道坪小学"1＋N"网络联校建设经验[⑤]、H省C县专递课堂"双师"协作教学[⑥]的典型经验梳理，及教学点"全覆盖"项目典型范例研究[⑦]、农村教学点教师在线教研实践案例等的研究和推广。这类研究共享教学点信息化建设和应用成果、经验，对全国各地教学点具有重要的借鉴价值，后续应该加大研究力度。

（四）研究应聚焦教学点教与学的微观问题并走向深入

现有关于教学点信息化的研究从宏观和中观层次展开得很多，宏观

[①] 赵丹、曾新：《"新机制"后农村教学点的经费困境与出路——基于湖北省Y县C教学点的个案分析》，《上海教育科研》2009年第7期。

[②] 田宝宏：《农村教学点的形成、现状与危机——来自中部Z市教学点的质性研究》，《中国教育学刊》2009年第6期。

[③] 仁青扎西、达娃：《西藏偏远地区"撤点并校"个案调查研究——以西藏那曲县A教学点为例》，《西藏大学学报》（社会科学版）2017年第9期。

[④] 甘甜、程路：《为什么宜春的农村教学点对教师有了吸引力》，《人民教育》2018年第22期。

[⑤] 瞿红良、王照辉、侯利华：《点亮大山深处——凤凰县箭道坪小学"1＋N"网络联校建设经验》，《湖南教育》（D版）2022年第2期。

[⑥] 吕依驰：《H省C县专递课堂"双师"协作教学研究》，硕士学位论文，华中师范大学，2020年。

[⑦] 王丽娜、陈琳、陈丽雯等：《教学点"全覆盖"项目——信息化促进教育公平典型范例研究》，《电化教育研究》2017年第12期。

研究主要探讨信息技术助力教学点发展的政策、机制、路径及实践影响等，中观研究聚焦于课堂教学结构、教学模式、教学策略的创新，这些研究为科学地开展教学、优化学习提供了方向和指导。教育信息化最终要落实到教学中，因此在实现了基础教育建设、信息技术与教学深度融合、优质教学资源和智力资源共享的今天，应该更加聚焦信息技术促进教与学的微观层次研究，如教学点规模与学习行为有效性研究[1]、学习者个别化自主学习研究[2]、同步直播课堂交互问题[3]的研究。这类研究主要从技术本身、学习科学、教学设计出发，探讨信息技术作用于教与学的规律及其效果，十分具有研究和实践指导价值，这类研究将是未来的热点和趋势。

（五）人工智能等新兴技术在教学点的应用

当前中国教育信息化进入了2.0时代。这一时代将人类从简单的脑力劳动中解放出来，推动人类社会进入人机协同、跨界融合、共创分享的智能时代。技术及其应用主要以"互联网+"、人工智能、大数据、云计算为主。在信息化2.0时代，信息技术、教学方法等方面发生了显著变化。信息技术从"简单应用"向"智慧应用"转变，教学方法从"技术导向"向"学习导向"转变，学科内容从"单学科学习"向"跨学科学习"转变，教育评价从"经验主义"向"数据主义"转变。几年来教学点新基建建设，为部分信息化条件好的学校引入智能教学设备，学者开始探讨诸如"互联网+教学点"促进教育均衡发展[4]、农村教学点智慧课堂教学质量[5]、"互联网+教育"背景下教师"教—研—训"共

---

[1] 陈实、苟杰婷、钟丽娜等：《专递课堂教学点规模与学习行为有效性相关分析——以湖北省咸宁市崇阳县小学音乐专递课堂为例》，《中国电化教育》2019年第12期。

[2] 孙长忠：《远程教育基层教学点学习者个别化自主学习研究》，《中国电化教育》2012年第2期。

[3] 罗敬：《基于改进型FIAS农村小学同步直播课堂交互问题的研究》，硕士学位论文，云南师范大学，2020年。

[4] 王继新、施枫、吴秀圆：《"互联网+"教学点：新城镇化进程中的义务教育均衡发展实践》，《中国电化教育》2016年第1期。

[5] 任少芳、焦中明：《智慧课堂提升农村教学点课堂教学质量的路径探析——基于Seewo与Plickers的课堂教学》，《中国教育信息化》2020年第16期。

同体①、教学点创客教育在地化②等问题。智慧教育是一种新教育形态，其对教学点的影响尚处于起步阶段，随着技术的进一步发展，未来有很大的探索空间。作为研究者，我们任重而道远。

第三节 核心概念界定

对概念或范畴的清晰界定，有助于人们的理论思路和实践探索。同样，对教学点信息化演进相关概念的内涵进行界定，有助于我们理解教学点信息化演进阶段和过程，深刻揭示教学信息化发展规律，正确引导教学点信息化发展。

一 农村教学点

（一）农村教学点的内涵

农村教学点简称"教学点"，是为适应中国农村地区，特别是人口稀少、居住分散、偏远落后、经济不发达地区的教育需要，而设置的以复式教学为主的小规模不完全小学。就当前来看，小规模学校有着区别于一般学校的明显特征：地处偏远、规模小；以复式教学为主，教学形式灵活；师生人数少，办学条件差。在学制方面，中国的现行学制为"学前教育、初等教育、中等教育、高等教育"，教学点属于初等教育。但它又有其特殊性，即它在管理上隶属于所在地的中学。它的保留主要是为了方便地处偏远，山区交通不便，适龄儿童少的地区低年级学生就近入学，大多数教学点只保留低年级（1—4年级），高年级学生会转入中心学校学习。因此从学制来看，教学点不是完整独立的初等教育机构，而是隶属于乡镇中心校的不完全小学。从教学组织形式来说，教学点又具有独立性，由于地处偏远，很多教学点是"一校一师"，教师身兼校

---

① 周霈：《"互联网+教育"背景下教师"教—研—训"共同体的构建与应用》，硕士学位论文，湖南科技大学，2021年，第13页。

② 季瑜、马晓玲：《农村小规模学校实施在地化创客教育的现实挑战与逻辑框架》，《教学与管理》2022年第24期。

长、后勤人员、财务人员、教师等多种角色，复式教学是主要教学形式，教学方法灵活多样。教学点应该是教学系统中最小最末端的单位。

（二）教学点的数量及特点

截至2021年，全国小学校为157979所，班级数为2860471个，教学点为90295个，占全国小学校总数的57.16%（见表2-5）。可见，教学点在全国学校总数中占据着很大的比重。在教学点总数中，由教育部门办学的为90191个，占教学点总数的99.88%，说明国家教育部门是教学点的办学主体。

表2-5　　　　　　全国小学校数、教学点数及班级数

全国中小学校	学校数（所）	教学点个数（个）	班级数（个）
教育部门	151635	90191	2607889
其他部门	140	20	7317
地方企业办	17	0	456
民办	6187	84	244809
具有独立法人资格的中外合作办	0	0	0
总计	157979	90295	2860471

资料来源：根据教育部《中国教育统计年鉴2021》数据整理所得。

中国教学点一般处于农村地区，尤其是地广人稀的偏远地区，这些地区交通不便，经济落后，人口稀少，居住分散。这些因素决定了教学点具有以下特点。

1. 教学点地处农村偏远地区

在中国现行的教育年鉴中，分城市、县镇、农村三个栏目加以统计。教学点属于农村范畴，农村的教育信息化发展整体来说比较滞后，教学点的信息化问题更是如此，因此对教学点信息化加以研究就很有必要。如表2-6所示，全国农村教学点为79193个，约占全国教学点总数的88.37%，占全国小学校总数的50.13%。教学点就是为解决农村教育问题而设置的，因此教学点数在农村小学校中整体占比很高。

表2-6　　　　　全国城区、镇区、乡村教学点数量　　　　　　　（所）

主办机构	城区	镇区	乡村
教育部门	1597	9484	79110
其他部门	1	3	16
地方企业办	0	0	0
民办	3	14	67
具有独立法人资格的中外合作办	0	0	0
总计	1601	9501	79193

资料来源：根据教育部《中国教育统计年鉴 2021》数据整理所得。

2. 各地区间教学点数量分布差异较大

根据教育统计年鉴数据，北京、上海和天津没有教学点，说明教学点与所处地理位置、社会经济水平有直接关系；教学点数排名前十的地区主要集中在中西部，且教学点在各省（区）学校数的占比也与教学点数量基本一致。数量排名前十的教学点基本处在中西部地区。西北五省（区）中宁夏排名后十位，因为受农村人口总数的影响，农村适龄儿童较少，但教学点占学校总数的比例很高，达到61.84%。复式班级数量也与教学点情况基本吻合，只有山西、陕西、甘肃三省复式班数量与学校排名不相符（见表2-7）。这与三省地理环境的复杂性相关，三省地形崎岖不平，地貌以高原、山地为主。

表2-7　　　　全国各省市区小学校数、教学点数及复式班数

	学校数（所）	教学点数（个）	教学点数占学校数的比例（%）	班数（个）	复式班数（个）	复式班数占班数的比例（%）
河南	10931	11314	103.50	124260	83	0.07
广西	5096	8952	175.67	64769	1065	1.64
江西	4462	6917	155.02	45760	1202	2.63
四川	2487	6147	247.17	41563	118	0.28
湖南	3537	6138	173.54	42872	486	1.13

续表

	学校数（所）	教学点数（个）	教学点数占学校数的比例（%）	班数（个）	复式班数（个）	复式班数占班数的比例（%）
河北	6508	5586	85.83	72398	387	0.53
广东	4538	4927	108.57	60984	16	0.03
甘肃	3656	4882	133.53	37178	964	2.59
湖北	2635	3077	116.77	25309	190	0.75
安徽	4597	2802	60.95	48667	269	0.55
云南	8296	2802	33.78	65386	60	0.09
贵州	4062	2513	61.87	38753	77	0.20
山西	2781	2016	72.49	23076	494	2.14
福建	2396	1498	62.52	22096	89	0.40
陕西	1754	1442	82.21	15652	320	2.04
山东	4791	1342	28.01	49296	4	0.01
重庆	1280	1156	90.31	12104	11	0.09
海南	818	931	113.81	8235	0	0
吉林	2432	811	33.35	12380	0	0
青海	444	663	149.32	5712	26	0.46
黑龙江	269	655	243.49	5941	0	0
辽宁	1172	654	55.80	10133	0	0
内蒙古	497	612	123.14	6467	8	0.12
新疆	2728	537	19.68	36066	0	0
宁夏	739	457	61.84	5941	18	0.30
江苏	1016	249	24.51	14261	0	0
浙江	972	59	6.07	13915	2	0.01
西藏	638	54	8.46	5654	0	0
北京	238	0	0.00	2556	0	0
天津	292	0	0.00	3054	0	0
上海	23	0	0.00	683	0	0

二 教学点信息化演进

演进中的"演"取自生物学概念"演化",《现代汉语词典》将其定义为"事物逐渐发展变化,特指生物从较低级、较简单的状态向较高级、较复杂的状态演变";"进"意指"进取",是与"后退"相对的发展之意。在《现代汉语词典》中,"演进"可被引证解释为"演变发展"。演进是个历史范畴,是指不同时期事物发展从简单到复杂,从低级到高级的演变过程及其形成的各个阶段。教学点信息化演进指教学点教育信息化的发展演变过程及各个阶段,可以通过不同阶段教学点信息化建设和应用的水平及成果来体现,也可以从每个阶段教学的基本要素,即教师、学生、教学内容、教学策略、教学环境的变化及其相互间的关系来体现。纵观教学点信息化发展过程,教育信息化演进具有时代性、复杂性、创新性特点。

(一)时代性

教学点信息化发展具有时代背景,不同时代经济发展水平、信息技术发展水平和教育发展水平共同决定着教学点信息化水平。首先,生产工具决定生产发展水平,在不同时代生产工具也呈现出不同的经济水平,如手推磨产生的是手工经济,蒸汽机产生的是工业经济,而现在人工智能、云计算、大数据等信息化工具层出不穷,产生了数字经济,为信息化发展提供了强有力的支撑。其次,随着社会的进步,信息技术不断发展,从最初的语言、文字、印刷术、电报等到现在电子计算机的普及应用及计算机与现代通信技术的有机结合,为教育信息化演进提供了技术性的支持。另外,中国在不同时代也提出了相应的政策来支持教育信息化发展,进而提高中国教育发展水平。自20世纪90年代起,我国提出要大力发展数字卫星技术、网络技术,因此计算机等得到了广泛应用;进入21世纪,我国提出了《国家中长期教育改革和发展规划纲要(2010—2020年)》,为这一时期指导全国教育改革和发展奠定了基础。当前中国正式进入教育信息化2.0时代,教育部研究制订了《教育信息化2.0行动计划》,该计划提出要积极推进"互联网+教育",利用信息

技术弯道超车，在教育中常态化地应用技术手段，推动教育公平和提供更高质量的教育。由此观之，在时代背景下，中国经济发展水平、信息技术发展和教育发展水平不断推进着中国教学点信息化发展。

（二）复杂性

教学点信息化是一项复杂的系统，涉及人员、资金、技术、环境、制度等要素。人员包括技术人员、管理人员、教师、学生等；信息建设和应用需要大量的资金投入，各级人民政府、教育主管部门、企业等都是资金投入主体；技术是科学和实践共同发展进步的产物，随着时代的发展，技术的复杂性、集成性越来越高，功能越来越强，用户体验也更好；环境是实施教与学的空间，包括物理环境和虚拟环境。其中技术支持的虚拟环境，如个人学习空间、虚拟学习空间、学习社区等，为学习提供了便捷化、个性化和灵活性；制度是技术及其创新性应用的重要保障，技术发展呼唤与时俱进的制度创新。由于教育信息化的复杂性，我们需要用系统化、整体性的思维看待教育信息化问题。

（三）创新性

教学点信息化的创新性体现在三个方面：一是技术本身的发展及其创新应用，技术发展使得教学点信息化发展经历了从技术工具共享、优质教育资源共享、教师智力在线流转再到生成性课堂共享的过程，工具共享到学习生成与共享，这一过程本身就蕴含着创新性；二是教学点教师的信息技术应用，教师通过自主学习和参加培训，在专家引领发展，网络盟校和教研共同体的支持帮扶下，教师的信息技术应用水平有了显著提升，在技术支持下的教师课堂教学有了一定的创新；三是教学理念、教学模式和方法的转变，教学点教师通过参加各级各类培训，学习了翻转课堂教学、项目式教学、问题解决的教学等教学理念、模式和方法，并通过案例研讨、磨课研课等活动进行"学中做"，理解并掌握这些创新性的教学理念、模式和方法，并在课堂教学中加以不同程度的实践应用。

教学点信息化演进是个动态发展的过程，且教育信息化具有时代性、复杂性和创新性的特点，因此在教学点教育和信息技术发展的不同阶段，信息技术的复杂度和创新性越来越高，信息技术应用越来越深入，教师的信息技术应用水平逐步提升，这个过程就是推陈出新的过程，且不同时代体现出不同的特点。

三 质性研究

质性研究强调研究者深入社会现象，通过深入调查和体验，了解事物的本质及其背后的深层次原因，在收集原始资料的基础上建立"情境化的""主体间性"的理解。陈向明认为："质的研究是以研究者本人作为研究工具，在自然情境下采用多种资料收集方法对社会现象进行整体性探究，使用归纳法分析资料和形成理论，通过与研究对象互动对其行为和意义构建获得解释性理解的一种活动。"[①]

质的研究秉持自然主义的探究传统，研究在自然情境下进行，研究者本人就是研究工具，研究者在真实、复杂、变动的自然情境中长期考察研究对象，获得对研究对象深入而全面的认识。自然探究的传统还要求研究者在整体、相关联的情境中考察研究对象，考察研究对象及其与其他事件之间的关系。质的研究认为，任何事物都不能脱离情境而独立存在，因此需要将事物置于所处的情境中考虑整体及各部分之间的关系。

质的研究是一种"自下而上"的研究。研究者将其自己置于所发生的事物中，全面了解事物的各个方面；通过长期的田野调查，寻找当地人使用的本土概念，理解当地的文化和习俗；使用归纳法对概念进行归类，形成更大的类属；依据某种研究视角和逻辑，对类属进行归纳分析，最后形成适合特定情境的扎根理论。这是一种"自下而上的"研究，是从原始资料到形成本土概念、概念的编码及类属，最终形成扎根理论，这是一种自下而上逐级归纳生成理论的过程。

质的研究在于获得"对意义的解释性理解"。研究者长期置身于研究对象所处的情境中，通过亲身体验获得研究对象生存、发展及演变的

---

① 陈向明：《质的研究方法与社会科学研究》，教育科学出版社2000年版，第12页。

历程，作为旁观者不断摈弃自己的"偏见"和"先入为主"的见解，以客观、中立的态度对研究对象的意义进行解释性理解。对研究对象的解释和见解不在于推广，而在于引起那些具有相似经历的读者的理解和共鸣。

质的研究重视研究者与被研究者之间的关系。质的研究需要研究人员与被研究者之间建立起良好的信任和合作关系，研究者需要长期进入被研究者所处的情境中，但又不能干预被研究者的行为。因此，研究者要不断反思其身份、角色、认识和行为，确保始终以"中立"的态度和"旁观者"的角色贯穿研究始终，这在一定程度上保证了研究的信度和效度。

第四节　研究的理论基础

一　系统理论

系统理论是研究系统的一般模式、结构和规律的学问，它研究各种系统的共同特征，用数学方法定量地描述其功能，寻求并确立适用于一切系统的原理、原则和数学模型，是具有逻辑和数学性质的一门新兴的科学。① 系统思想源远流长，但其发展成为一门科学的系统论，人们公认是由美籍奥地利人、理论生物学家贝塔朗菲创立的。1932年，贝塔朗菲发表《抗体系统论》，最早提出了系统论的思想。他于1937年提出了一般系统论原理，奠定了这门科学的理论基础。系统论的基本特点就是把一切事物都看成是一个系统，其中各要素之间、诸要素与整体之间互相联系，彼此制约。②

系统论为人们认识事物提供了新的科学方法，在各个学科领域都有广泛运用，指导人们从整体到部分、一般到特殊相结合的视角分析解决问题。系统论认为，整体性、关联性、等级结构性、动态平衡性、时序

---

① 张际平：《系统论与基础教育信息化应用推进》，《中国电化教育》2009年第3期。
② 吕俊：《系统论与风格翻译》，《外语学刊》（黑龙江大学学报）1992年第1期。

性等是所有系统共同的基本特征。这些既是系统所具有的基本思想观点，又是系统方法的基本原则，表现了系统论是反映客观规律的科学理论，具有科学方法论的含义。

系统论的核心思想是系统的整体观念。贝塔朗菲强调，任何系统都不是各个元素的简单组合或机械相加，它是一个有机的整体。各要素在孤立的状态下不具有系统的整体性功能。他用亚里士多德的"整体大于部分之和"的名言来说明系统的整体性，反对那种认为要素性能好，整体性能一定好，以局部说明整体的机械论的观点；同时认为系统中各要素不是孤立地存在着的。要素之间相互关联，构成了一个不可分割的整体。系统论的基本思想方法，就是把所研究和处理的对象当作一个系统，分析系统的结构和功能，研究系统、要素、环境三者的相互关系，并优化系统功能，世界上任何事物都可以被看成是一个系统，系统是普遍存在的。

系统论不仅指导我们认识系统的特点和规律，而且在于利用这些特点和规律去控制、管理或改造一个系统，使它的存在与发展合乎人的需要。也就是说，研究系统的目的在于调整和优化系统结构，控制各要素的关系，使系统功能达到优化的目标。系统论揭示了事物的复杂性和整体性，不仅为现代科学发展提供了理论和方法，也为解决现实生活中的各种复杂问题提供了方法论基础。

系统论对本书的启示体现在两方面：一是教学点信息化是一个系统，涉及政策、资金、体制机制、人员、技术、设备等诸多要素，是这些要素相互作用的结果。只有综合考虑这些要素及其作用，才能发挥出教学点信息化的整体效力。二是在系统论的指导下认识和利用教学点信息化的特点和规律，去管理、调整和优化教学点信息化教育教学，达到教学点应用信息技术教育教学的动态平衡。

二 组织变革理论

组织变革理论在 20 世纪 90 年代在西方国家兴起，旨在研究组织为适应复杂多变的社会环境所做出的改变与调整，对解决企业、学校等社会组织的变革问题提出了新的思路和应对策略。组织变革是指组织为适应组织外部环境和内部条件的变化,而对组织的战略、技术、结构和人员等各项要素进行有目的、系统性的调整和更新,从而实现组织功能方式的转变,提高组织竞争力的过程。[1] 该概念起源于库尔特·勒温的研究,他认为,组织变革的过程存在着推动力和抵制力两种对抗力量,当推动力强于抵制力的时候,变革就发生了。[2]

组织变革概念一经提出,便成为管理学研究的热点,其发展主要经历了以下几个阶段:20世纪40—60年代,主要是对组织变革的必要性及主要内容进行基础性研究;20世纪70年代,研究重点主要体现在对组织变革产生的原因与过程变化的研究上;20世纪80年代,学者们主要关注的是组织变革的成员参与和结构变化;20世纪90年代,流程变革成为这一时期组织变革研究的主流;21世纪以来,由于组织所处的环境变化加剧,研究者纷纷关注变革领导力与变革阻力的消解等变革管理方向。[3]

组织变革理论经过几十年的发展,主要形成了以下几个理论:组织变革动因理论、组织变革抵制理论、组织变革模型理论。

组织变革动因理论主要探讨驱动组织变革的因素,该理论认为,组织变革的具体驱动因素有三类:一是组织权力的系统变化,包括重要人事变动、经营权转移等;二是组织发展过程中主导因素的变化,如组织目标的变化、组织生命周期的不同阶段等;三是组织环境变化,包括整体环境、技术革新、产业环境和竞争环境等,如国际局势变化、资源可获得性变化、市场偏好的改变、新兴竞争者参与等。[4]

"社会心理学之父"库尔特·勒温提出,组织变革若要成功,需要经过三个阶段,即组织变革三阶段理论。该理论认为,一个组织经历变革走向成功可能因各种因素的不同而存在差异,但就整体而言,成功的

---

[1] 孙耀君:《西方管理思想史》(上),山西人民出版社1987年版,第471页。
[2] Kurt, L., "Frontiers in Group Dynamics," *Human Relations*, 1947, No.1, pp.5-41.
[3] 陈飞宇:《组织变革理论视角下的地方大学国际化发展研究》,博士学位论文,山东师范大学,2020年,第31—32页。
[4] Kanter, R. M., et al., *The Challenge of Organizational Change: How Companies Experience It and Leaders Guide It*, New York: Free Press, 1992, pp.3-17.

组织变革都需要经过"解冻—变革—再冷冻"三个阶段。"解冻"是指发展主体想要或意识到由于外界的某种变化而引起其自身改变的需要，设立组织变革的目标和动机；"变革"是指主体想要尝试改变旧方法，引入新的行为模式；"再冷冻"是指变革主体在前两个阶段的基础上，确定新的行为模式并最终达到新的平衡状态。

组织变革理论对本书有重要启示。

第一，教学点信息化是教学点为了适应组织外部环境和内部教学需求，而对学校的战略、技术、结构和人员等要素进行有目的、系统性的调整和更新，从而实现教学点教与学方式的转变，提高教育教学质量的过程。

第二，任何信息技术（包括信息技术设备、信息化资源、平台和工具等）进入教学点，都要经历"解冻—变革—再冷冻"三个阶段。因为某种教学需求，教学点选择使用一种信息技术作为外部干预手段，同时设立某一种使用愿景；在应用信息技术的过程中，教学点想要尝试改变旧方法，引入新教学方法；经过一段时间的应用后，最终确定新的教学方式并达到新平衡状态。

三 教育均衡理论

教育均衡理论最早源于经济学中的概念"均衡发展理论"，主要代表人物为瓦尔拉。在发展中国家，均衡发展大多以公平教育和社会效益为前提进行讨论，制约经济发展的主要条件是资本形成的不充分。20世纪中期，美国学者詹姆斯·科尔曼首次关注到了教育均衡发展问题，将其作为起点，提出了教育机会均等。随之，瑞典的教育学者胡森将教育个体起点平等、受教育过程平等以及学业成就三个方面纳入教育均衡发展中，并将其概括为"三公平论"[1]。

教育均衡发展的核心思想可以概括为"四观"，即责任观、公平观、

---

[1] 曹骁勇、曲珍：《国内外义务教育均衡发展研究述评》，《黑龙江教师发展学院学报》2021年第10期。

第二章 国内外研究现状

过程观和人本观。责任观是指教育均衡发展首先是政府的责任，应该成为政府发展教育的指导思想，并且政府推进教育的主要职责是为教育提供均衡发展的办学条件①；公平观强调教育均衡发展的核心是追求教育公平，每个孩子的学习条件、权利和机会是平等的；过程观强调教育均衡发展是一种教育发展过程，其本质目标是追求优质的教育状态，是一种动态、长期的发展过程②；人本观强调教育均衡发展必须以人为本，促进各类教育持续、健康地发展，惠及每一位受教育者。

翟博在《教育均衡论》一书中提出教育均衡发展是在经济学理论、公共管理理论、公共服务以及中国特色社会主义理论的基础上形成的，认为教育均衡理论主要包括四个方面的内容：（1）公民获得教育权利和资源的均衡，表现为适龄儿童受教育的机会均衡，其中包括有能力就读的残疾儿童等弱势群体；（2）区域间的均衡，即在不同省、市、县、乡、校之间实现均衡发展，其中包括布局和规模合理、教育经费投入、设备支持、师资配备等方面；（3）不同类别、级别教育间实现均衡发展，包括初等、中等、高等以及职业教育之间的均衡发展；（4）在教育质量上实现均衡发展，包括课程设置、教学水平和效果上的均衡。③

追求教育均衡发展的本质还是对教育公平的追求。在中国主要分为三个阶段：（1）九年义务教育的普及，教育机会的均等；（2）推进管理体制改革，教育条件的均等；（3）加强教育内部建设，教育质量的均等。目前，教育不均衡是中国教育问题的显性反映，表现为优质教育资源不足，师资在区域、地区、学校中的分配不均衡。教育均衡发展是一个系统、动态且独具特色的发展，是一个基于地域特色、资源配置发展的动态发展过程。

总之，教育均衡发展是一种兼顾公平的教育发展观，与中国当前的教育现实不谋而合。追求教育公平、提高教育效率是基础教育追求的目标之一。只有正确认识其基本内涵和价值取向，才能逐渐实现中国教育

---

① 翟博：《教育均衡发展：理论、指标及测算方法》，《教育研究》2006年第3期。
② 康开洁：《教育均衡发展理论与实证研究综述》，《当代教育论坛》2008年第9期。
③ 翟博：《教育均衡论》，人民教育出版社2008年版，第117页。

发展的阶段目标和最终目标。

教育系统均衡发展主要指教育内部各部分之间能够在一定的时间段内保持相对稳定且有序的状态。区域基础教育均衡发展受学校布局结构、教育资源分配等因素的影响。当前的基础教育已经实现了学生接受教育机会的公平，本书中的均衡发展是指在此基础上的提升，是随着社会发展而出现的对教育过程和教育效果均衡的追求，主要包括对教育资源的获得和教学空间可达性的追求，这是教育现代化发展的必然结果，也是基础教育信息化追求的目标之一。

教学点信息化就是国家为了促进教学均衡发展而采取的战略决策部署。(1)通过现代信息技术手段，共享优质教育资源，使得农村偏远地区学生和弱势群体获取教育权利和资源的机会均衡；(2)通过现代信息技术手段，共享优质教育资源和教师智力，使得区域教育发展均衡，即不同省、市、县、乡、校之间实现均衡发展，包括设备支持、师资配备、教学资源等方面；(3)在教育教学质量上实现均衡发展，包括信息技术应用水平、教学水平和效果上的均衡。

四 群体动力学

群体动力学又称团体动力学，是通过学习者之间的有效交互产生促进协作过程而获得深入发展的持续动力，也是加速协作知识建构进程并产生集体智慧的根本原因[1]，人不是独立存在于环境当中，而是团体中的一员，团队不是个体的简单相加，而是有着相互联系的一组关系。它在一定的空间里组织为一个完整的系统。

群体动力学是由社会心理学之父勒温创立的。他研究了人的心理与行为，提出内部需求和环境因素的相互作用是影响人的行为的因素，以此延伸到群体行为领域，指出群体活动的方向同样决定于内部立场和情景的交互作用。该理论的重点是群体中各要素的依存关系、相互

---

[1] 谢幼如、宋乃庆、刘鸣：《网络课堂协作知识建构的群体动力探究》，《电化教育研究》2009年第2期。

影响和动力机制；研究的价值目标是解释、预测、调控群体内的个体行为以及群体本身的绩效，从而为组织管理提供科学合理的行动策略。①

群体动力学旨在探索群体发展的规律，群体的内在动力，群体与个体、其他群体以及整个社会的关系等，为意识形态和管理实践提供一个更好的科学基础，正是群体动力学的基本目标之一。②

群体动力系统的三大主要因素是凝聚力、驱动力和耗散力，这三种动力构成要素同时并存，彼此之间相互作用、抗衡、消化、转化，使群体不断演化和发展。其中凝聚力是保证群体稳定的因素，驱动力是促使群体不断演化发展的因素，耗散力则是破坏群体稳定和演化的因素。在整个动力系统中，各成员状态的变化是彼此影响的③，任何成员的状态变化都会引起其他成员的状态变化。群体之间的这种交互作用构成群体动力，它致力于寻求发挥群体最大功效的内部机制与推动力。

群体动力学对本书有着重要启示。教学点是弱势群体，处于孤立且封闭的状态，面临着很多现实困境，发展动力不足。教学点这一群体又具有相似性，因具有相似的地情、校情和学情，教学点应该抱团取暖，通过"合作"形成群组，如组建网校盟校、教师研修共同体、教学点集群等，在这些群体中，教学点教师相互间有效交互产生持续发展动力，加速协同研修、协作解决问题并产生集体智慧。

五 现象学

现象学是 20 世纪在西方流行的一种哲学思潮，现象学产生的根本动机在于批判传统形而上学和当代科学意识形态，旨在重建全面的人类精

---

① 申荷永：《团体动力学的理论与方法》，《南京师大学报》（社会科学版）1990 年第 1 期。
② 王娜：《基于团体动力学理论的远程教育学习小组研究》，《湖北大学成人教育学院学报》2011 年第 4 期。
③ 肖静、黄文琪：《群体动力学视域下的高校教师学习共同体发展探究》，《武汉理工大学学报》（社会科学版）2017 年第 5 期。

神生活。① 作为哲学理论的现象学最早是由胡塞尔在其出版的两卷本《逻辑研究》中公开而坚定地提出的，是以"现象学"命名的哲学理论与方法。② 胡塞尔认为，研究的动力一定不是来自各种哲学，而是事情和问题本身③。因此，现象学的基本精神和指导原则便是"回到事物本身"。胡塞尔的哲学理想是使哲学成为"严格的科学"，他的这种哲学理想使得现象学的思维方式在很大程度上突破了传统哲学思维方式，打破了科学和哲学的界限。

作为哲学理论的现象学，其基本思想就是要寻求一切知识的根源和起源，这种根源和起源就在"事实"之中。④ 这就要求人们从传统的概念、理论、偏见以及习惯的思维方式中解脱出来，从最初看到的纯粹现象中认识事物。"哲学所必需由之开始的，是现象和问题本身""只有返回到直接的直观这个最初的来源，回到由最初的来源引出的对本质结构的洞察，我们才能运用伟大的哲学传统及其概念和问题；只有这样，我们才能直观地阐明这些概念。"⑤

作为研究理论的现象学，威廉明纳·莫斯特将它界定为"现象学研究指一组人员对一个概念或现象生活体验意义的描述"⑥。有的研究者把现象学界定为"对现象的探讨和描述"⑦"现象学研究是描述经验的本质特征"⑧。对其基本认识有两种：一种是现象学方法是发现、揭示意

---

① 楼艳：《高校德育实践的现象学思考》，《广西大学学报》（哲学社会科学版）2022年第5期。
② 徐辉富：《教育研究的现象学视角》，博士学位论文，华东师范大学，2006年。
③ 李楠：《我国优秀赛艇运动员体能训练体验的现象学研究》，博士学位论文，首都体育学院，2022年。
④ 徐辉富：《教育研究的现象学视角》，博士学位论文，华东师范大学，2006年。
⑤ [美] 赫伯特·施皮格伯格：《现象学运动》，王炳文等译，商务印书馆1995年版，第2页。
⑥ Mostert, W., *Phenomenology*: Discovering New Meanings of Pedagogy within the Lived Experience, Paper Presented at the AARE Annual Conference, Brisbane, 2002.
⑦ Seamon, D., "Phenomenology, Place, Environment and Architecture: A Review of the Literature," *Phenomenology Online*, 2000, No. 36, pp. 1–29.
⑧ Willis, P., "From 'the Things Themselves' to a 'Feeling of Understanding': Finding Different Voices in Phenomenological Research," *Indo-Pacific Journal of Phenomenology*, 2004, Vol. 4, No. 1, pp. 1–13.

义，揭示现象本身所蕴含的意义；另一种则主张在现象中寻求意义，这种观点认为现象学研究的主题是人们所看到的，听到的事物、情境、体验等，其目的是以对这些主题的描述为基础，进而发现隐藏在现象中的本质。综上所述，现象学通俗来讲，就是要"透过现象看本质"，即发现和描述生活体验，并对现象的本质进行研究，最终将体验及描述还原到事物本质或基本要素中去。

现象学不论作为研究理论还是研究方法，对本书都具有重要的指导意义。教学点信息化是在乡村文化和乡土教育情景中发生的，要在乡村和乡土文化中完整把握教学点信息化的实践及经验意义，发现和深入描述信息化演进中的各种现象及实践特征，从而理解信息技术及具有无限潜力的人的信息化创造活动。现象学方法可以使本书克服传统自然科学研究过于注重方法和技术，忽视教育的生活意义及实践体验的弊端。

六 互动协同理论

互动是指个人之间、个人与群体之间、两个或多个群体之间通过语言或其他手段彼此发生作用的过程。互动理论兴起于20世纪30年代的美国，互动理论认为，社会并不是外在于人的某种客观存在的模式或制度体系，而是人们的互动行为模式化了的互动。"模式化"的内容扎根于人的头脑中，表现为人们的"角色互动"行动。个人与他人结成多少种互动关系，对个人来说，就有多少种"社会"。

协同理论是20世纪70年代以来在多学科研究基础上逐渐形成和发展起来的一门新兴学科，着重探讨各种系统从无序变为有序的相似性。协同理论认为，各种系统之间存在着相互影响而又相互合作的关系，如不同区域、地区学校间的相互配合与协作，学校中多个部门之间的协调，区域、学校间的竞争，以及教育系统中的相互影响和制约等。

互动促进协同，协同源于互动，互动中的协同是双向甚至多向的，双向、多向协同是多个主体之间的协调和适应以及动态调适，双向协同效应强于单向协同效应。教育是一个大系统，包含着诸多相关要素。互动协同理论告诉我们，要想教育系统的整体性功能好，就必须让教育系统内部的各个子系统之间相互协调配合,共同围绕目标齐心协力地工作,这样将产生1+1>2的互动协同效应。

互动协同是社会发展的必然要求。例如,学校要想持续生存和发展,各个部门之间就要相互配合、分工合作、协同发展,提高学校的竞争力。对于个人来说,互动协同主要发生在人与人之间的对话或交流上,在互动过程中,双方要调整他们自己的行为和语言来达到协同发展的目的。

互动协同理论对本书的启示在于,教学点信息化是一项复杂的系统工程,涉及省(区)、市、县级管理部门、中心校、教学点、高校专家、企业及技术人员等多方主体之间的协同工作。其中,高校专家对教学点信息化进行教学模式和教学方法上的研究和指导,企业及技术人员为教学点信息化建设和应用提供技术支持,教学点是信息技术应用的实践场所,包括中心校在内的各级管理部门应该促成多方主体间的协同。比如,教学点实施的"互动在线课堂",就是在管理部门的规划下,企业和技术人员提供技术支持,远端教师和教学点教师协同备课、协同教学、协同课后反思,远端教师和教学点学生之间互动教学的一种创新性教学方法。

第三章 关于质性研究的过程说明

质的研究起源于许多不同的理论和学科，经历了漫长的发展过程。与定量研究相比，质的研究强调对研究过程的深入描述，通过典型事件揭示事物之间的因果关系，并引出引人深思的解释；还可以推导出意外的发现，产生或修改概念框架；通过具体、生动、有力量的文字，以期与阅读者产生共鸣。因此需要详细阐述研究地点、研究对象的基本情况、数据搜集过程、数据处理与编码、抽样的适切性等问题，以提高研究的效度和质量。

第一节 确定田野地点及对象

田野地点的选择与研究问题息息相关。本书研究的问题为"西北地区教学点信息化演进"，因此以西北五省（区）的农村教学点为研究地点，按照目的性抽样和分层抽样的原则选取教学点进行研究。

西北五省（区）包括陕西省、甘肃省、宁夏回族自治区、青海省、新疆维吾尔自治区。西北地区位居中国西北部内陆，具有面积广大、干旱缺水、风沙较大、人口相对稀少等特点。地形多以高山和丘陵为主，地形复杂、自然环境恶劣、经济发展相对落后，受特殊自然条件的影响，多高原、沙漠、山地、丘陵等地形，地形和地貌按特征可以分为三种：一是丘陵沟壑区；二是河谷川道区；三是土石山区。根据地形地貌特征，地名多以沟、塬、岔、卯、洼、坡、堡、壕、崾岘等命名。农村居民点布局很分散，因而农村教学点的数量比较庞大，且所处地区交通较为落后。这些地区只能在自然村范围内设置教学点，为低年级学生提供入学条件，近几年来因适龄学生急剧减少，也出现几个自然村的教学点合并为一个教学点的情况。据 2021 年教育统计数据，全国共有教学点 90295 个，西北五省（区）的教学点数量为 7981 个，占全国教学点总数的 8.8%。这里有必要对西北五省（区）的教育情况及教学点进行简要介绍。

第一，陕西省教育及教学点的情况。

陕西省简称"陕"或"秦"，位于中国西北部，全省纵跨黄河、长江两大流域，是新亚欧大陆桥和中国西北、西南、华北、华中之间的门户。[①] 东邻山西、河南，西连宁夏、甘肃，南抵四川、重庆、湖北，北接内蒙古，是国内邻接省（市、区）数量最多的省份，居于连接中国东、中部地区和西北、西南的重要位置。

在教育方面，陕西省坚持"学前教育普及普惠，义务阶段优质均衡，高中学校多样化特色化发展"，分学段推进基础教育公平而有质量地发展。建公办、扶民办，优化城乡办园结构。实施义务教育学段学生就近入学，公民办同步报名、同步招生、同步录取，推行"名校＋"、集团化办学，加强城乡一体化建设，优质资源共享。

在全国率先成立基础教育教学指导委员会，全学段推进"思政课教师大练兵""心理健康教育""课堂革命·陕西行动"，深入开展"三个课堂"，大力推动"三通两平台"建设与应用，全省中小学互联网接入率在全国率先达到 100%，多媒体教室在中小学校全覆盖。建成"陕西教育人人通综合服务平台"，实现了城乡师生"同上一堂课"。建立全省教育基础数据库，形成教育管理信息化"陕西模式"[②]。

据 2021 年教育统计数据，陕西省共有小学 4559 所，教学点 1706

---

① 陕西省地方志办公室：《省情概况》，（http：//dfz.shaanxi.gov.cn/）。
② 《坚持立德树人 推进陕西教育高质量发展》，中国教育新闻网（http：//www.jyb.cn/rmtzgjyb/202208/t20220806_703469.html）。

个，教学点占小学总数的 37.42%。

第二，甘肃省教育及教学点的情况。

甘肃省简称"甘"或"陇"，位于中国西北地区，地处黄河上游，镶嵌在中国中部的黄土高原、青藏高原和内蒙古高原上，地域辽阔。东接陕西，南邻四川，西连青海、新疆，北靠内蒙古、宁夏，并与蒙古人民共和国接壤，是古丝绸之路的锁匙之地和黄金路段。

在教育方面，十年来，甘肃省大力推动城乡教育一体化发展，基础教育步入公平优质发展新阶段，学前教育毛入学率、义务教育巩固率、高中阶段毛入学率获得大幅提升。全省所有县市区都实现均衡发展目标，在"全面普及"的基础上实现了"基本均衡"的大跨越。[1]

甘肃省委教育工委、省教育厅以完善教育新型基础设施为目标，着力推进教育数字化基础环境建设。依托"全面改薄""能力提升"等项目，为 11255 所义务教育学校配备各类信息化设施设备 35.98 万台，在贫困地区中小学和教学点建设"班班通"教室 8.72 万间，全省中小学互联网接入率、出口带宽百兆率均达到 100%，至少拥有一间多媒体教室的学校比例达到 99%。[2] 依托甘肃省智慧教育平台，建设集学生综合素质评价、选课走班、学生发展指导等功能于一体的高考综合改革信息管理系统。[3]

经过多年的努力，全省教育数量和规模增长基本上满足了教育需求，整体进入了以优化布局结构、推动更加公平优质发展、提升现代化水平、增强服务经济社会发展能力为主要特征的新发展阶段。[4]

据 2021 年教育统计数据，甘肃省共有小学 4951 所，教学点 5013

---

[1] 《立足省情优先发展 谱写甘肃教育新篇章》，中国教育报（http://www.moe.gov.cn/jyb_xwfb/moe_2082/2022/2022_zl21/202208/t20220808_651428.html）。

[2] 《全省教育系统以"三抓三促"行动助推教育数字化》，甘肃省教育厅（http://jyt.gansu.gov.cn/jyt/c120301/202306/169861564.shtml）。

[3] 《立足省情优先发展 谱写甘肃教育新篇章》，中国教育报（http://www.moe.gov.cn/jyb_xwfb/moe_2082/2022/2022_zl21/202208/t20220808_651428.html）。

[4] 张国珍：《用高质量教育支撑甘肃现代化发展》，甘肃省教育厅（http://jyt.gansu.gov.cn/jyt/c120301/202211/2160144.shtml）。

个,教学点占小学总数的101.25%。

第三,宁夏回族自治区教育及教学点的情况。

宁夏回族自治区,简称"宁",是中华人民共和国省级行政区,首府银川市,中国五大少数民族自治区之一;位于中国西北内陆地区,东邻陕西省,西、北接内蒙古自治区,南连甘肃省,位于西北地区。[1]

在教育方面,七十多年来,宁夏义务教育从"羸弱"到"壮大",从"有学上"走向了"上好学"。近二十年来,宁夏不断加大财政投入,着力优化投入结构以驱动教育公平有质量的发展,先后制定实施了"营养改善计划""西海固地区义务教育基本均衡发展攻坚计划""标准化学校建设""教育精准扶贫""乡村教师支持计划""优质教育资源扩面工程"等系列政策,不断提升优化义务教育规模结构,优质教育资源覆盖面进一步扩大,义务教育巩固水平持续上升,教育教学质量明显改善,教育公平得到有效保障。宁夏以建设全国"互联网+教育"示范区建设为契机,全面服务教育质量提升,实现城乡教育数字资源全覆盖,进一步促进优质资源共享和教育均衡化发展。[2]

宁夏作为全国首个"互联网+教育"项目建设示范区,农村教育及农村教学点的信息化发展在整个项目中至关重要。[3] 其教育信息化"三通两平台"建设成效显著,农村教学点数字教育资源实现全覆盖,中小学宽带网络"校校通"覆盖率达到82%,优质教育资源"班班通"覆盖率达到60%,网络学习空间"人人通"覆盖率超过20%,优质教育资源应用覆盖率达到30%。"教育云"暨数字化教育资源公共服务平台和教育管理公共服务平台建成投入使用,教育信息化水平显著提升。[4]

---

[1] 《地理环境》,宁夏回族自治区人民政府(https://www.nx.gov.cn/ssjn/nxgk/dmqh/202304/t20230406_4021621.html)。

[2] 《新时代新方位 迈向高质量发展的宁夏义务教育》,宁夏回族自治区教育厅(http://jyt.nx.gov.cn/zwgk/zfxxgkml/ywjy/gzwj/202112/t20211214_3222941.html)。

[3] 范春亚、马晓玲:《宁夏农村教学点数字化教学资源应用研究》,《中国教育信息化》2022年第3期。

[4] 《宁夏回族自治区教育事业发展"十三五"规划》,宁夏回族自治区教育厅(http://jyt.nx.gov.cn/zwgk/zfxxgkml/ghjh/202201/t20220106_3274908.html)。

据2021年教育统计数据，宁夏回族自治区共有小学1129所，教学点438个，教学点占宁夏小学总数的38.8%。

第四，青海省教育及教学点的情况。

青海省位于祖国西部，雄踞世界屋脊青藏高原的东北部，因境内有国内最大的内陆咸水湖——青海湖而得名，简称"青"。全省东西长1200多公里，南北宽800多公里，总面积为72.23万平方公里，占全国总面积的十三分之一，面积排在新疆、西藏、内蒙古之后，列全国各省、市、自治区的第四位。青海北部和东部同甘肃省相接，西北部与新疆维吾尔自治区相邻，南部和西南部与西藏自治区毗连，东南部与四川省接壤，是联结西藏、新疆与内地的纽带，全省平均海拔3000米以上。[1]

在教育方面，青海省坚持"政策倾斜，优先发展，切实加强"，进入新世纪以来，青海省委、省政府高度重视藏区教育工作，始终把藏族教育作为全省教育工作的重点，摆在优先发展的战略地位，并根据地区实际和民族特点，采取了一系列特殊政策和措施，如举办寄宿制中小学、重视少数民族语文教学、加强少数民族文字建设、设立民族教育专项补助费、组织实施多个教育项目、在招生和生活上对少数民族学生给予特殊照顾、组织发达地区对民族地区开展教育对口支援、举办各种类型的民族班等。[2]

近些年来，青海省通过认真贯彻实施科学发展观和"科教兴青""可持续发展"战略，紧紧抓住西部大开发机遇，不断加大"两基"攻坚工作的力度，牧区教育取得了很大的发展。青海省实施九年义务教育，得到了国家的大力支持，国家先后在青海省实施了世行贷款"贫三项目""国家扶贫教育工程""义教工程""危房改造工程"等一大批重大教育项目，重点解决了民族贫困地区义务教育基础设施建设问题，极大

---

[1] 《青海省总体概况》，青海省地方志编纂委员会（http://www.qinghai.gov.cn/dmqh/system/2016/11/08/010239493.shtml）。

[2] 王振岭、丁生东：《青海藏族地区基础教育发展的背景、现状及对策》，《民族教育研究》2007年第1期。

地改善了这些地区中小学的办学条件。① 目前，青海省增强教育投入，改善办学条件，在资助贫困学生完成义务教育、重点办好一批寄宿制学校、大力推进现代远程教育工程、加强教育对口支援协作等方面取得明显进展。

据2021年教育统计数据，青海省共有小学729所，教学点612个，教学点占青海省小学总数的83.95%。

第五，新疆维吾尔自治区教育及教学点的情况。

新疆维吾尔自治区，简称"新"，位于中国西北地区，是中国五个少数民族自治区之一，也是中国陆地面积最大的省级行政区，总面积共计166.49万平方公里，约占中国国土总面积的六分之一。② 它地处亚欧大陆腹地，周边与八国接壤，是中国面积最大、陆地边境线最长、毗邻国家最多的省区，是第二座"亚欧大陆桥"的必经之地。

在教育领域，新疆全区义务教育由基本均衡向优质均衡迈进。学前教育毛入园率稳步提升，农村4—6岁儿童实现幼儿园免费入园"应入尽入"；并且实现适龄儿童和青少年就学全覆盖、国家通用语言文字教学全覆盖、家庭经济困难学生资助全覆盖。除此之外，新疆全面落实南疆地区14年免费教育政策，推进其他地区14年免费教育，逐步实现全区15年免费教育，即学前3年、小学6年、初中3年、高中3年③。

近年来，新疆地区实施中小学双语现代远程教育工程、薄弱学校改造工程、义务教育学校标准化建设工程等一系列教育工程项目，加大了对中小学信息化教学设备的投入力度，全区基础教育阶段学校互联网接入率达73%，近70%的中小学建立了至少一间计算机教室，信息化教学应用环境得到了明显改善；建设完成新疆基础教育资源公共平台，完善了全区优质资源共建共享机制，有序推进"一师一优课，一课一名师"

---

① 王振岭、丁生东：《青海藏族地区基础教育发展的背景、现状及对策》，《民族教育研究》2007年第1期。

② 《新疆维吾尔自治区概况》，新疆维吾尔自治区人民政府网（http：//www.xinjiang.gov.cn/xinjiang/dmxj/dmxj.shtml）。

③ 《新疆将逐步实现15年免费教育》，中国教育报（https：//wap.msweekly.com/show.html？id=73916）。

活动，参与教师超过 7 万人次，教育信息化"课堂用、经常用、普遍用"的教学新常态已经形成；利用"国培计划"和新疆远程教育网络研修等手段助力教师信息化应用能力的提高，信息化技术应用能力培训力度不断加大；建设了全区教育系统"四级"专网，实现新疆教育管理公共服务平台与国家平台的数据对接，电子政务平台在全区教育系统得到普及应用，全区教育管理信息化水平和服务能力不断提升。[①]

据 2021 年教育统计数据，新疆维吾尔自治区共有小学 2728 所，教学点 537 个，教学点占小学总数的 19.68%。

一 田野地点的代表性

有代表性的"田野地点"是调查顺利进行的前提条件，也是保证质性研究效度的必要条件。由于本书的问题为教学点信息化演进的质性研究，因此在选择田野调查的对象时考虑了三方面因素：第一，研究的可进入性和可行性。因为与量的研究不同，质性研究更重视研究者以及研究者与被研究者之间的关系对研究的影响。考虑可进入建立的研究者与被研究者之间融洽的关系是开展本书研究的基础。第二，教学点要有较长的发展历史。因为研究问题为"教学点信息化演进"，演进属于历史范畴，包括起步、发生、发展的过程，因此需要选取有较长发展历史的教学点，这样研究结果才更有说服力。

二 抽样和调查对象的选取

在具体抽样时，采用分层目的性抽样、关键特征抽样和典型个案抽样。分层目的性抽样是根据研究目的，即农村教学点信息化演进过程及结果，分层选取教学点信息化较好、一般、较弱的学校。本书写作历时四年多，在西北五省（区）实地进校走访调研了 64 个教学点，这些教学点名单见附录一。综合考虑学校师资力量、信息化设备、信息技术应用水平等方面，分信息化较好、一般和较弱三个层次重点深入一批教学

---

① 罗锋：《新疆基础教育信息化发展的探索与展望》，《中国民族教育》2017 年第 8 期。

点进行调研，限于篇幅，这里仅呈现部分教学点（见表3-1）。

表3-1　　　　西北五省（区）部分教学点名称

西北五省	教学点编码	信息化水平（较好、一般、较弱）
陕西省	蓝田县A教学点	较好
	温州工贸协会B学校（陕西省蓝田县蓝关街办）	较好
	蓝田县C教学点	一般
	陕西洋县谢村镇D教学点	一般
	蓝田县三官庙镇E教学点	较弱
	蓝田县华胥镇F教学点	较弱
甘肃省	东乡县X小学	较好
	会宁县X小学	较好
	临夏市东乡县Z学校	一般
	临夏市A小学	一般
	会宁县B小学	较弱
	会师镇C小学	较弱
宁夏回族自治区	泾源县兴盛乡D小学	较好
	同心县王团镇C学校	较好
	红寺堡区太阳山镇D小学	一般
	泾源县泾河源镇D教学点	一般
	海原县西安学区A教学点	较弱
	彭阳县冯庄乡P教学点	较弱
青海省	西宁市城中区A教学点	较好
	海东市互助土族自治县B教学点	较好
	海东市互助土族自治县C教学点	一般
	海东市互助土族自治县D教学点	一般
	玉树市X小学	较弱
	玉树市Y小学	较弱

续表

西北五省	教学点编码	信息化水平（较好、一般、较弱）
新疆维吾尔自治区	阿勒泰地区阿勒泰市汗德尕特蒙古民族乡寄宿制学校 A 教学点	一般
	奥托拉克乡小学 B 教学点	一般
	新疆库尔勒市托布力其乡 C 教学点	较弱
	吐鲁番市艾丁湖乡中心小学 D 教学点	较弱

在具体进行个案或跨个案研究时，采用关键特征抽样，综合考虑一些关键特征如教学点教师信息技术应用水平、学生信息素养、信息化基础设施、信息技术应用、信息化教学资源等，使用典型个案抽样策略，选择在信息化建设和应用方面具有典型特征的学校进行田野调查和深入研究。

在开展田野调查的时候，调查对象最终确定为教学点校长、教师、学生及相关管理人员，包括中心校校长、县教育局相关工作人员。校长作为信息化建设和应用的引导者，对信息化有全面的规划和理解，其信息化意识和态度是影响教学点信息化发展的重要因素。教师是运用信息技术开展课堂教学的实施者，教师的信息技术应用能力决定着最终的应用成效。学生的收获及其在课堂上的表现，是信息技术支持的课堂教学效果最真实的反映。通过长期扎根在教学点，建立起与管理层、教师、学生之间的信任关系，开展田野调查，观察管理者、教师、学生在课内外的表现，结合深度访谈、口述史访谈、实物调查等，了解西北农村教学点信息化演进的过程和典型应用、存在的问题、影响因素等，为我们理解西北农村教学点信息化演进提供重要的史料和参考。

三　研究地点涉及程度与可能性

质性研究能否顺利开展的一个重要因素是研究者能否顺利进入研究现场。研究者进入现场需要一位引导者，在质的研究中称之为守门人，即拥有某种权威来掌控研究者进入田野调查地点的人。

由于教学点地处偏远,与外界的教学和学术交流并不是很多,因此本课题组与教学点建立联系主要通过其他人员的引介,包括通过各省教育厅、市(县)教育局管理人员及与教学点建立关系的研究人员。因教学点归属于当地中心校管理,因此有时还通过联系中心校校长,中心校校长在征得教学点校长的允许下,进入教学点现场。因此,这里的守门人主要为中心校校长及教学点校长。课题组一经通过守门员与教学点建立联系,就一直与其保持着密切合作。

在正式开展研究的时候,课题组第一时间联系到了中心校校长或教学点校长,向他们简单说明研究目的、研究内容、研究的方式等,以此达到最大程度地消除守门人顾虑的目的。守门人在知晓研究目的和研究内容后,对本研究表现出极大的兴趣并且表示将积极支持课题组的研究工作,同时也希望课题组就他们学校的问题提供一些建议和指导。随后通过教学点校长的介绍,课题组结识了教学点的各位教师,并顺利进入课题,这为后续研究奠定了良好的基础。

第二节 进入现场的策略

在田野调查研究中要想获得真正需要的资料,在进入现场时就需要规划一些应对策略。对于如何协商进入、如何发展与被研究者之间的关系等都需要做一定的思考。

一 制订研究计划

课题组在正式进入教学点之前,制订了详细的研究计划,具体分为三步:第一,课题组开展了大量的文献研究,了解国内外教学点信息化演进的大体阶段和逻辑。第二,与教学点信息化管理相关人员,包括各省(区)、市、县教育信息化管理部门取得联系,获得教学点信息化视频资料、文件文档、管理记录、宣传报道等第一手资料。第三,对教学点信息化管理相关人员进行正式和非正式的访谈,从管理者的角度了解教学点信息化演进的过程、问题及创新之处。

二 与调查对象沟通

课题组在守门人的允许下，征得教师的同意，被允许进入教学点进行调研交流。课题组负责人在新冠疫情防控允许的范围内带领课题组成员进入教学点。课题组利用观察、非正式访谈、随机听课等形式，尽可能地观察和访谈到真实、全面的情况。课题组在田野调查中作为旁观者进行观察，以此提高研究的效度。

三 研究目的与计划透露

课题组在进入现场后，必须考虑计划中所包含的信息。在研究初始，课题组将研究目的和计划透露给守门人，之后逐渐透露给利用信息技术开展教学的教师。笔者与调查对象建立了密切的联系，在课堂内外进行正式和非正式访谈、观察等了解不同阶段教学点信息化演变的相关问题。

第三节 建立关系

在田野调查中，课题组与调查对象建立了密切联系。课题组在进入现场后，通过帮助教学点教师解决一些技术问题，和教师们探讨教学中的困惑及问题等，与教学点校长、教师及学生建立了良好的研究关系。这为研究获取丰富、可靠的一手资料提供了便利条件。

一 获取关键信息人

课题组在获取资料的过程中，关键信息人将起到重要作用。首先需要考虑的就是关键信息人的选取。当地教育局信息化管理人员、中心校校长、教学点校长具有信息化建设和管理经验，他们有能力胜任关键信息人这一角色。这三类管理人员是教学点信息化的管理者、规划者和引领者，总体规划教学点教育信息化发展，将为本书提供重要的信息线索。因此，课题组选取这三类人员作为关键信息人。

二 捕捉重要线索人

重要线索人与关键信息人相比，他们在态度上更加开明、包容、积极。他们了解整个学校的具体情况，直接参与教育教学、教研等活动，被校长委以重任，指导和引领学校的信息化教育教学工作。一般学校都有信息技术主任，但是教学点教师人数少，缺乏专门的信息技术教师，因此一般由信息技术素养较好、应用能力较强的教师担任，我们在这里称其为"信息技术能手"。他们掌握着学校的第一手信息资料，担负着教学点信息技术教学及推动学校信息化发展的任务，对教学点信息化有一定的认识。

课题组通过为教学点提供技术服务、参与信息技术咨询、参与教研等活动与"信息技术能手"建立起良好的关系，在相互交流的过程中，他们经常为课题组提供田野地点观察和访谈信息。此外，他们还提供了教学点信息化规划、教学、教研等内部资料。

第四节 搜集资料的具体方法

一 历史研究法

教学点信息化演进属于历史的范畴，是对已发生和正在进行的过程的处理，因此需要采取历史研究法。历史研究是建立在信息基础上的对过去的描述、分析和解释的系统过程，这些信息来自与研究主题相关的材料。[1] 在很大程度上，历史研究被认为是质性研究，虽然定量的方法也在使用。因为研究者使用了大量的质性材料、逻辑推理和归纳。解释是历史研究的核心。从对过去的精确描述中获得对过去的理解和意义解释，并为得出结论和形成扎根理论提供视角。

历史研究的资料是通过文献或其他资料获得的，这就需要研究者对

---

[1] [美]威廉·维尔斯曼：《教育研究方法导论》，袁振国主译，教育科学出版社1997年版，第278页。

相关材料存在高度敏感。获取重要的历史资料是非常必要的，资料通常包括专业期刊、管理文件、文件批示、公开报告、报道、有组织的会议记录等。信息不是唯一的资料来源，物质的遗迹和物体本身也是重要的资料来源，信息可以通过口头媒介，如录音、重要讲话，以及其他视听觉媒体，如设备捐赠会、培训和讲座录像等加以记录。收集的历史资料往往在穷尽所有资料后才能组织起来并解释问题，因此资料收集和解释贯穿于整个研究过程中。

本书对历史研究法的应用经历了四步：第一步，根据研究问题，初步选择收集历史资料的范围。本书的问题是"西北农村教学点信息化演进"，因西北地区教学点信息化起步于20世纪90年代，因此确定历史资料的范围为20世纪90年代教学点信息化起步至今，按照目的性抽样得到的西北五省（区）所有信息化材料，包括信息化设备、通过各种途径收集的西北五省（区）教学点信息化的工作汇报材料、应用工作资料汇编、视音频材料、报告、报道等。第二步，收集和评价原始材料。尽可能收集第一手资料，并采用外部和内容评价对材料进行评价。外部评价评估资料的效度，它要回答"资料真实、可靠吗？""资料在哪里产生的？什么时候产生的？是谁记录的？"内在评价评估资料的意义、准确度和可信度。第三步，对材料中的信息进行综合。对经过内部评价和外部评价的信息，按照某种逻辑或线索进行分类、综合，使其形成有逻辑的证据链。第四步，分析、解释、形成结论。对信息进行分析，对研究问题做出解释，并基于证据链形成合理的结论。

二 教育叙事

文献越是私人的、地方的、非官方的，就越是难以幸存的。在研究历史发展、重构社会记忆时，口述史具有明显的优势。口述史是以录音访谈的方式搜索口传记忆以及具有历史意义的个人观点。[1]通过搜集和

---

[1] ［美］唐纳德·里奇：《大家来做口述历史：实务指南》，王芝芝、姚力译，当代中国出版社2006年版，第2页。

使用当事人或知情人口头史料来理解历史、唤醒社会记忆。它的基本方法就是调查访问，采用自述、手记、整理和分析验证相结合的方式收集资料，经与文字档案核实，整理成文字手稿。那些被遗忘的教育事件、被忽略的教育声音和生动的教育实践活动，也是值得记录、分析的教育生活世界。[①] 借助口述史再现教育情况，能够破除师生之间、代际之间、教育结构和外部世界之间的障碍。

本书因要考察教学点信息化演进的历程，因此在记录档案资料的基础上，对信息化发展各阶段有着重大参与、记忆的当事人或知情人进行口述史访谈，记录对教学点发展有重要影响的关键事件、重要线索、个人或群体记忆。

三 深度访谈法

深度访谈是在深入接触调查对象的前提下，获得田野调查所需的第一手资料。课题组对管理者、教师、学生进行了半开放式和开放式的深度访谈，并不断深化对教学点信息化演进相关问题的理解。

从2018年9月到2023年4月，课题组先后走访、深度调查了宁夏同心县、海原县、彭阳县、泾源县、红寺堡区、盐池县、西吉县，陕西省蓝田县、佛坪县、周至县，甘肃省会宁县、东乡县，青海互助土家自治县、玉树县，新疆阿尔泰地区、和田地区、于田县等教学点，以座谈、非正式深度访谈的形式收集了大量的第一手资料，为本书提供了充分的研究论据。

在最初进入田野时，课题组与教学点校长、教师始终保持着友好的交流与互动，消除他们的疑虑心理，让他们更加主动地向笔者表达观点。在与调查对象的相互讨论中，总结教学点信息化研究过程中的创新点、问题和困境、发展路径等。课题组在征得访谈对象的同意后，采用录音记录等方式进行访谈。在访谈中笔者认真倾听访谈对象的发言，理性分

[①] 周洪宇、刘来兵：《教育口述史研究：内涵、形态与价值》，《现代教育管理》2018年第11期。

析访谈内容。在访谈结束后，笔者及时誊写文本，撰写田野日记。反复研读、核对访谈笔记及其他资料，记录每次研读后的感受。

四 扎根理论

观察是质性研究中收集资料的一种重要方法。观察不仅是人的感官直接感知事物的一个过程，也是人的大脑积极思考的过程[①]。观察包括非参与式观察和参与式观察两种形式。非参与式观察是作为局外人的身份进行的观察。参与式观察是研究人员与研究对象长期处在同一环境中，进行实时深入地沟通，探究调查对象的言语行为及更深层的现象。在研究过程中，教学点校长、教师、学生逐渐认可课题组的研究和角色，对课题组逐渐吐露真实想法，随着研究的不断推进，研究也由非参与式观察逐渐过渡到了参与式观察。

五 实物搜集法

在田野调查过程中，课题组在教师办公室、教室、档案资料室等各种场合，在征得管理人员、教师同意的情况下，利用手机拍摄获得实物影像，为分析各个历史阶段教学点信息化发展提供了重要资料。研究中获得的实物种类包括：教学资源播放设备，如 DVD、电视机、计算机；卫星信号接收设备，如卫星接收天线（接收锅）；多媒体设备，如视频展台。还包括教师的教案、教师课堂教学视频等。课题组以照片、视频等方式记录这些实物，确保获取资料的完整性，为本书的信息化演变历程分析做史料补充。

六 问卷调查法

在进行大量田野调查的基础上，为了全面了解教学点信息化建设和应用情况，设计了调查问卷（见附录二），围绕"教学点基本信息、教学点信息化演进阶段及其应用情况、教师和学生基本情况、信息化教学

[①] 赵慕熹：《教育科研方法》，北京教育出版社1991年版，第44页。

设施设备和信息化教学资源和教学平台"五个方面进行问卷调查,并对调查结果进行简单的数理统计和分析。

第五节 研究的信度与效度

一 研究的信度

研究信度是指研究结果的可重复性。质的研究中的研究情景具有不可再现性,针对同一问题,即使在同一时间、同一地点、同一情景中,研究结果也可能因研究者不同而不同。另外,质性研究中的研究者个人就是研究工具,研究者的价值偏好、性格、性别、年龄、家庭背景、成长经历、研究者与被研究者的关系等因素都会影响研究过程和结果。因此目前大多数质的研究者基本上达成了一个共识:在质的研究中不考虑信度问题。[1] 在本书中,笔者通过不断反思和反省,及时调整研究的概念框架,排除脑海中先入为主的认识,深入调研,小心求证,尽可能得出合理化的结论。

二 研究的效度

效度即研究结果的可靠性,即研究的结果是否反映了研究对象的真实情况。效度是基于后实证主义对研究结果"真实性"的考量,一般用来评价质性研究中研究报告与实际研究的相符程度。质的研究不像量的研究那样追求"客观现实"的"真实性",而是研究者"看到"和"理解"事物的真实,他们看待事物的角度和方式以及研究关系对理解这一"真实"所发挥的作用。研究的效度分为描述性效度、解释性效度、理论性效度和评价性效度。[2]

描述性效度指研究者对所观察事物或现象进行描述的准确程度。描述性效度取决于两方面因素:一是所描述现象或事物是具体的;二是描

---

[1] 陈向明:《质的研究方法与社会科学研究》,教育科学出版社2000年版,第100页。
[2] 陈向明:《质的研究方法与社会科学研究》,教育科学出版社2000年版,第391页。

述时要做到客观、公正。在做记录或描述时,有时记录的信息不完整或来不及记录,或者有意无意地忽略一些我们认为不重要的信息,这些都会影响研究的描述性效度。本书采取先录音后誊写,录制部分视频再参照核对等措施来提升描述的准确性,采取"相关检验法""参与者检验法"和"证伪法"提升研究的描述性效度。

解释性效度指研究者能否准确解释所收集的资料和信息。质性研究是一种研究者与被研究者的"主体间"关系,研究者必须深入被研究者所处的情景,站到被研究者的角度理解他们认识和构建意义的方式。通过对所收集的信息进行推论,研究者尽最大努力理解当事人所使用的语言及其含义,从一手资料中生成"本土性概念"。本土性概念应具有一定的解释力和概括性。形成本土性概念是解释性效度的关键。本书通过相关检验法与反馈检验法提升解释性效度。

理论性效度指研究所依据的理论及研究中所建构的理论是否反映了研究现象。本书所依据的理论框架是课题组经过大量阅读文献、集体反复研讨确定的。研究所建构的理论包括两类:一类是形成概念,如"教学点主体地位缺失""终被撤销的命运""集群式发展""抱团取暖"等;二是对概念进行逐级编码,形成概念之间的关系,并最终形成扎根理论。在构建扎根理论的过程中,由课题组两位有一定研究水准和研究经验的成员进行独立编码,这两位编码者的同意度为0.87(>0.7),这在一定程度上提升了本书的理论效度。

评价性效度指研究者对研究结果得出的评判是否合理。评价性效度的高低依赖于前三类效度,前三类效度的高低在一定程度上决定着评价性效度。本书采用专家反馈检验法提升评价性效度,即研究成文后请同行专家进行评阅并反馈意见。评价采用5级评分加评语的形式,其中5表示"很好"、4表示"较好"、3表示"一般"、2表示"较差"、1表示"很差"。评价结果均分为4.7分,说明研究的评价性效度较好,对研究结果的评判较为合理。

第四章 西北地区农村教学点信息化演进

西北地区农村教学点信息化演进经历了不同的发展阶段，每个阶段的信息化建设及应用水平都不同。从课堂教学的基本要素入手，提炼出课堂教学的核心要素及其内涵，确立教学点信息化演进的分析框架。依据分析框架，以时间发展为线索，将西北地区农村教学点信息化演进分为四个阶段，分析总结了每个阶段的建设和应用特点。依据教育信息化应用水平的不同，将西北地区农村教学点信息化应用分为四种水平，即信息技术辅助教学、优化教学、整合应用和深度融合应用。纵观教学点信息化演进的整个历程，发现其遵循着三种逻辑，即政策逻辑、理论逻辑和实践逻辑。进一步分析信息技术对教学点布局结构的影响及教学点信息化生存境遇，通过研究，提出教学点信息化发展的突围之策。

第一节 建立教学点信息化演进的分析框架

一 建立分析框架

在正式分析教学点信息化演进历程前，有必要确立一个分析框架。该框架包括一些关键因素、概念或变量及其之间假定的关系，这有助于我们厘清哪些变量是十分重要的，哪些关系是十分有意义的，以及应该搜集与分析哪些资料。该框架只是当前分析问题的参考框架，随着研究的展开及对研究问题的认识逐步深入，需对该框架做出相应的调整。参照该框架,课题组多个案例研究成员也能更加密切地协调所负责的资料搜集工作。

(一) 教学点课堂教学基本要素分析

信息技术对教学点的影响主要表现在教学和管理两方面。教学包括课堂教学和课外教学,对课堂教学的分析主要从课堂教学的基本要素入手。笔者梳理了课堂教学的相关论著,发现课堂教学包括教育目的、教学原则、教学目标、教师、学生、教学内容、教学策略(包括教学方法、教学组织形式、教学顺序、教学媒体)、教学环境八个因素(见表 4-1)。

表 4-1　　　　　　　经典教育论著中的教学要素分析

论著	时间(年)	学者	要素
教育学①	1950	凯洛夫	课堂教学(组织形式)、教师、班级授课制(教学组织形式)、教学原则、教学方法、教学内容
大教学论②	1984	夸美纽斯	教学目标、教学内容、教学原则、班级授课制(组织形式)、教学方法
教学论稿③	1985	王策三	教学目的和任务、教学内容、教学方法、教学手段、教学组织形式、教学效果检查
教学论④	1991	李秉德	学生、教学目标、教学内容、教学方法、教学组织形式、教学环境、教学反馈和教师
教育大辞典⑤	2001	顾明远	教师、学生、教学过程、教学原则、教学方法和教具、教学组织形式
教育哲学⑥	2002	石中英	教师、学生、教学活动、教学活动的"目标"、课程内容

---

① [苏] 凯洛夫:《教育学》,沈颖等译,人民教育出版社 1994 年版,第 73 页。
② [捷克] 夸美纽斯:《大教学论》,傅任敢译,教育科学出版社 2014 年版,第 64—78 页。
③ 王策三:《教学论稿》,人民教育出版社 2005 年版,第 83—99 页。
④ 李秉德:《教学论》,人民教育出版社 2001 年版,第 12—17 页。
⑤ 顾明远主编:《教育大辞典(简编本)》,上海教育出版社 1999 年版,第 185—186 页。
⑥ 石中英:《教育哲学》,北京师范大学出版社 2007 年版,第 157—161 页。

续表

论著	时间（年）	学者	要素
学校与社会·明日之学校①	2005	杜威	儿童、教师、方法、教材、学校
教学与发展②	2008	赞科夫	学生一般发展（教育目的）、教学方法、教学内容、教学原则
罗杰斯著作精粹③	2006	罗杰斯	学生为中心（学生）、教师是学习的促进者（教师）、对学习有促进作用的氛围（学习环境）
现代课程论④	2007	钟启泉	教师的活动、学生的活动、教材
维果茨基与教育⑤	2019	维果斯（茨）基	学生、教师、教材、支架、教学方法

  其中，"教育目的"和"教育原则"是更上位的概念，不应包括在课堂教学的基本要素之内。教学目标是课堂教学各要素综合作用的结果，这里就不将其作为基本要素了。最终得到课堂教学的五个核心要素，分别为教师、学生、教学内容、教学策略（包括教学方法、教学组织形式、教学媒体、教学顺序）、教学环境（见图4-1）。

  教师：课堂教学的组织者、引导者和实施者，教师的信息素养、信息技术应用能力决定着课堂教学的质量和效果。教师的信息技术应用能力主要通过国家先后两次信息技术应用能力提升工程及各级各类培训得以提升。教师的信息素养对学生的信息素养、教学资源应用、教学策略使用都有重要影响。

  学生：课堂教学就是以学生为主体的教学，学生是学习的主人。课

---

  ① [美] 约翰·杜威：《学校与社会·明日之学校》，赵祥麟译，人民教育出版社2005年版，第3—15页。
  ② [苏] 赞科夫：《教学与发展》，杜殿坤等译，人民教育出版社2008年版，第26—90页。
  ③ [美] 卡尔·R. 罗杰斯：《罗杰斯著作精粹》，刘毅、钟华译，中国人民大学出版社2018年版，第256—275页。
  ④ 钟启泉：《现代课程论》，上海教育出版社2006年版，第345—351页。
  ⑤ 毛齐明：《维果茨基与教育》，山西人民出版社2019年版，第38—39页。

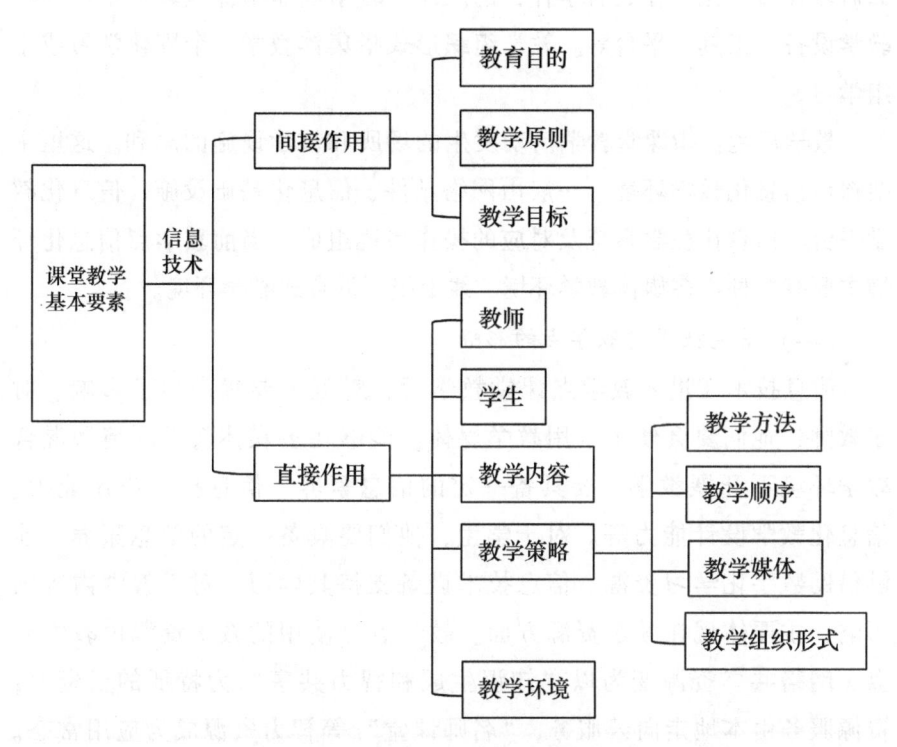

```
                        ┌─ 教育目的
            ┌─ 间接作用 ─┼─ 教学原则
            │           └─ 教学目标
课堂教学     │
基本要素 ─信息│          ┌─ 教师
        技术 │          ├─ 学生
            │          │              ┌─ 教学方法
            └─ 直接作用 ─┼─ 教学内容    ├─ 教学顺序
                       ├─ 教学策略 ───┼─ 教学媒体
                       │              └─ 教学组织形式
                       └─ 教学环境
```

图 4-1　教学点课堂教学基本要素

堂教学以落实核心素养为目标，学生在学习学科知识和技能的基础上，通过自主、探究、合作学习，养成正确的情感、态度、价值观。教学点的学生不仅生活在当下，而且要更好地面向未来社会，因此学生需要具备一定的信息素养。

教学内容：教学内容是学生学习的一切内容的总和，主要围绕学科课程来组织，内容形式包括纸质教材、电子教材、课件、动画、微课、微视频等。这些教学内容来源于各类教育资源网站、国家和省级教育云平台、国家中小学智慧教育云平台，也有一些本地或教学点开发的教学资料。

教学策略：教学策略包括教学方法、教学顺序、教学媒体和教学组织形式。教学方法指教师教的方式和学生学的方式。教学顺序指先教什么后教什么，先学什么后学什么的顺序。教学媒体指课堂教学中使用的教学设备、工具、平台等。教学组织形式指集体教学、个别化学习或小组学习。

教学环境：指课堂教学活动发生的场所和教学设施的总和。这里主要探讨信息化教学环境，一般由网络条件、信息化基础设施、信息化教学平台、信息化教学系统及对应的操作系统组成。当前教学点信息化环境主要有两种：多媒体教学环境、线上线下混合式教学环境。

（二）信息技术对教学点的影响

信息技术在进入教学点课堂教学后，对五个要素产生了影响。对于教师，他们要会使用常用教学媒体，能够在多媒体教学环境和混合教学环境下开展教学，要具备一定的信息素养、信息技术应用能力、信息化教学设计能力等。对于学生，他们要具备一定的信息素养，能够借助数字化学习资源、信息技术设备支持其学习。对于教学内容的影响，主要体现在教学资源方面。教学点可使用的教学资源由教学光盘、网络共享资源变为以"知识生成和智力共享"为特征的云资源；资源服务由本地走向云服务，"名师课堂"等智力资源成为应用常态。在教学策略方面，信息技术对教学顺序的影响不大，因此在分析时不考虑教学顺序问题。教学方法由传统的"传递—接受"法逐渐向讲授、案例教学、探究教学法等转变，学生借助信息技术，也能够开展一定程度的自主学习和探究学习。随着课堂由弱技术变为增强型技术课堂，教学媒体越来越丰富，包括希沃一体机、录播课系统、在线互动教学系统、同步课堂教学系统等。教学组织形式由传统班级教学延伸到网络教学与班级教学相融合。信息技术对课堂教学各要素的影响如图4-2所示。

经过深入调查发现，由于受学生信息素养、学生家庭信息技术设备等的限制，除了在疫情期间以外，教学点在课外教学中几乎不使用信息技术。信息技术在教学点的管理中发挥着一定的作用，包括工作通知、家校沟通、向管理部门填报各类数据等。本书在考察教学点信息化演进的过程时，以时间为线索，将信息化演进历程划分为几个阶

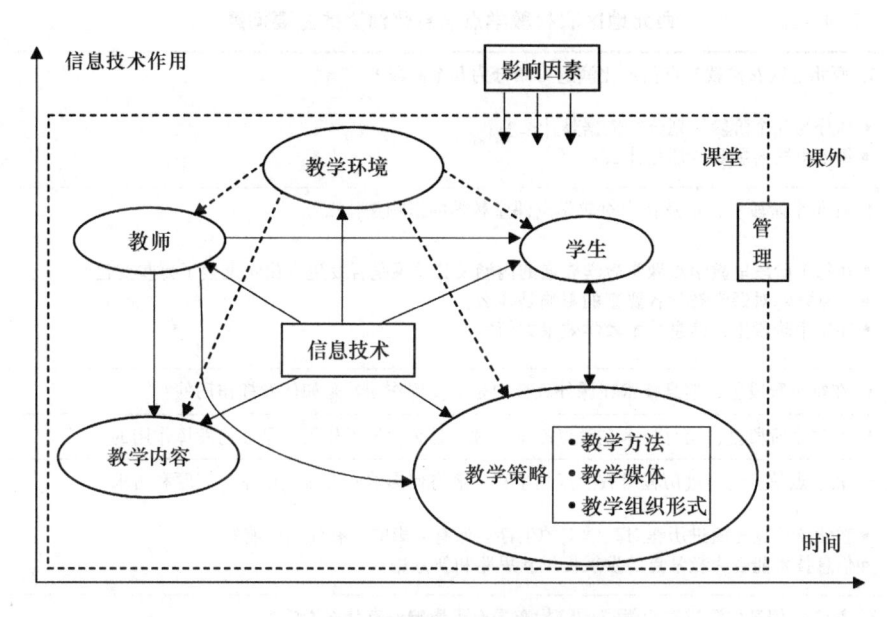

图 4-2 信息技术对教学点的影响

段，每个阶段运用系统化的思想，从课堂教学、教学点管理等方面着手，分析信息技术发展及其对各要素的影响。因此，图 4-2 中的要素及其关系，将是本书后续的分析框架。随着研究的深入，该框架将得到修正和完善。

二 细化研究问题

为了进一步明确研究方向，使上述理论框架能够指导本研究顺利开展，需要进一步细化研究问题。研究问题可以让理论上的预设更为清晰，也可以帮助我们厘清首先或最需要了解什么，进一步聚焦研究焦点和范围，还可以帮助我们思考研究中应该采用的资料搜集方式——观察、访谈、实物搜集、文件搜集或者问卷调查。由概念框架开始，引出研究问题，依据问题去寻找样本类型和方法。根据选题及前期论述，这里对研究问题进行细化，形成以下问题集，具体如表 4-2 所示。

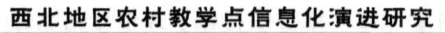

表4-2　　西北地区农村教学点信息化演进的主要问题

1. 西北地区农村教学点信息化演进可划分为几个阶段？
●划分为几个阶段，划分的依据是什么？ ●每个阶段的主要特征是什么？
2. 在每个阶段里，信息技术对教学点课堂教学的影响是什么？
●在每个阶段里教学点课堂教学要素的内涵及其关系是否发生变化？发生了哪些变化？ ●信息技术对课堂教学各要素的影响是什么？ ●在每个阶段里，信息技术教学效果如何？
3. 在每个阶段里，信息技术在课外教育中是否发挥作用？是如何发挥作用的？
4. 在每个阶段里，信息技术在教育教学管理中是否发挥了作用？是如何发挥作用的？
5. 教学点信息化演进历程对教学点的生存境遇有何影响？有哪些困难、问题和需求？
●教学点信息化演进历程对教学点的生存境遇有无影响？有什么影响？ ●信息技术能否为教学点的发展提供新思路和新方法？
6. 教学点信息化演进对教学点的结构布局有无影响？有什么影响？
7. 西北地区教学点信息化演进中的内外部动因有哪些？它们是如何发挥作用的？
8. 从教学点的信息化演进中我们可以建构哪些扎根理论？

这些问题为我们开展研究提供了大体思路和前期准备。但它也只是一个参考问题清单，不能因此僵化了我们的思维。在开展具体研究时，还要不断反思这些问题：这些问题是否存在？哪些问题产生了真正的影响？哪些问题需要修正？还有哪些问题需要补充？等等。随着这些问题的日益清晰，搜集田野资料的多名研究者才能更加密切地给予配合，跨个案研究才更可行。

第二节　　教学点信息化演进阶段

教学点信息化演进是个动态发展的过程，对教学点信息化演进过程进行阶段划分，是理解教学点信息化演进历程及其特点的前提。在对教学点信息化演进过程进行阶段划分时，主要考虑了三个方面：一是教学点信息化发展的时间线索，参考时间线索来划分；二是影响教学点发展的重要内外部事件,如国家重要的信息化政策的颁布、信息化项目工程的实施及农村薄弱学校改造计划行动等;三是教学点在信息化建设和应用方面所表现出来的显著特征。在进行具体阶段划分时,综合考虑了这三个方面。近三十年教学点信息化相关政策法规、重要项目和行动等如图4-3所示。

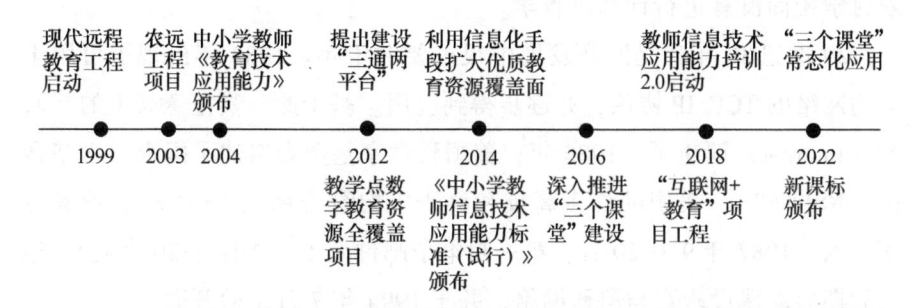

图4-3 近三十年教学点信息化重要政策、项目和行动

由于教学点信息化演进过程是个历史范畴,具有历史性和不可再现性,因此在对教学点信息化演进过程进行划分时,主要通过三种途径考察历史史料:一是从相关信息化政策文件和文献资料中加以考察;二是通过关键人物的讲述加以考察;三是通过查阅重要文档、考察实物等史料进行考证。通过这三条途径,将教学点信息化演进过程分为四个阶段,即信息化起步阶段(2003年以前)、信息化基础建设大发展阶段(2003—2011年)、信息化应用水平大力提升阶段(2012—2017年)、特色教育信息化发展阶段(2018年以来)。

一 教学点信息化起步阶段(2003年以前):从无到有,朴素的信息技术应用

(一)时代和教育信息化背景

1. 国内计算机教学起步

改革开放以后,中国信息化从计算机教学(1978—1990年)开始起步。20世纪80年代初,微型计算机(简称"微机")刚刚出现,只有少

数学校配备了计算机。20世纪80年代中期，很多学校在计算机设备上经历从无到有的突破。据1986年初的统计，全国有3319所中小学校共拥有微机33950台。其中苹果机9997台，COMX-35型机8580台，LASER微机11200台。① 这一阶段的信息化主要是计算机教学，但计算机教学只能覆盖少数人群，通常是大城市的重点学校才开展计算机教学，农村学校尚没有进行计算机教学。

20世纪80年代是网络发展中很重要的十年。1983年出现了可用于异构网络的TCP/IP协议，并逐步得到应用。基于此，真正意义上的互联网（Internet）诞生了。1985年，美国科学家基金会组建了国家科学基金网（NSFNET），美国的许多高校和科研机构纷纷加入NSFNET，使其迅速扩大。1987年9月20日，第一封电子邮件发出。中国于20世纪80年代后期启动建设教育与科研网络，并于1994年7月试验开通。

20世纪80年代初，中国的中小学计算机教育刚刚起步，只有极少数实验学校作为选修课开设。还有一部分有条件的学校在校内或校外（少年宫）开展计算机科技活动。1984年，邓小平在上海考察时说："计算机的普及，要从娃娃抓起。"这句高瞻远瞩的话具有很强的政策指导意义，是在当时历史条件下推动中国计算机教育发展的直接动力。自此拉开了中国中小学开展计算机教育的序幕。1984年5月28日，教育部发出中小学进行计算机教育试点工作的通知。同年6月，教育部拨款20万元购置300台计算机及配套设备，装备30所小学作为试验点。② 中国的计算机教育在1984—1986年掀起了发展高潮：开展计算机教育的学校由1982年底的19所增加到3319所，全国中学配备的计算机由150台增加到33950台。③

2. 农村现代远程项目开始启动并试点

进入20世纪90年代，随着计算机的普及以及计算机性能的提升，

---

① 陈绮：《中学计算机教育文选》，光明日报出版社1987年版，第54页。
② 黄荣怀、王运武等：《中国教育改革40年：教育信息化》，科学出版社2019年版，第32页。
③ 邓立言等：《纵论教育信息化历程》，《信息技术教育》2004年第12期。

计算机逐渐成为重要的教学媒体，在辅助教学和教育管理中发挥着越来越重要的作用。国家有关部门资助开展了"电化教育促进中小学教学优化""小学语文'思结合'教学改革"实践项目，以及在全国中小学范围内首批确定建设 1000 所"现代教育技术实验学校"[①]等实践探索活动。教育技术在教育教学中的作用日益凸显。现代教育技术逐渐成为教育改革的"制高点"和"突破口"。

20 世纪 90 年代是持续推进教育改革、促进教育全面发展的历史时期。1992 年 9 月，江泽民同志在中国共产党第十四次全国代表大会的讲话中指出：阶级进步、经济繁荣和社会发展，主要取决于劳动者的素质，培养大批人才。要把教育放在优先发展的地位，各级政府要增加教育投入，鼓励多渠道、多形式的社会集资办学和民间办学。……努力提高全民族的思想道德和科学文化水平，这是实现中国教育现代化的大计。为了实现党的十四大确定的战略任务，指导中国 21 世纪初的教学改革，《中国教育改革和发展纲要》指出："积极发展广播电视教育和学校电化教学推广运用现代化教学手段。要抓好教育卫星电视和播放网点的建设，到本世纪末，基本建成全国教育电教网络，覆盖大多数乡镇和边远地区。"[②] 这是国家首次提出要在全国建立教育网络，尤其是要覆盖大多数乡镇和边远地区，这对于以后几十年广大农村地区教育信息化建设具有深远意义。

1998 年，教育部部长陈至立提出各类学校应加强现代教育技术的研究和实践，深刻认识现代教育技术在教育教学中的重要地位；并多次强调要把现代教育技术与各学科的整合作为深化教育改革的"制高点"和"突破口"。1999 年，教育部颁布了《关于发展我国现代远程教育的意见》《关于启动现代远程教育第一批普通高校试点工作的几点意见》《教育部关于进一步加强中小学教育技术装备工作的意见》等一系列重要文

[①] 黄荣怀、王运武等：《中国教育改革 40 年：教育信息化》，科学出版社 2019 年版，第 41 页。

[②] 中国教育网：《中国教育改革和发展纲要》（https：//www.edu.cn/zhong_ guo_ jiao_ yu/zheng_ ce_ gs_ gui/zheng_ ce_ wen_ jian/zong_ he/201007/t20100719_ 497964_ 4.shtml）。

件。至此，农村现代远程教育项目正式启动。

3."校校通"工程加速了学校信息化进程

进入21世纪，世界各国都非常重视教育信息化建设，把信息技术作为变革教育的重要理论。中国大力推进教育信息化，积极推进信息化基础设施建设，全面普及中小学信息技术教育，师生亟须提升信息技术应用能力。"校校通"工程加速了学校信息化进程，教育技术促进了现代远程教育的全面发展。学校教育信息化迎来了黄金发展期。

为了迎接新世纪的信息化浪潮，教育部在《面向21世纪教育振兴行动计划》中提出"实施现代远程教育工程"，形成开放式教育网络，构建终身学习体系；并且提出"2000年，争取使全国农村绝大多数中小学都能接收教育电视。要运用优秀师资力量和现代教育手段，把教育电视节目办好，重点满足边远、海岛、深山、林牧等地区的教育需求"的奋斗目标。自此，中国的现代远程教育工作开始全面启动。

根据经济社会发展"十五"计划和中国基础教育开展信息技术教育的迫切性，2000年，教育部颁布了在全国普及信息技术教育的三个文件：《关于在中小学普及信息技术教育的通知》《关于在中小学实施"校校通"工程的通知》和《关于印发〈中小学信息技术课程指导纲要（试行）〉的通知》。通过"校校通"工程，开展中小学信息技术教育，推动教育信息化建设进程。"校校通"工程的目标是，用5—10年时间，使全国90%左右的独立建制的中小学校能够上网，使中小学师生都能共享网上教育资源，提高中小学的教育教学质量。"校校通"倡导中小学校因地制宜，采用多种手段和形式，将学校与学校的信息交流渠道联通，用较低的成本获得丰富而优质的教学资源和课程，最终实现资源共享。"校校通"工程深层次的目的是在思想观念上，促进教师"教"、学生"学"及学校"管"的根本变革，用信息化加速推动基础教育的现代化。

2001年2月24日，教育部现代远程扶贫示范项目、李嘉诚基金会西部中小学现代远程教育项目（简称"教育部—李嘉诚基金会西部中小学现代远程教育项目"）启动仪式在贵州举行。① 由教育部和李嘉诚基金会共同资助的"教育部现代远程教育扶贫示范工程"和"李嘉诚基金会西部中小学现代远程教育项目"正式合并实施。② 该项目旨在通过应用现代远程教育技术，共享优质教育资源，弥补西部地区教育资源短缺的不足。该项目的建设目标是在中国西部地区部分国家级贫困县中小学建立10000个教学示范点，利用先进的现代远程教育技术手段，探索一种西部地区基础教育跨越式发展的新模式。截至2003年，中央电教馆和16个省、自治区、直辖市电教馆共同完成了"教育部现代远程教育扶贫示范工程项目"和"李嘉诚基金会西部中小学现代远程教育项目"10000个教学示范点的建设任务。③

4. "明天女教师培训计划"

2000年，教育部设立了远程教育扶贫项目——明天女教师培训计划。该项目由香港周凯旋基金会资助，教育部电化教育办公室、中央广播电视大学联合实施。它自2000年1月开始实施，于11月28日结项。在这10个月的时间里，该项目在北京共进行了16期关于"计算机和网络培训"的课程，共有960名来自广西、云南、甘肃、陕西、四川五省（区）的边远农村贫困地区的女教师结业，之后，该项目持续进行，越来越多的贫困地区女教师由此走上现代教育技术平台。④

参与该项目培训的学员许多是回族、壮族、傣族、藏族等少数民族，生长并工作于偏僻的遥远乡村，她们几乎从未见过计算机，更别说上网使用计算机了，甚至在她们所在地区能够收看有线电视和卫星电视的学校都少之又少。在培训课程开始之前，中央电大对学员进行了细致的入学调查，根据她们的学历、年龄、教龄等详细数据选择合适的培训教材，

---

① 阿伦娜：《中国电化教育（教育技术）年表》（二），《电化教育研究》2006年第12期。
② 黄荣怀、王运武等：《中国教育改革40年：教育信息化》，科学出版社2019年版，第110页。
③ 朱广艳、李馨：《认清形势 抓住机遇 继续推进基础教育信息化支持服务体系建设——2004年全国电化教育馆馆长会议综述》，《中国电化教育》2004年第4期。
④ 赵向华：《希望的种子——"明天女教师培训计划"纪实》，《中国远程教育》2001年第1期。

她们的主要学习内容为"计算机基本知识、网络基本知识、Windows 98、OFFICE 2000 中的 Word、Excel 和 Powerpoint、Internet 基础、Internet 浏览器、电子邮件、网页制作、VBI 电视接收技术,多媒体课件辅助教学技术"①。通过学习,学员要熟悉计算机基本知识及操作,可以处理简单的计算机故障,能够根据上课的需要制作课件及多媒体教材。在培训结束后,教育部还为每位学成归去的学员配套了一台计算机、一台打印机、一台卫星接收机、一台卫星天线锅、一块 VBI 接收卡等设备②,让她们带回所在乡镇,运用所学知识为提高家乡教育水平服务。

开展"明天女教师培训计划",不仅为偏远地区女教师带去了新的教育技术与教育理念,而且为西部贫困地区中小学带去了现代教育资源与现代信息意识,为解决"数字鸿沟"、推动乡村教育发展迈出具有里程碑意义的一步。

"明天女教师培训计划"为农村偏远地区带去了现代教育人才与先进的教育理念。运用教育技术支持教学,为教育方式提供了新的思路与技术支持,在提升学生学习兴趣的同时,提高了老师的教学效率。更重要的是,远程教育发展理念在闭塞的山区土壤上开出了创新的科技之花,为农村教学发展提供了新思路。该计划为农村地区带去了先进的教育技术与资源,在为学员提供计算机及网络知识的基础上,教育部还为学员所在的乡镇提供了计算机、打印机、卫星接收机、卫星天线锅、VBI 接收卡等设备资源,并持续关注支持偏远农村的资源建设。据 1999—2000 年《面向 21 世纪教育振兴行动计划——现代远程教育工程项目进展报告》,"全国远程教育部分办学点联网(扶贫项目)"项目总经费为 8000 万元,其中用于"现代远程教育扶贫示范工程"的经费为 7600 万元。③"明天女教师培训计划"为国家农村远程教育发展奠定了基础,运用现

---

① 赵向华:《希望的种子——"明天女教师培训计划"纪实》,《中国远程教育》2001 年第 1 期。

② 赵向华:《希望的种子——"明天女教师培训计划"纪实》,《中国远程教育》2001 年第 1 期。

③ 《〈面向 21 世纪教育振兴行动计划〉"现代远程教育工程"项目进展报告》,中华人民共和国教育部(http://www.moe.gov.cn/srcsite/A16/s7062/200309/t20030910_82288.html)。

代教育技术教学弥补农村教学资源短缺的劣势，为农村落后教育带去更多的教育发展机会。

（二）这一阶段教学点信息化建设和应用的特点

1. 初现但尚不健全的信息化教学环境

2003年以前，全国教育信息化如火如荼地开展着。中小学开展了信息技术课程教育教学，基础设施取得了一定的建设和应用，一部分试点校率先实现了校校通。教学点信息化也实现了从无到有。西部地区教学点信息化得益于一些基础教育援助项目的大力扶持，主要包括教育部现代远程教育扶贫示范工程项目、李嘉诚基金会西部中小学现代远程教育项目、中欧甘肃基础教育项目、联合国发展计划署（2003—2009）"利用ICT技术提高西部地区教师质量"（UNDP430）项目、中国和联合国儿童基金会远程教育项目等影响较大的远程教育项目。

中欧甘肃基础教育项目是旨在帮助甘肃省在贫困地区实施九年义务教育的双边合作项目。该项目覆盖了甘肃中东部41个国家级贫困县，支持实施教育改革，提高教师的素质与工作效率，改变教师的教学行为，提高儿童学习的主动性与教学质量。该项目总投资为1700万欧元，其中，欧方投资1500万欧元，中方投资200万元欧元，主要用于如下方面：（1）支持和提高基础教育质量，对430名小学和1210名初中教师进行学历培训；建立686个教师学习资源中心，对7.2万名教师进行校本培训，为686所学校配备教辅读物。（2）加强机构建设，为市、县两级教育管理部门配备102套计算机和打印机等设备；对8900名校长进行培训；对230名教育行政部门的管理人员进行培训。③建立检测评估系统，开发计算机检测管理服务系统，进行校本调查和评估。[①] 该项目于2001年10月于兰州启动，经过五年时间建设，于2006年12月结束。该项目的主要特点是利用信息资源，促进教师发展，关注贫困地区，体现教育公平。注重人力资源发展，将资金用于教师专业发展、校长能力发展、教育管理人员水平提升及帮助贫困学生完成学业。探索建立以教

[①] 张天福、尤农：《中欧甘肃基础教育项目成果喜人》，《甘肃教育》2005年第11期。

师学习资源中心为平台，以教师自主学习为主体，以信息技术支持校本培训。

依托县培训部门和乡中心小学建立的县乡两级教师学习资源中心很重要，通过为教师配备计算机网络学习系统、卫星电视教育系统、音像资料、图书等，使教师在中心自主学习、共享资源、交流经验。该项目为每个乡教师学习资源中心配备了一套卫星接收设备、一个调制解调器、两台计算机、一台打印机、一台电视机、一台录像机、一台 VCD、一台数码照相机和光盘刻录机及一些必要设施。

2002 年 12 月启动的中国—联合国发展计划署 430（UNDP430）项目，旨在对中国西部甘肃、四川、云南三省选定的九个贫困县农村社区的 20000 名在职教师开展高质量的远距离教师培训。① 通过县乡资源中心天网和 Internet 宽带网、IP 数据及农牧民实用技术信息，利用投影仪、DVD 等播放设备，为全体教师搭建了一个集学习、研讨、交流和合作于一体的平台。

教育部—李嘉诚基金会西部中小学现代远程教育项目于 2011 年正式启动，该项目旨在通过应用现代远程教育技术，共享优质教育资源，弥补西部地区教育资源短缺的问题。该项目的建设目标是在中国西部地区部分国家级贫困县中小学建立 10000 个教学示范点，利用先进的现代远程教育技术手段，探索一种西部地区基础教育跨越式发展的新模式。

中国和联合国儿童基金会远程教育项目是中国和联合国儿童基金会合作教育项目框架内的子项目。该项目是在教育部指导下由中央电化教育馆负责（简称"中央电教馆"）整个项目的设计、规划、组织实施与管理，相关地区电教馆负责所属地区项目学校或合作伙伴学校的组织管理。该项目旨在解决东西部教育资源不平衡的问题，运用现代远程教育的手段弥补东西部数字鸿沟。该项目在 2000 年以前以援助硬件设施和部

---

① 鲍广场：《基于 VPN 的远程教育网络设计》，硕士学位论文，西北师范大学，2008 年，第 1 页。

分教学资源为主，如向全国范围内约 200 多个县提供了大量的卫星接收与电视设备、录像机录像带等。①

2003 年以前，有些学校同时受中国和联合国儿童基金会远程教育项目与"李嘉诚基金会西部中小学现代远程教育"的资助，取得了较好的建设和应用效果。这可以从当年宁夏和新疆两自治区的两份经验交流中看出。

一是宁夏固原市原州区"中国—联合国儿基会远程教育项目工程经验交流"②。

> 宁夏固原市原州区于 2002 年被教育部确定为"教育部—李嘉诚基金会西部中小学现代远程教育"项目县（区），同时也被确定为儿基会项目县（区）。设施设备是项目开展的基础，原州区多渠道争取资金，积极建设基础设施。争取项目为 106 所学校配发卫星宽带接收系统设备，教育主管部门基础资金为 106 所项目校配备了电视机和 VCD。投资 70 多万元，购置计算机、数字投影仪等硬件设备，建成了教师信息技术培训基地。依托固原市政务信息平台建成了固原教育网站。投资 830 多万元，在原州区二中、黑城镇等乡（校）建成网络教室 35 个，多媒体教室 15 个。中央党校和自治区教育厅共同投资 150 万元，为头营镇安装建成 11 个 C 级地面接收站和 13 个远程教育接收点，各农村中小学现代远程教育项目的实施，为宁夏中小学共建计算机网络教室 58 个，卫星地面接收站 288 个，光盘教学点 105 个。

二是新疆昌吉回族自治州木垒哈萨克自治县"中国—联合国儿基会远程教育项目工程经验交流"③。

---

① 冯琳：《消除数字鸿沟 促进教育均衡化发展——联合国儿童基金会与中国合作远程教育项目访谈综述》，《中国远程教育》2009 年第 10 期。

② 《中国—联合国儿童基金会远程教育项目交流材料》，固原市原州区教育局（https：//www.docin.com/p-9385665.html）。

③ 《实施项目重实效 通过培训促发展——新疆实施中国—联合国儿童基金会远程教育项目工作总结》，新疆电化教育馆（https：//www.docin.com/p-267095276.html）。

新疆昌吉回族自治州木垒哈萨克自治县于2001年同时承担了教育部、李嘉诚基金会西部中小学现代远程教育扶贫示范项目和中国—联合国儿童基金会远程教育项目。鉴于这两个项目工程实施目标的一致性，我们将这两个项目结合起来，采取互为补充的方式组织实施。实践证明，项目实施是成功的。这两个项目工程在全县共设置了25个项目学校，占学校总数的50%以上，其中10个是中国—联合国儿童基金会远程教育项目学校。自2001年实施儿基会项目以来，经过三年时间建设，全县10所儿基会项目学校（包括其他15所项目学校），都已经能够做到根据本地本校实际情况，充分利用项目设备接收的"中国教育卫星宽带网"和"新疆教育宽带网"播发的教学资源和项目配发的教学光盘，将下载和配发的资源有计划地分类纳入学校远程教育信息资源库，组织开展丰富多彩的教学科研活动，举办了小学生PowerPoint作品评选活动等。

该项目学校中木垒县英格堡乡A小学的马老师在"山沟沟里的'锅'——感谢'远程教育工程'的给予"中写道：

2002年9月，使人兴奋的日子，菜子沟小学的院子里，立起了一个白色的"锅"——教育部、李嘉诚基金会现代远程教育扶贫示范工程卫星接收设备。

"远程教育工程"的"锅"，似一缕和煦的春风吹进了这个偏僻的小山沟；似一束柔和的阳光给这里的人们带来了温暖；又似一溪甘冽的清泉给这里的人们注入了新的活力。

"同步课堂"及时地为教师们提供着最新最需要的食粮。屏幕上教师的语言表达、教师的眼神表情、教师的一举一动都给了我们许多启发，这些看得见听得到的实实在在的示范，让我们进行着新的思考，使我们驾驭课堂的水平不断提高。

…………

第四章 西北地区农村教学点信息化演进

这一阶段的教学点信息化环境建设主要依靠教育部及一些外援信息化项目的大力资助。但是这些项目学校一般设立在欠发达地区的乡镇中心小学或完全小学。虽然这些乡镇中心小学或完全小学的教学效果能够辐射到教学点,但是这个阶段教学点信息化方面能够得到的资助并不多,教学点孩子的学习环境虽然有所改善,但是分布很不均衡。信息化教学环境初现但尚不健全,教学点信息化设备也很简陋。在调研中发现,一些以前由完全小学转为教学点的学校,它们的信息化基础条件明显要好一些,起步要早一些。当问及学校信息化始于何时的时候,一些年龄较长、教龄比较长的管理人员、教学点校长、教师表示,学校的信息化建设最早始于李嘉诚远程教育项目,当时的一些信息化设备主要是电脑、卫星信号接收"锅"。这些接收锅已经不用了,但是有些电脑还在使用,放在学生机房,供学生熟悉电脑、练练字。

2. 教师在信息技术摸索应用中成长

这一时期教育部和外援项目对一些中小学管理人员和教师进行了大量培训。中欧甘肃基础教育项目中的教师学习资源中心(TLRC)在建设硬件的同时,注重人力资源的开发。教师学习资源中心是中欧甘肃基础教育项目的创举,该项目在甘肃41个县建立了686个教师学习资源中心,成为农村教师专业发展的重要组织。甘肃通渭县榜罗教师学习资源中心就是其中之一。[①] 该资源中心加强资源管理,进行天网、地网、人网的整合,使各个教学点可利用光盘播放系统播放由一、二级资源中心提供的教育教学信息,加快信息传播速度,拓宽信息传播渠道。榜罗小学教师学习资源中心利用卫星接收系统,搜集学习资源、教改事例;利用网络查阅资料、下载课件;利用光盘传播信息、共享资源;组织教师讨论交流、转变观念。学校制定了中心教师培训规划和教师专业发展计划,对全体教师进行了新技术培训,开展了新课程和新技能的培训,开展了校本教研活动。

---

① 李瑾瑜:《中欧甘肃基础教育项目"利用信息技术提高农村教学质量"国际研讨会综述报告》,https://weibo.com/ttarticle/p/show?id=2309404618692104421662。

(1) 教学点教师的信息化培训和成长

对教学点来说,这一时期的培训方式也不一样,主要形式是送培到校。[①] 甘肃省依托县教师培训机构和乡中心小学建立起县乡两级教师学习资源中心,通过为教师配置计算机网络学习系统、卫星电视教育系统和畅通电话教育系统,让教师在资源中心进行自主学习,交流经验,共享经验。

其他形式还有:一是项目组技术人员、高校专家团队和地方管理人员到教学点安装、调试设备,演示教学资源的播放,对教师进行教学方法指导。受培训的教学点教师基本上能够熟练地使用设备,在教学中正常播放、应用资源。

二是先送中心校和教学点的管理人员外出培训,从技术应用上做好准备,等待信息化设备进校,之后再培训教学点的其他教师。已退休、参加过最早教学点信息化建设的甘肃会宁县百塬镇65岁的张老师回忆说:

> 百塬镇当时是先培训,再等信息化设备到位。当时先培训中心学校和教学点的管理人员,是送到兰州培训的。主要培训教师们如何调试卫星定位设备、计算机基础知识、网络卫星基础知识和卫星接收技术。培训回来后,这些老师回到他们的工作岗位,在具体应用时利用所学知识,再培训其他当地教师。利用所安装的设备,接收优秀教育教学资源,开展教学,给整个学校和相邻学校的教育教学工作带来了教学内容、教学方法等方面的变化。当时教师们使用的热情很高,因为老师们觉得既新鲜用起来又方便。孩子们也觉得很新奇,教学内容看起来很形象、很直观。尤其是对小孩子学拼音、学笔画,刚开始学书写,横平竖直示范得很直观、规范。教学点的一些教师书写不规范的问题也得到了解决。

[①] 杨茂文:《中欧甘肃基础教育项目 PPT》,https://ishare.iask.sina.com.cn/f/9TDm1EQshN.html。

第四章　西北地区农村教学点信息化演进

中央电教馆前馆长王珠珠在总结西部中小学远程教育项目的成功经验时，也谈到教师培训的先导性和重要性：

> 本项目将每一个学校的一线教师培训作为项目的先导。有了经过培训合格的教师，设备跟着就赠送到校，马上就安装使用，这一项目工作链对保证教学示范点建设的成功率起到了显著作用。一些省区学校培训过的教师80%以上可以独立安装设备、保证设备的日常运行（其中包括相当一部分女教师）。①

教师是技术应用的第一因素，教师的信息技术水平决定着项目实施的成败。

（2）不一样的教学体验

在安装了教学接收"锅"后，教学资源较以前丰富了不少。教师从教学设计、教学资源、课件设计等方面获得了不一样的教学体验。以新疆木垒哈萨克自治县为例。2001年，新疆木垒哈萨克自治县同时被列为教育部、李嘉诚基金会西部中小学现代远程教育扶贫示范项目县和中国—联合国儿童基金会远程教育项目县。自2001年实施儿基会项目以来，全县10所儿基会项目学校（包括其他15所项目学校），都已经能够做到根据本地本校实际情况，充分利用项目设备接收的"中国教育卫星宽带网"和"新疆教育宽带网"播发的教学资源和项目配发的教学光盘，将下载和配发的资源有计划地分类纳入学校远程教育信息资源库，组织开展丰富多彩的教学科研活动。

2003年，中国和联合国儿童基金会远程教育项目，为促进贫困地区小学教育发展，推动信息技术在项目县师生中的广泛应用，举办了小学生PowerPoint作品评选活动。木垒县的项目学校踊跃参加了这次活动，这次活动采取了学生自愿报名、学校筛选、县教育局初评、自治区项目

---

① 王珠珠、郑大伟：《西部中小学远程教育项目的成功经验》，《中国远程教育》2004年第11期。

负责人参加面试的办法，评选30件作品参加全国的评选活动，结果1人获得了一等奖、7人获得了二等奖、12人获得了三等奖、10人获得了鼓励奖。这次活动的开展，激发了学生使用计算机的热情，极大地鼓励了学生积极参与和勇于创新的精神。在新疆实施中国—联合国儿童基金会远程教育项目工作总结交流中，木垒县英格堡乡菜子沟小学马正民老师写道：

"同步课堂"及时地为教师们提供着最新最需要的食粮。屏幕上教师的语言表达、教师的眼神表情、教师的一举一动都给了我们许多启发，这些看得见听得到的实实在在的示范，让我们进行着新的思考，使我们驾驭课堂的水平不断提高。

"课堂设计"对一节课的设计思路的分析，更是让我们的思考上升到理论的高度——教师的眼睛瞪圆了、心亮堂了、脑灵活了。

"教学资源"则为一节课的设计提供着参考、启发、诱导的作用。我们明白了"同步课堂"中的每节课是以什么理论为指导，以什么思想为主线；知道了怎样针对学科知识的结构特点和学生的实际来写教案的方法——我们不再照抄那些陈旧的教案了。

"课件设计"一次次地启发着教师的创新意识，使这些只听过课件而不知道课件的山沟里的教师们如同拨云见日一般——那兴奋、那热情——简直是迷路的人看到了路标，远航的人看到了灯塔啊！

为了更好地操作电脑，为了自己能在电脑上制作教学课件，学电脑成了每位教师的当务之急。寒暑假，教师自费在乡中心校或县教委举办的培训班学习，工作时课间聊天也以电脑操作技术的交流为主题——我们彻底变了。①

教学点大多数地处农村"老、少、山、边、穷"地区，教师培训一

---

① 《实施项目重实效 通过培训促发展——新疆实施中国—联合国儿童基金会远程教育项目工作总结》，新疆电化教育馆（https://www.docin.com/p-267095276.html）。

直是个老大难问题。自从学校架起了卫星接收器以来，教师们可以通过远程教育接收外面的新思想、新知识、新方法，既提高了他们自己，又惠及了学生，师生皆受益。

3. 教育的阳光照进了深山，孩子们见到了不同的世界

在信息化教育项目的接收"锅"和数字教学资源送达教学点之前，大山深处教学点的孩子们的学习资源从形式到内容都非常单一，课本和教材几乎是孩子们仅有的学习资源。孩子们在课堂内外学习的主要内容都来源于书本和教材，反复诵读课文、一遍遍地书写拼音和生字是孩子们的主要学习内容。多少年来，山乡闭塞、落后、贫穷，山民们祖祖辈辈缺少文化。教学点教师是乡村为数不多的知识"拥有者"和"传播者"，他们被山民和孩子们视为"天外之人"，肩负着为山乡孩子们"传道授业解惑"的重要使命，在村落里享有很高的威望和尊重。

自从安装了卫星接收"锅"，数字教学资源送达大山深处的教学点。这是从无到有，破天荒的头一回。接收锅和电视中播放的教学资源，一个小窗口，一幅幅画面，为山里娃打开了一扇认识外面世界的窗户。宁夏彭阳县白杨镇X教学点、现年59岁的马老师说道：

我爱北京天安门，天安门上太阳升……娃娃们听说过无数次的北京天安门就透过电视机呈现在他们面前。《画杨桃》一课中连我们老师也没有见过的杨桃，孩子们见到了，他们在学画杨桃，理解画杨桃的过程也就不难了。

教育的阳光照进深山里。孩子们看到了一个不同的世界，他们看到了无限希望和可能，这在山里娃幼小的心灵里播下了希望的种子，对孩子的世界产生了很大的冲击。这种影响和冲击是深远的，对成长中的山里娃来说，是受用终身的。山里娃再也不像他们的祖辈一样，被永远阻隔在大山深处。这一阶段，数字教学资源的"有效"和"适应"固然重要，但"送达"比"有效""适应"更为重要。广大深山中的教学点需要教育阳光的普照，因为他们被大山阻隔、封闭得太久、太深了。他们

需要知识的浇灌，需要与大山之外建立联结和沟通。

4. 无须过多的技术支持、朴素的信息技术教学应用

这一阶段教学点的信息化建设和应用从无到有，分布和发展很不均衡，有如广袤深山中的雨后春笋般生根发芽。信息化教育项目资助的教学点，会率先加以探索应用。这一阶段的信息技术应用比较简单，是一种朴素的信息技术教学应用。信息化设备比较简单，主要是卫星接收设备、电视机、DVD 和计算机，操作也较为简便，无须过多专门的技术支持。"一些省区学校培训过的教师 80% 以上可以独立安装设备，保障设备的日常运行（其中包括相当一部分女教师）。"[①] 在集中培训时教师们互相帮助，回乡后建立互助学习小组，他们定期一起交流校本培训和应用情况，互相帮助解决难题。项目学校以乡镇为单位，通过组织项目技术骨干教师互相协作安装等途径解决技术问题。

针对早期的信息技术应用，宁夏海原县高崖乡 A 教学点的倪老师这样说道：

> 就是按照人家的操作把你需要的年级的课程打开，不需要搜索。我只需要点暂停键，需要的时候我会就问题重复问孩子。但缺点就是费时间，我们的孩子和对方的差距太大。对方的孩子马上就能够回答问题，我们的孩子需要一些引导。那时候感觉多了一个帮手，轻松了很多，每天可以换着给一个年级用数字资源教学，我也和孩子们一样，模仿对方老师上课，学习对方好的方面。比如让孩子们认字时会用好多方法，这样可以调动孩子们学习的积极性。

教育部—李嘉诚基金会远程教育项目成功地把计算机网络送到边远山区，而不是选择电视技术。该项目设计了适合农村教学应用的资源，通过卫星数据广播，下载到学校的计算机上，教师们可以运用 IP 浏览

---

① 王珠珠、郑大伟：《西部中小学远程教育项目的成功经验》，《中国远程教育》2004 年第 11 期。

器，找到他们自己所需要的内容，进行备课和上课。在许多情况下，他们还不能真正应用互联网，只是离线浏览计算机所接收的信息，但与电视的线性播放相比较，这已经是一个最基本的数字化学习环境了，教师们可以反复查阅资料、进行学习及支持其备课。

5. 信息化资源包括学校教育教学资源和农业科技资源

这一时期的信息化教学资源包括两类：一类是学校教育教学资源。中欧甘肃基础教育项目建立了686个教学资源中心，为686所学校配备了教辅读物。该项目通过为教师配置计算机网络学习系统、卫星电视教育系统和传统电化教育系统及图书、音像资料，让教师在中心进行自主学习，交流经验，分享教学资源。教育部—李嘉诚基金会远程教育项目在中央电教馆建立远程教育资源中心，负责整合各方资源，免费为学校提供资源，支持教师学习和备课，帮助学生学习。在调查中，宁夏和甘肃地区一些年龄较长的管理人员、老教师回忆说，当时有三类教学资源比较受欢迎。

一是优秀教师的示范课。教师们反复观摩优秀教师的示范课，反思他们自己的教学方法、教学内容的设计及信息技术的应用，在这些方面都会受到启发。二是同步课堂。中央电教馆会将提前公布的近几天中国教育卫星播放的教育节目和进度表，通过卫星发送给学校。教学点教师可以观看其他教师的教学设计，引用他们的教学资源，参考教学评价工具和方法。三是新课程改革的做法。当时中国新一轮基础教育改革启动了，我们边远地区也要求进行课程改革，但是有些新理念、新方法不易被理解，教学点教师出去学习又有很多困难。这些资源帮了我们很大的忙。其中不仅有案例解析，还有实验地区教师的讨论和实践过程。这使得我们边远地区的教师也跟上了全国新课程改革的步伐，对提高边远地区的教育质量有长远的影响。

另一类是农业科技资源。在中央电教馆提供的资源中，有一部分同时兼顾为当地农民传播先进科学技术等，以促进当地经济和农业的发展。宁夏利用远程教育资源，为社区农民群众服务。杨郎中学借助西部大开发退耕还草及山东寿光市援助原州区300万元高科技蔬菜种植园的机会，利用 IP 系统培训农民，为社区群众提供科技信息。宁夏固原市头营小学利用下载的农村实用信息技术，在街上设立了农村信息技术专栏。杨郎中学项目接收点还挂起了杨郎乡信息技术播放点的牌子，定期培训农民，取得了明显的社会效益。①

6. 教学策略形式没有发生明显变化

这一阶段的教与学发生在固定课堂上，教学方法主要是教师讲授，或者由数字化教学资源辅助教师讲授。学生在教师的引导下，呈现出初步的自主、合作、探究学习，但孩子的自主、合作、探究学习能力不足，信息技术和设备上的支持比较少，因此还是以教师主导的"讲授法"为主。班级是按照年龄划分的，不排除班级中不同年级之间的复式教学。教育形式为"四同教育"，即同一地点、同一时间、相同年龄、同样内容。教学策略没有发生明显变化，只不过教学内容比以前丰富了。

7. 信息技术未参与到教学点管理中

这个阶段的信息化教学资源是稀缺的，教学资源的接收设备、播放设备也是专门配备的，信息技术设备和信息化教学资源主要用于课堂教学，因在课外、校外缺乏专业的播放设备，所以信息技术几乎没有在课外发生作用，也基本没有参与到教学点的教研和管理中。在田野调研中，陕西洋县谢村镇范坝教学点任宝红校长说：

> 那时候有少部分教学点配备了部分远程教育设备，并且一个教学点只有一套设备，放在教室里接收远程教育资源，几个年级根据需要轮流上课。那时教学点还没有网络，不像现在可以发邮件，我们跟上级部门沟通、报个材料等都要亲自去教育局。

8. 是谁推动信息技术进入教学点的

信息技术进入农村教学点，是国家力量推动或社会爱心基金组织

---

① 王娟：《对教育部和李嘉诚基金会西部中小学现代远程教育项目工作的调研》，《宁夏教育》2003 年第 3 期。

（如李嘉诚基金会西部中小学现代远程教育工程）发起并促成的。其中，中欧甘肃基础教育项目总投资为 1700 万欧元，其中，欧方出资 1500 万欧元，中方出资 200 万欧元，该项目旨在帮助甘肃在贫困地区实施九年义务教育，覆盖了甘肃中东部 41 个国家级贫困县，支持实施教育改革。"李嘉诚基金会西部中小学现代远程教育工程"于 2001 年 2 月 24 日在贵州省镇宁布依族苗族自治县石头寨中心小学正式启动，李嘉诚和教育部前部长陈至立参加了启动仪式。李嘉诚基金会出资 8000 万元向西部 12 个省（区）边远山区中小学校赠送 5000 套现代远程教育卫星接收设备，启动现代远程教育扶贫示范工程。双方通过此项合作，在西部地区建立了 1 万个接收中国教育卫星多媒体宽带广播的教学点，使 1 万所中小学校能使用这些设施来提高教育质量。[1] 另外，由教育部高教司与西部各省（市、区）教育厅共同举办的"教育技术西部行"于 2011 年 10 月 10 日在西安交通大学启动，先后到达陕西、甘肃、新疆、内蒙古、云南、广西和四川。此次活动通过专家报告、技术培训、捐赠资料及产品展示等多种形式将有关教育信息化的新思路、新观念、新技术带到西部，促进西部教育跨越式发展，此次活动覆盖西部 200 所高校和部分中小学，包括 4 位院士在内的 30 余位专家、学者为两万多人次做了 70 余场报告，技术培训超过 1000 人。[2]

就甘肃省来说，自 20 世纪 80 年代以来，国家先后在甘肃相继实施了联合国教科文组织亚太地区提高小学教育质量联合新计划（JIP 计划）、联合国儿童基金会项目、中欧甘肃基础教育项目、世行贷款甘肃基础教育项目等一批影响深远的重大项目。这些由国家和政府力量推动、国家与国际相关组织合作的基金项目及社会爱心组织的介入，使教育信息化设备和技术如星星之火撒向偏远的大山深处。这些项目的实施为西北边远贫困地区教学点架设起"信息高速公路"，广泛传播教育教学资源和先进的科学技术知识。正如李嘉诚先生所说："利用卫星，大山再

---

[1] 本刊编辑部：《2001 中国现代远程教育 10 大新闻》，《中国远程教育》2002 年第 1 期。
[2] 本刊编辑部：《2001 中国现代远程教育 10 大新闻》，《中国远程教育》2002 年第 1 期。

高也挡不住知识。有了知识，就能对世界有更清醒的认识，更深刻的了解，更强的判断力，以及更能领会尊严和价值。"① 这些国家级信息化扶贫项目、社会办学力量的参与，为教学点信息化及孩子的未来播下了无限希望与可能。

9. 带来希望但也存在不少问题

这一阶段，信息技术无疑成为破解西北地区人口分散、教育质量低下的有效途径，使一部分偏远地区的孩子也能够享受全国最好的教育资源。这是中国远程教育在广大农村基础教育的起步，标志着网络化、数字化、交互式远程教育实践的开始。在访谈和调查中，我们也了解到当时存在的一些问题：远程教育资源的计划性和针对性不够，教师只能根据学生情况有选择地选取教学资源；设备的维护费用比较高，设备有故障了来不及及时维护维修，导致设备和资源不能真正用起来；视频资源不够模块化、连续化，等等。宁夏电教中心的王娟在宁夏地区调研教育部和李嘉诚基金会西部中小学现代远程教育项目工作时指出在项目实施中存在的问题：项目配发的卫星地面接收天线机械强度不够，抗风能力弱，影响信号接收；配发的计算机光驱读取能力弱，质量不过关；出现同步课堂不同步现象，项目网上资源太少，不能满足教师的求知欲；管理人员的计算机基础知识底子薄，能力弱，不能正确操作，在接收和使用过程中经常出现死机、文件丢失、找不到系统等现象，对课件的应用也不熟练，还需做大量的培训工作。② 尽管当时项目实施不尽完善，但这些项目是在全球信息化背景下，中国关注和探讨解决城乡"数字化鸿沟"问题的一次成功试验。时任国务委员陈至立也谈到，10000 个点（教学示范接收点）的建成只是中国农村中小学远程教育的一个重要节点或里程碑。③ 2003 年，中国政府确定将实施农村中小学现代远程教育

---

① 赖萍：《大山再高也挡不住知识——"教育部、李嘉诚基金会西部中小学现代远程教育项目"云南实施纪要》，《云南教育》（小学教师）2004 年第 Z1 期。

② 王娟：《对教育部和李嘉诚基金会西部中小学现代远程教育项目工作的调研》，《宁夏教育》2003 年第 3 期。

③ 王珠珠、郑大伟：《西部中小学远程教育项目的成功经验》，《中国远程教育》2004 年第 11 期。

工程。该阶段远程教育取得的宝贵经验无疑为农村学校实施现代远程教育工程提供了重要借鉴。

二 信息化基础建设大发展阶段（2003—2011年）：国家工程项目齐发力，助推教学点信息化跨越式发展

中欧甘肃基础教育项目、教育部—李嘉诚远程教育等项目的顺利实施，为我国开展农村教学信息化工作奠定了重要基础，积累了宝贵经验。从2003年开始，我国相继实施了"农远工程"项目，颁布了《中小学教师教育技术能力标准》《国家教育中长期发展规划》，实施开展了《中小学教师信息技术应用能力提升工程》等。这些项目的实施开启了农村教学点信息化建设的重要时期。边远山区和少数民族地区对优质教育资源共享的呼唤有了回声，千年的期盼得到了实现。

（一）时代和教育信息化背景

1. 实施"国家中小学现代远程教育项目"工程

2003年，国务院批准教育部、国家发展改革委、财政部全面实施农村中小学现代远程教育项目工程（以下简称"农远工程"项目）。工程的总体方案是：从2003—2007年，中国将用5年左右时间，投资100亿元，为全国约11万个农村小学教学点配备教学光盘播放设备和进行成套教学广播，向这些农村教学点的约510万名山区小学生提供优质教育教学资源，解决师资和教学质量较低的问题，使全国38.4万所农村学校初步建成卫星教学收视点，基本满足农村8142万名小学生对优质教育教学资源的需求。

为积极妥善地推进农村中小学现代远程教育工程，2003—2004年，教育部、国家发展改革委和财政部共同实施了现代远程教育试点示范项目和农村中小学现代远程教育工程试点工作。在2003年试点工作的基础上，教育部、国家发展改革委和财政部共同制定了《2004—2005年度农村中小学现代远程教育工程实施方案》，在方案实施期间，中央投入20亿元，地方投入20亿元，用于农村教学点、小学、初中、完中（初中部分）的现代远程教育工程建设。截至2006年10月，贵州、新疆、青海、新疆生产建设兵团、湖南湘西、湖北恩施、吉林延边的累计覆盖率已达90%以上；四川、吉林、湖南、湖北、内蒙古、广西、重庆、云南、陕西、甘肃、宁夏等省（市、区）的累计覆盖率已达50%以上。①

经过5年建设，到2007年底，工程建设任务基本完成，覆盖了中西部36万所农村中小学，1亿多农村中小学生得以共享优质教育资源。该工程初步搭建了一个遍及全国农村中小学的现代远程教育网络，形成了基本满足农村中小学教育教学需要的资源体系，培训了一支初步具备远程教育应用能力的农村教师队伍。②

2. 颁布了《教育技术应用能力标准》

2004年，为提高教师专业能力和教育技术应用水平，教育部颁发了《教育技术应用能力标准》，这是中国颁布的第一个中小学教师专业能力标准。该标准主要内容包括教学人员教育技术能力标准、管理人员教育技术能力标准、技术人员教育技术能力标准三部分。每部分内容都涉及意识与态度（重要性的认识、应用意识、评价与反思、终身学习等）、知识与技能（基本知识、基本技能等）、应用与创新（教学设计与实施、教学支持与管理、科研与发展、合作与交流等）、社会责任（公平利用、有效应用、健康使用、规范行为）四个能力维度。

"全国中小学教师教育技术能力建设项目"是教育部为贯彻落实《2003—2007年教育振兴行动计划》，组织实施以"新理念、新技术、新课程"和师德教育为重点的新一轮中小学教师全员培训，并配合中西部地区农村远程教育工程组织实施的教师培训重大项目。该项目的主要内容大致包括以下四个方面：

一是开展教育技术培训。采取"天网、地网、人网"相结合的途径，由具备相应资质的培训机构，组织实施对全国中小学教师的教育技术培训。

---

① 杨改学、张榕玲：《远山呼唤的回声 千年期盼的实现——鸟瞰农村中小学现代远程教育工程》，《中小学信息技术教育》2006年第10期。
② 《农村中小学现代远程教育工程产生的效果怎么样？》，中华人民共和国教育部（http://www.moe.gov.cn/jyb_hygq/hygq_zczx/moe_1346/moe_2870/tnull_35822.html）。

二是建立教师教育技术培训质量保证机制。研究制定了《中小学教师教育技术培训机构资质认证标准》，建立有关评估认证机构，对中小学教师教育技术培训机构进行资质认证。

三是组织教师教育技术水平的考核和认证。依据该标准和教育技术培训大纲，研制了中小学教师教育技术水平等级考试和考核大纲，定期组织全国中小学教师教育技术能力的水平考试和考核，探索建立教师教育技术水平等级与教师资格和教师职务晋升等相挂钩的有效机制。

四是开发教育技术精品培训资源。组织教师教育技术精品培训教材与培训资源的开发和评审，以提高教材与培训资源的质量。

该标准的颁布和实施对全面推进基础教育课程改革和加快推进教育信息化发展，促进教师专业能力的提高和发展，指导和规范中小学教师教育技术培训，增强培训的针对性和实效性具有重要意义和作用。

3. 颁布了《2003—2007 年教育振兴行动计划》

2004 年 3 月，国务院印发了《2003—2007 年教育振兴行动计划》。其内容涉及农村教育发展与改革工程、职业教育与培训创新工程、高等学校教学质量与教学改革工程、教育信息化建设工程、高素质教师和管理队伍建设工程等十四个方面。其中针对"农村教育发展与改革"提出，加强农村教师和校长的教育培训工作。实施"农村中小学现代远程教育计划"。争取用五年左右时间，使农村初中基本具备计算机教室，农村小学基本具备数字电视教学收视系统，农村小学教学点具备教学光盘播放设备和光盘资源，并初步建立远程教育系统运行管理保障机制。农村中小学现代远程教育计划要以地方投入为主，多渠道筹集经费，中央对中西部地区予以重点支持。加强农村中小学现代远程教育，要致力于提高教育质量和效益，初步形成农村教育信息化环境，持续向农村中小学提供优质教育教学资源，不断加强教师培训。

4. 出台了《国家中长期教育改革和发展规划（2010—2020）》

2020 年，教育部颁布了《国家中长期教育改革和发展规划（2010—2020）》，对中国学前教育、义务教育、高中阶段教育等做出中长期发展规划,并明确提出要"加快教育信息化进程"。其内容包括加快教育信息基础设施建设。到2020年,基本建成覆盖城乡各级各类学校的教育信息化体系,促进教育内容、教学手段和方法现代化。充分利用优质资源和先进技术,创新运行机制和管理模式,整合现有资源,构建先进、高效、实用的数字化教育基础设施。重点加强农村学校信息基础建设,缩小城乡数字化差距;加强优质教育资源开发与应用。……继续推进农村中小学远程教育,使农村和边远地区师生能够享受优质教育资源。

该规划还强调强化信息技术应用。提高教师应用信息技术水平,更新教学观念,改进教学方法,提高教学效果。鼓励学生利用信息技术手段主动学习、自主学习,增强运用信息技术分析解决问题的能力。加快全民信息技术普及和应用。

这一时期,我国还先后实施了"教育扶贫工程""国家贫困地区义务教育工程""全国中小学危房改造工程"等一大批重大教育工程项目。这些国家级工程项目齐发力,为教学点发展创造了重要的政策环境、经费保障和办学条件。教学点迎来了百年不遇的发展机遇。

(二)教学点信息化基础设施建设迎来大发展大突破

由于这一时期国家工程项目齐发力,教学点信息化基础设施建设迎来大发展大突破。国家"农远工程"项目为中西部地区县以下学校进行硬件环境配备主要有三种模式,即模式一,在村小学(教学点)配备DVD影碟机+电视机;模式二,在完全小学配备卫星IP数据接收系统及DVD影碟机+电视机;模式三,在初中学校配备一个计算机网络教室+卫星IP接收系统及一个投影教室(含一台投影机)。[①] 教学点的硬件设施配备是模式一,即DVD影碟机+电视机。

农村中小学现代远程教育工程项目从试点进入全面实施。教育部、国家发展改革委、财政部于2013年11月启动试点工作。在中西部试点

[①] 郭绍青:《正确认识国家农村远程教育工程中三种硬件模式与教学模式》,《电化教育研究》2005年第11期。

第四章 西北地区农村教学点信息化演进

地区建设 20594 个教学光盘播放点、49598 个卫星教学接收点、6934 个计算机教室；并规定了三种模式的硬件基本配置标准。其中模式一，教学光盘播放点的基本配置标准为①：

  配备电视机、DVD 播放机和教学点各年级的教学光盘。通过播放教学光盘对学生授课和辅导。配备对象主要是农村学校布局调整确需保留的教学点。平均每点投资概算 3000 元（视教学点人数情况，配备 29 寸或 34 寸电视机）。

试点工作的经费采取地方负责、所需经费由国家根据不同区域经济社会发展情况予以适当补助的办法。西部试点地区以中央投入为主，地方投入为辅；中央专项资金占试点地区总经费的三分之二。

农村中小学现代远程教育工程试点工作自 2004 年 7 月正式启动以来，陕西省试点工作项目建设总资金为 1.3949 亿元，共建设了模式一学校 466 所、模式二学校 5012 所、模式三学校 386 所。到 2005 年 8 月，陕西省农村中小学现代远程教育工程试点项目共覆盖 29 个县区占全省县区总数的 27%，项目学校覆盖全省 20.5% 的农村中小学，覆盖中小学生 126.9 万人，全省中小学生覆盖率达到 16.8%。② 截至 2007 年 9 月，各级政府累计投入 6 亿多元，覆盖全省 11 个市、91 个县的 21582 所农村中小学校，共计建设成模式一（光盘播放系统）6390 个；模式二（卫星教学收视点）16420 个，模式三（多媒体计算机网络教室）2051 个，覆盖项目实施地区 100% 的农村中小学校，全面完成国家三部委规定的远程教育工程建设任务。③

---

① 《教育部、国家发展改革委、财政部关于实施〈农村中小学现代远程教育工程试点工作方案〉的通知》，中华人民共和国教育部（http://www.moe.gov.cn/srcsite/A06/jcys_jyzb/200312/t20031225_82052.html）。

② 吕明凯：《群策群力开拓创新扎实推进农村中小学现代远程教育工程试点工作》，《中国电化教育》2005 年第 8 期。

③ 中华人民共和国教育部：《陕西省农村中小学现代远程教育工程总体执行情况汇报》，（http://www.moe.gov.cn/jyb_xwfb/xw_fbh/moe_2069/moe_2095/moe_2100/moe_1851/tnull_29222.html）。

西北地区农村教学点信息化演进研究

截至2007年10月，甘肃省农村中小学现代远程教育工程建成的卫星传播站点已覆盖1227个乡镇、9203个村，覆盖面分别达到100%和56%，乡村两级的互联网接入率分别达到52.9%和26%。有线电视接入率分别达到50.6%和12.4%。① 截至2010年，全省中小学计算机总台数达到24.9万台，比2003年翻了一番，三种模式覆盖的学校数达到1.6万余所。截至2011年7月，全省456万名学生享受到了现代远程教育传播的知识，国家农村中小学现代远程教育工程在青海省实现了全覆盖。②

截至2007年，宁夏农村中小学自现代远程教育工程实施以来，已建成教学光盘播放点3568个，卫星教学收视点2155个，农村初中计算机教室279个，实现了基本覆盖全区农村中小学的目标。教师应用教育信息技术的水平显著提高，全区80%以上的农村教师都能熟练地将优质的教育资源应用到课堂，或结合当地实际进行再创作以提高他们自己的教学水平。③

截至2005年12月31日，新疆建成教学光盘播放点2101个，卫星教学接收点4785个，计算机教室1268间，在新疆维吾尔自治区6000多所农村中小学，这"三种模式"的覆盖率已经达到了94%。④ 2007年至2009年，建设、完善了"新疆远程教育"门户网站和传输平台。2007年至2011年，"新疆教育卫星宽带网"每年播出中小学教学资源和农村党员干部现代远程教育教学资源4100小时，在一定程度上改变了部分边远贫困地区"教育盲区"的现象。⑤

---

① 陈宗立：《甘肃开展农村党员干部现代远程教育》，《光明日报》2007年10月28日第7版。
② 《甘肃省农村中小学现代远程教育工程实现全覆盖》，中华人民共和国中央人民政府（http：//www. gov. cn/gzdt/2011-07/08/content_ 1901972. htm）。
③ 《农村远程教育覆盖宁夏全区 80%教师都能熟练运用现代教育技术》，中华人民共和国教育部（http：//www. moe. gov. cn/jyb_ xwfb/s6192/s222/moe_ 1762/201004/t20100420_ 85830. html）。
④ 《新疆农村中小学远程教育开始转入全面应用阶段》，中华人民共和国中央人民政府（http：//www. gov. cn/gzdt/2006-07/30/content_ 349866. htm）。
⑤ 《加强教育信息化 推动新疆义务教育均衡发展》，中国教育信息化网（https：//web. ict. edu. cn/news/gddt/xxhdt/n20110812_ 1702. shtml）。

青海省，截至 2005 年底，建设卫星教学收视点 511 个，计算机教室 279 个，在项目实施后，全省卫星教学收视点覆盖率将达到 99.38%，计算机教室覆盖率达到 96.31%。① 截至 2006 年 10 月，青海省建成教学光盘播放点 1830 个；建成包括 400 个 C 波段卫星地面站在内的卫星教学收视点 3193 个；建成计算机教室 965 个，购置计算机 4.4 万多台，生机比例达到 22∶1，建设计算机校园网及局域网 655 个；4 万多名中小学教师接受了信息技术教育培训。青海省农牧区中小学基本实现了三种模式的覆盖，建成了省级基础教育资源中心。② 截至 2007 年 10 月，青海省工程累计覆盖教学点 376 个，建设教学光盘播放点 833 个，覆盖农村小学 2458 所；建设卫星教学收视点 2368 个，覆盖农村初中 458 个；建设计算机教室 485 个。③

（三）数字教学资源建设初具规模

数字资源为教学点发展注入了活力。中央电教馆完成了现代远程教育工程试点示范项目教育资源征集、审查、评选、采购、整合和发送等组织工作。中央电教馆现代远程教育资源服务部以平均每周 4G 的数量，通过卫星 IP 广播向全国农村中小学免费提供教学资源，内容包括面向学生学习、面向教师教学及教师专业再培训等方面。国家农村远程教育工程同时为农村地区的学校进行了三种硬件模式的配备，开发了小班教学光盘、多媒体资源库、卫星 IP 数字资源、网络资源、资源库等丰富的资源类型，这些资源都以各种方式被配置到农村中小学中。

在一些少数民族地区十分缺乏双语教学资源。为了提高资源的适用性，各地电教馆按照"够用、好用、实用"的原则，积极为农村中小学现代远程教育各项工程提供资源服务。青海电教馆受中央电教馆委托，组织翻译制作了 26 集藏汉双语《小学科学多媒体教学包》和《小学语

---

① 陈小强、胡庭芳:《青海农村中小学远程教育工程进展顺利》，《中国民族报》2005 年 10 月 14 日第 3 版。

② 卜晓明、顾玲:《青海率先全面实施远程基础教育》，《中国民族报》2006 年 10 月 31 日第 1 版。

③ 中华人民共和国教育部:《累计投入资金 1.23 亿元　青海农村牧区远程教育全覆盖》，（http：//www.moe.gov.cn/jyb_ xwfb/s6192/s222/moe_ 1761/201004/t20100420_ 85873.html）。

文多媒体教学包》；甘肃、河南、上海、四川、南京、沈阳等省市电教馆狠抓资源建设，并取得较好的成绩。①

另外，农村中小学现代远程教育资源还整合了农村各类资源，发挥农村学校作为当地信息传播中心和文化中心的作用，为"三教统筹"、农村科技推广和农村党员干部现代远程教育服务。

（四）急需但尚不够的教师信息技术应用培训

为了更好地落实信息技术应用，教育部加强了西部农村教师培训，以提高农村教师队伍素质，促进义务教育的均衡发展。西北地区也开展了大量培训活动。

教育部在2007年暑期启动了"西部农村教师国家级远程培训计划"。对中西部16个省（区、市）的100个县、2149个培训点约12万名农村小学、初中教师通过中国教育电视台频道和空中课堂频道进行实时培训。② 在2008年暑假期间，采用以卫星电视为主的远程教育方式，组织实施"中西部农村义务教育学校教师国家级远程培训计划"③。在2009年暑假期间，组织实施"中西部农村义务教育学校教师远程培训计划"，培训采用混合学习和在线学习的形式。④

青海省教育厅组织西宁地区部分现代教育技术实验学校的校长和教师组成信息技术与课程整合讲师团，以新课程标准为基础，以提高教学效率和实施信息技术教育为主要内容，历时两个半月，分别赴9个项目县，向教师进行讲演，受众达6000余人次。教师们反映，这次讲演的

---

① 《抓好典型以点带面大力推进信息技术在教育教学中的应用——中央电教馆馆长、教育部基础教育资源中心主任陈志龙同志在2005年全国电化教育馆馆长会议上的讲话》，中华人民共和国教育部（http://www.moe.gov.cn/srcsite/zsdwxxgk/200501/t20050109_61825.html）。

② 《教育部2007年暑期西部农村教师远程培训计划启动》，中华人民共和国中央人民政府（http://www.gov.cn/gzdt/2007-08/16/content_718718.htm）。

③ 《教育部办公厅关于组织实施2008年暑期中西部农村义务教育学校教师国家级远程培训的通知》，中华人民共和国教育部（http://www.moe.gov.cn/srcsite/A10/s7058/200807/t20080703_81496.html）。

④ 《教育部办公厅关于组织实施2009年中西部农村义务教育学校教师远程培训计划的通知》，中华人民共和国教育部（http://www.moe.gov.cn/srcsite/A10/s7058/200906/t20090630_81215.html）。

"内容贴近教学实际,立足课堂教学,为教师利用三种模式提供的教育教学资源服务于课堂教学提供了经验"①。

陕西省在实施农远项目的过程中,建立健全了组织领导机制、政策导向机制、经费保障机制和督查考评机制,强调教师在培训中要"人人过关,个个合格",制定了包括教育理念、操作技能、教学效果等在内的考核标准,同时把培训结果与教师年度考核、评选先进、职称晋级等挂钩,形成了人人竞相参加培训的局面。②

宁夏回族自治区建立了"先培训后上岗,不培训不上岗"的培训制度,将培训工作纳入工程建设的全过程,并以校本培训为重点,创建项目学校"以一带五""一课两人上"的校本培训机制,通过一名骨干教师帮带五名教师,骨干教师协助学科教师同上一堂课,使教师在"边学边教,边教边悟,边悟边用"中获得提高。③

广大农村教师通过网络、卫星、光盘等媒介提供的优质教育资源,把握新课程标准,更新教学理念,积极探索在教育教学中应用多样化的教育技术和新型的教学手段,学习借鉴先进的教学方法,改变传统的教学模式,促进了地区基础教育课程改革的有效开展,使教师的信息素养和教育教学水平得到了提高。④ 2003 年国务院决定实施的农村中小学现代远程教育工程取得了明显成效:教师教育技术应用能力普遍提高,在"十五"期间,以提高中小学教师信息技术能力为目的的远程教育工程已培训超过 1000 万人次。⑤

各地因地制宜,对教师竞相开展培训学习,采取的策略灵活多样,

---

① 杨晓宏、郭治虎:《西部"农远工程"建设及应用现状分析》,《开放教育研究》2007年第1期。
② 杨晓宏、郭治虎:《西部"农远工程"建设及应用现状分析》,《开放教育研究》2007年第1期。
③ 杨晓宏、郭治虎:《西部"农远工程"建设及应用现状分析》,《开放教育研究》2007年第1期。
④ 自治区教育厅教育信息化管理中心:《大力实施农村现代远程教育工程 不断提高"三种模式"应用水平》,《宁夏教育》2006年第Z1期。
⑤ 张忠法:《我国农村信息化建设及远程教育的有关政策问题》,《中国远程教育》2009年第11期。

并将培训学习与评先选优、职称晋升等挂钩，以此保证教师信息技术培训效果。

（五）DVD+光盘模式教学应用遍地开花，但可推广的模式并不多

国家实施农村现代远程教育工程的目的是"共享同一片蓝天"，让农村学生能够获得和城市学生一样的优质教育教学资源。随着农村远程教育工程建设的推进，应用问题逐渐凸显出来。教学应用是保障工程落地、发挥工程效益的抓手。2005年7月，国务委员陈至立在出席中西部农村中小学现代远程教育教学应用现场交流会时曾强调指出：要把农村中小学现代远程教育的应用作为工程建设的关键环节，把应用效益作为衡量现代远程教育工程实施的重要标准。这一阶段，信息技术应用从试点、实验到全面推进，教学点的应用遍地开花，探索形成了一系列经验做法。

1. 重心从"工程建设"转向"工程应用"

这一时期，随着各类工程建设的推进，工程的重心从配套建设到资源应用，这可以从相关研究中看出来。2003—2006年，关于农村中小学远程教育的文章主要集中在对国家相关政策文件及其重要性、作用的认识和解读上，分析建设经验、所取得的成果和项目评估工作，总结建设经验、问题及改进对策等；2007—2011年，研究的重心逐渐转为工程应用及其配套建设，包括人员（校长、教师、管理人员）培训、应用中的观念转变、三种模式的应用、资源建设和应用、应用汇总的问题及反思等。可以看出，这一时期在各类项目推动的过程中，工程建设、配套建设和工程的应用并重，但最终落脚点在"工程应用"，即设备和资源的教育教学应用上。

2. 模式一的应用为其他两种模式应用提供了重要参考

在农村中小学现代远程教育工程的三种模式中，模式一即"DVD+光盘"模式的应用是重点和突破口。模式一是三种模式中设备和应用最为基础的，其功能被另外两种模式所兼容。模式一也是中国广大偏远农村最需要的，触及了中国教育中最深、最需要、最脆弱的地区。通过现场指导、教学观摩、教研交流、专题研究等形式，教学点中模式一得到了广泛深入的应用。在实地座谈中谈到了这一阶段

模式一的应用情况，青海省海东市互助土族自治县包家口教学点雷校长回忆道：

在边远地区和贫困地区，当时教学点因地制宜，有什么条件就用什么，使用模式一的设备，优化教学内容，提高教学效益。教学点建立 DVD 光盘播放点，就是很好的优质教学资源共享途径。一个光盘，一盘录像带就是丰富的教学资源库。不仅可以长期保存，还能反复播放，使用很方便。

模式一作为模式二和模式三的基础，是三种模式应用的重点和突破口。模式一应用中的做法和经验为其他两种模式的应用提供了重要借鉴。

3. 教师应用远程教育资源的频率较高

研究显示，该阶段教师远程教育资源的频率较高。一项针对宁夏南部山区教师远程教育应用频率的调查表明[1]，在课堂教学中，农村中学有12%的教师经常使用，75%的教师偶尔使用，13%的教师从来不用；农村小学中有48%的教师经常使用，50%的教师偶尔使用，2%的教师从来不用；农村教学点中有73%的教师经常使用，27%的教师偶尔使用，没有从来不用的教师。还有学者分析了影响"模式一"课堂教学活动实施效果的要素，包括教师教学水平和专业能力、不同课程类型以及学科内容的教学特点、光盘资源的形态特征和组合方式、播放方式等。[2] 对于一些少数民族地区而言，它们有对双语教学资源的建设和应用需求，因此应该建设和丰富双语教学数字资源，包括民族语言多媒体素材库的建立、实录优质民族语讲授课堂视频、建立民族语言版本的试题文献库、制作双语教学课件、注重对于已有资源的有效利用[3]。青海海东市互助土族

---

[1] 杨永贤、罗瑞、杨晓宏：《宁夏南部山区农村中小学现代远程教育资源教学应用调查》，《电化教育研究》2009年第6期。

[2] 王陆、王晓芜、张敏霞：《农村中小学现代远程教育工程中 DVD 模式的教学应用》，《中国电化教育》2005年第11期。

[3] 王妍莉：《"农远工程"环境下民族地区双语教学资源建设与应用策略研究——以甘南藏族自治州为例》，硕士学位论文，西北师范大学，2010年，第32—40页。

自治县 C 教学点的杨校长（男，57 岁）回忆道：

> 那时候教学资源很有限，远程教育资源为教师备课提供了丰富资源，教师在备课的同时，也在学习消化这些教学资源，包括讲课视频、教学设计中的内容，这个过程也是教师学习和发展的过程。当时的信息化教学设备不多，一个教学点也就一套接收和播放设备，教师和各年级轮流使用，使用频率比较高。
>
> 这些资源对孩子们的影响也比较大，孩子们感受到从未有过的新奇和震撼，开阔了眼界，提高了想象力，激发了学习兴趣。

（六）教学方法发生改变，教学模式也有明显变化

当广播电视、卫星电视等教学媒体进入教学系统后，教学结构的基本要素发生了变化：教学内容更加丰富了，信息技术支持创设教学情景、突破教学重难点，还可以支持异步直播教学和资源整合教学。在"农远工程"项目三种模式中，不同模式能够支持的教学方法不同，这是由教学系统的硬件特征所决定的，比如模式一支持讲授法、情景教学法和演示法等。这三种模式不是三种应用模式，而是三种硬件环境配备标准。三种模式的信息显示方式不同，所支持的教学方法也有所不同。因为从硬件配备来看，这三种模式的硬件配备向下兼容，也即模式二具备模式一的所有功能，模式三兼容模式二和模式一的功能。这三种模式支持的教学方法如表 4-3 所示。

表 4-3　　　　　　　三种模式及教学内容显示方式

硬件配备标准	主要设备	显示方式	支持的教学方法
模式一	DVD + 电视机	视频 + 声音	● 讲授法 ● 情景教学法 ● 演示法

续表

硬件配备标准	主要设备	显示方式	支持的教学方法
模式二	计算机 DVD 计算机（带 VGA 接口）	视频+声音 媒体资源 卫星 IP 资源	● 讲授法 ● 情景教学法 ● 演示法 ● 探究法
模式三	计算机 计算机网络教室 投影机	视频+声音 媒体资源 卫星 IP 资源 互联网资源	● 讲授法 ● 情景教学法 ● 演示法 ● 自主学习 ● 合作探究学习

三种模式不同，所支持的教学方法也不同，但是这一时期的教学模式没有发生大的变化。教学模式是在一定的教学理论、教育思想、学习理论指导下，在教学活动中形成的相对稳定的教学结构。教学模式是教学思想、教学理论、教学观念的综合体现。构建或形成不同的教学模式，需要从两个基本的要素出发加以分析。即是否存在不同的教育思想或理念，是否存在不同的教与学的理论。[1] 教学点使用模式一支持和优化课堂教学，以多媒体教学理论为指导，以多媒体技术应用为主，教学方法以教师讲授、多媒体技术演示为主。这一阶段视听教学理论和方法更加成熟，教学媒体资源更加丰富，教学手段极大扩展，教学方法得到不断创新和发展，这使得教学系统结构进行了重构，形成了现代远距离教学系统，同时引发了对远距离教学方法、教学理论的研究。这些教学资源的改变对教学系统产生了巨大的影响，能实现教学系统的重构，形成新的教学模式。[2] 这一时期涌现出一批对教学模式进行探讨的研究成果："模式一"的教学应用模式包括基于光盘资源的教学应用模式、直播教学模式、模仿对话教学模式、情景互动教学模式、资源整合教学模式[3]，

---

[1] 郭绍青：《正确认识国家农村远程教育工程中三种硬件模式与教学模式》，《电化教育研究》2005 年第 11 期。

[2] 郭绍青：《正确认识国家农村远程教育工程中三种硬件模式与教学模式》，《电化教育研究》2005 年第 11 期。

[3] 陈庆贵：《农村中小学现代远程教育环境下的教学应用模式研究》，《电化教育研究》2006 年第 12 期。

以及四种 DVD 教学资源应用模式，包括全程依托式、分段依托式、组合分段式和多重组合分段式[①]，等等。

以上对模式一或 DVD 教学资源应用模式的探讨主要是学者们基于对教学点典型应用案例分析得出的，但是田野调查发现，很少有教学点能够提出或意识到教学应用模式的变化，在相关报道中也只谈到创新性应用，很少论及应用模式变化。

三 信息化应用大力提升阶段（2012—2018 年以前）：从自主发展、同伴互助到专家引领

（一）时代和教育信息化背景

这一阶段建立了体系化的教育信息化战略规划和政策制度。中国共产党第十届中央委员会第三次全体会议提出"构建利用信息化手段扩大优质教育资源覆盖面的有效机制"。2012 年 11 月，教育部启动实施"教学点数字教育资源全覆盖"，为教学点配备数字教育资源接收和播放设备，配送优质数字教育资源。2013 年 10 月，教育部实施"全国中小学教师信息技术应用能力提升工程"，旨在提升教师信息技术应用能力、学科教学能力和专业自主发展能力。2014 年 5 月，教育部办公厅印发《中小学教师信息技术应用能力标准（试行）》的通知，旨在全面提升中小学教师的信息技术应用能力，促进信息技术与教育教学深度融合。自 2014 年起，教育部每年都会印发年度教育信息化工作要点，组织开展年度"一师一优课、一课一名师"活动，调动各学科教师应用信息技术的积极性和能力。这一时期中国出台了密集的教育信息化战略规划和政策，这些规划和政策对教学点有着很重要的影响。如果说 2012 年以前是中国教学点信息化奠定基础的阶段，那么 2012 年以后则进入大发展、大提升阶段。

1. 实施了"教学点数字教育资源全覆盖"项目

2012 年，教育部组织制定了"教学点数字教育资源全覆盖"项目实

---

① 王陆、王晓芜、张敏霞：《农村中小学现代远程教育工程中 DVD 模式的教学应用》，《中国电化教育》2005 年第 11 期。

施方案,决定全面启动实施这一项目。该项目旨在通过 IP 卫星将优质数字教育资源传输到全国 6.7 万个教学点,帮助农村边远地区开齐开好国家规定课程,满足适龄儿童就近接受良好教育的基本要求。

据教育部数据,截至 2016 年,只有 2.5 万个教学点接通了互联网①,仅占教学点总数的 39%。虽然国家为教学点提供了设备,在一定程度上改善了教学点的教学环境,但是信息设备的"全覆盖"并不意味着教育资源的"全覆盖"②。

2013 年至 2015 年,华中师范大学对中国中西部省区 100 余个教学点进行调研。调研结果显示,只有 21.3% 的教学点教师使用投影仪、多媒体等新兴教学媒介。③ 出现这种现象的最大原因在于大多数教学点的教师信息技术水平较低,无法灵活使用信息设备进行教学。

2. 实施了"全国中小学教师信息技术应用能力提升工程"

"三通两平台"建设已初具成效,教师队伍建设是信息技术应用能力可持续发展的根本保障。针对全国中小学教师培训中存在的项目分散、标准不全、模式单一、学用脱节等突出问题,教育部实施全国中小学教师信息技术应用能力提升工程。该项目的总体目标是实施教师信息技术应用能力全员培训,以农村教师为重点,到 2017 年底完成全国 1000 多万名中小学(含幼儿园)教师新一轮提升培训,提升教师信息技术应用能力、学科教学能力和专业自主发展能力。④

3. 颁布了《中小学教师信息技术应用能力标准(试行)》

为了规范和引领中小学教师有效应用信息技术开展教育教学,为各地开展教师信息技术应用能力培养、培训和测评等提供依据,教育部颁

---

① 《关于政协十二届全国委员会第四次会议第 2869 号(教育类 311 号)提案答复的函》,中华人民共和国教育部(http://www.moe.gov.cn/jyb_xxgk/xxgk_jyta/jyta_kjs/201612/t20161205_290905.html)。

② 《信息设备"全覆盖"不等于教育资源"全覆盖"》,中国共产党新闻网(http://cpc.people.com.cn/n/2015/0729/c83083-27379182.html)。

③ 《信息设备"全覆盖"不等于教育资源"全覆盖"》,中国共产党新闻网(http://cpc.people.com.cn/n/2015/0729/c83083-27379182.html)。

④ 《教育部关于实施全国中小学教师信息技术应用能力提升工程的意见》,中华人民共和国教育部(http://www.moe.gov.cn/jyb_xwfb/s271/201311/t20131119_159705.html)。

布了《中小学教师信息技术应用能力标准（试行）》。针对中国中小学校不同的信息技术实际条件和应用情景，从"应用信息技术优化课堂教学"和"应用信息技术转变学习方式"两个层次，围绕"技术素养、计划与准备、组织与管理、评估与诊断、学习与发展"五个维度，规定了中小学教师信息技术应用能力和标准。《中小学教师信息技术应用能力标准（试行）》为全国中小学信息技术应用能力培训提供评价标准，也是教学点教师信息技术培训的参考标准。

4. 实施了年度"一师一优课、一课一名师"活动

为了落实党的十八届三中全会提出的"构建利用信息技术手段扩大优质教育资源覆盖面的有效机制"，教育部自2014年开始，截至2019年，每年举办一次"一师一优课、一课一名师"活动，旨在建设一支善用和用好信息技术及优质数字教育资源开展教学活动的骨干教师队伍，促进优质数字教育资源的建设和共享，形成一套覆盖中小学各年级各学科的生成性资源体系，分享典型案例，推广优秀案例和教学模式。2014—2019年"一师一优课、一课一名师"开展情况如表4-4所示。

表4-4　　2014—2019年"一师一优课、一课一名师"开展情况

时间	参加范围和活动重点	总体要求
2014年度①	●充分调动各学科教师在课堂教学中应用信息技术的积极性和创造性，使每位教师都能够利用信息技术和优质数字教育资源至少上好一堂课 ●面向全国所有具备网络和多媒体教学条件的中小学校（包括小学、初中、九年一贯制学校、完全中学和普通高中等），各年级各学科的教师均可参加	组织200万名教师在国家教育资源公共服务平台上"晒课"，评选出2万堂"优课"

---

① 《教育部办公厅关于开展2014年度"一师一优课、一课一名师"活动的通知》，中华人民共和国教育部（http://www.moe.gov.cn/srcsite/A06/jcys_jyzb/201407/t20140703_171300.html）。

第四章　西北地区农村教学点信息化演进

续表

时间	参加范围和活动重点	总体要求
2015—2016年度①	●进一步发挥教师的个体创新力量，着力提高"晒课"质量，推动常态化应用 ●面向全国所有具备网络和多媒体教学条件的中小学校（包括小学、初中、九年一贯制学校、完全中学和普通高中等）	计划组织200万名教师在国家教育资源公共服务平台（简称"国家平台"）上"晒课"，从中重点征集2万堂"优课"纳入国家平台优质资源库
2016—2017年度②	●激发广大教师的教育智慧，不断生成和共享优质资源 ●未明确说明参加范围	组织引导教师在国家教育资源公共服务平台上"晒课"，数量达到270万堂以上，从中遴选2万堂"优课"纳入国家平台优质教育资源库
2018年③	●推进信息技术与教育教学深度融合、扩大优质教育资源覆盖面、提升教育质量和深化基础教育教学改革 ●全国所有具备网络和多媒体教学条件的中小学校（包括小学、初中、九年一贯制学校、完全中学、普通高中、特殊教育学校）	组织引导教师在国家教育资源公共服务平台上晒课，数量达到100万堂以上，从中遴选1万堂优课（其中包含少数民族语言教材优课200堂、特殊教育优课100堂）纳入国家平台优质教育资源库
2019年④	●充分调动广大中小学教师应用信息技术的积极性、主动性和创造性，形成系列优化资源 ●全国所有具备网络和多媒体教学条件的中小学校（包括小学、初中、九年一贯制学校、完全中学、普通高中）	引导教师在国家教育资源公共服务平台上晒课，数量达到100万堂以上，从中遴选1万堂优课（其中包含少数民族语言教材优课200堂）纳入国家平台优质教育资源库 综合实践课程以专题形式进行晒课和评审，将小学和初中信息技术学科纳入综合实践课程范畴。心理健康教育、安全教育和家庭教育等以主题分类方式进行晒课和评审

---

① 《教育部办公厅关于开展2015—2016年度"一师一优课、一课一名师"活动的通知》，中华人民共和国教育部（http://www.moe.gov.cn/srcsite/A06/jcys_jyzb/201605/t20160504_241885.html）。

② 《教育部办公厅关于开展2016—2017年度"一师一优课、一课一名师"活动的通知》，中华人民共和国教育部（http://www.moe.gov.cn/srcsite/A06/jcys_jyzb/201702/t20170221_296858.html）。

③ 《教育部办公厅关于开展2018年"一师一优课、一课一名师"活动的通知》，中华人民共和国教育部（http://www.moe.gov.cn/srcsite/A06/jcys_jyzb/201802/t20180201_326327.html）。

④ 《教育部办公厅关于开展2019年"一师一优课、一课一名师"活动的通知》，中华人民共和国教育部（http://www.moe.gov.cn/srcsite/A06/jcys_jyzb/201903/t20190311_372911.html）。

教育部"一师一优课、一课一名师"活动共实施了五年，在国家教育资源公共服务平台上生成和积累了大量优质教育资源库，供广大教师观摩学习，教研交流，促进信息技术与教育教学深度融合。信息技术使用从最初的善用、用好到优化、有智慧地使用，晒课的课程也从语文、数学、英语延伸到综合实践课程、心理健康教育、安全教育等全科课程。各地区根据活动精神，制定了适合本地区的活动规划方案，出台了相应的激励机制，引导鼓励教学点教师参加"一师一优课、一课一名师"活动，对教学点教师的信息技术应用能力有带动和提升作用。

（二）多层次、立体化的教学资源体系逐步形成

这一阶段，在教学点教学资源方面，我国开通了"国家教育资源公共服务平台"，各省（市、区）建成开通了省级教育资源公共服务平台，还有专门针对教学点的"数字资源全覆盖"及各学校购置的教学资源，形成了"国家级、省级、全覆盖资源及教学点购置资源"四级教学资源体系。

1. 国家教育资源公共服务平台

2012年12月28日，国家教育资源公共服务平台正式开通。这是国家提供教育基本公共服务的普惠性举措。该平台在提供资源上传下载服务的基础上，强调以学习空间为核心进行资源推送，以教师的教学空间应用带动学生、家长和学校的应用，根据不同用户的需求，将适切的资源推送到不同的个人空间，形成"以公共服务平台为引导，以学校应用为主体，以社会各方共建共享为支撑"的教育资源建设与应用体系[1]，使优质教育资源应用惠及人人。

2. 省级教育资源公共服务平台

为了响应国家教育信息化"三通两平台"建设，使省级"三通"工作真正落地，持续发挥教育资源的效能，全国各省（市、区）建成并陆续上线了省级教育资源公共服务平台，作为区域性、普适性、共享性的教育教学资源平台。西北五省（区）也分别建成了省级教育资源公共服

---

[1]《国家教育资源公共服务平台开通》，中华人民共和国教育部（http：//www.moe.gov.cn/jyb_xwfb/gzdt_gzdt/moe_1485/201301/t20130105_146441.html）。

务平台，其中陕西省于2014年建成"陕西教育人人通综合服务平台"并正式上线使用①，通过个人实名空间实现为全省教师准确推送免费优质教育资源，提供网上协作备课和互动交流服务。甘肃省于2014年建成了省级基础教育资源公共服务平台，形成了教育"云"+"端"的应用模式。该平台将教学资源、人人通空间、教育教学应用、大赛活动和教师培训有机结合起来，截至2018年5月，教师和学生开通空间比例分别为95%和81%。②宁夏于2015年开通了"宁夏教育资源公共服务平台"，该平台以资源推送、智能课程、微学习为核心，构建泛在的网络学习环境，为全社会公民提供教育惠民服务；有效整合社会各类教育资源，提升教育服务能力；提供教育大数据分析功能，助力教育科学决策。青海省于2016年建成并开通"青海省基础教育资源公共服务平台"③。新疆基础教育资源公共服务平台于2014年9月1日投入运行④，建设了大量学前及义务教育阶段主要学科，包括汉语、双语、民语类学科资源。为了保证一线教师完全掌握平台操作，2014年9月22日至30日，通过送培的形式在塔城、阿勒泰地区开展应用培训，每所学校选派一名管理人员和两名骨干教师参加培训，在塔城、阿勒泰地区培训结束后，培训团队总结培训经验并在全疆全面推广平台应用培训工作。

3. 专门针对教学点的"数字资源全覆盖"

自2012年教育部启动数字教育资源全覆盖项目以来，西北五省（区）积极采取配套措施，为教学点配备了卫星数字教育资源接收设备。组织教学点教师参加培训，使教师们基本掌握设备的操作、资源下载、整理和教学应用。除国家为每个教学点投入5000元外，宁夏回族自治区

---

① 《关于开展"陕西教育人人通综合服务平台"应用试点工作的通知》，陕西省教育厅（http：//jyt. shaanxi. gov. cn/news/jiaoyutingwenjian/201408/12/8241. html）。

② 《甘肃省资源公共服务平台》，甘肃省教育厅（http：//zt. gsedu. cn/info_ exhibition/content. jsp? urltype = news. NewsContentUrl&wbtreeid = 1021&wbnewsid = 1090）。

③ 《青海省教育厅关于进一步做好青海省基础教育资源公共服务平台应用工作有关事项的通知》，青海中小学智慧教育平台（http：//www. qhedp. cn/App. Resource/index. php？app = changyan&mod = Homepage&act = view&newsid = 516）。

④ 《新疆基础教育资源公共服务平台应用培训》，新疆基础教育资源公共服务平台（http：//edu. xjcxedu. com/desktop-web/login. action？nextpage = ）。

又划拨专项资金为每个教学点投入7000元，为南部山区283个教学点全部配齐了卫星数字教育资源接收设备。在"硬件"配备齐全之后，宁夏及时组织由283个教学点专职教师参加的专项培训，使教师们基本掌握设备的操作、资源下载和教学应用。各教学点逐步形成了"一师一校堂堂用""两师、三师、多师轮流用""音乐、美术一起用"等多种应用模式。2013年，新疆实现了教学点数字教育资源全覆盖，做到"设备配备到位、资源配送到位、教学应用到位"，让农村和边远地区的教师和孩子零距离接触先进教学资源和教学方法。新疆充分依托公共通信资源，全面部署覆盖城乡各级各类学校和教育机构的教育信息网络，对网络条件下的信息终端工具进行深度渗透，以满足各类学习环境需求。新疆义务教育阶段中小学的宽带接入率达到65%以上，20%以上的学校实现10M带宽接入。① 甘肃省实施"教学点数字教育资源全覆盖"项目，投入经费1700余万元，实现3142个教学点数字教育资源全覆盖。在甘南、临夏等民族地区实施"畅言智能语音教具助力民族地区双语教学推广"项目，投入资金1000多万元，采购5000套智能语音教具系统，有力地促进了民族地区学校双语教学。

4. 教学点购置的资源

调研发现，有些教学点根据教学需要，还自行购置了教学资源，如宁夏同心县预旺镇郭阳洼完全小学（教学点）购置了"状元大课堂"资源；宁夏红寺堡区太阳山田园小学（教学点）购买了"新课标第一网"；青海西宁市城中区阳光小学张家庄教学点购买了"外研K12"（Unischool）资源。这些资源是对教学点现有资源的有效补充，据教学点老师反映，"状元大课堂"中的试卷组卷功能较好；"新课标第一网"上的试题比宁夏教育云平台上的更贴近课程内容，试题质量也高；"外研K12"（Unischool）中的资源更适合低年级教学，因为青海省的部分教学点从一年级开始就开设了英语课程。

---

① 《开学新气象 新政惠民生》，中华人民共和国教育部（http://www.moe.gov.cn/jyb_xwfb/s5147/201309/t20130902_156628.html）。

这四级资源共同作用，构成了教学点多层次、立体化的教学资源体系。在调研中教师们普遍反映说，当前教学资源非常丰富，基本能够满足日常教学需求。但在实践中发现，在如何使用资源、发挥资源的效用方面尚存在一些问题：第一，教育云平台上的资源审核不严格，资源质量良莠不齐，教师需要花时间鉴别和筛选资源；第二，由于教学平台自身的容量限制，教师在教育云平台的教学助手中上传和下载教学资源有一些困难；第三，在整合使用所下载的资源时，由于缺乏对技术的熟练操作，教师在插入视频、动画、录制微课等方面存在较大困难。

（三）"三通两平台"得到深化应用

1. 陕西省

全国"三通两平台"得到发展和深化应用。根据国家教育信息化发展规划，结合实际，陕西省基础教育信息化建设的总体目标是：到2020年，在全面完成"三通两平台"建设任务的基础上，实现信息技术与教育教学的深度融合。

一是加快"宽带网络校校通"建设。到2015年，农村学校接入宽带互联网比例应达到90%，学校班均出口带宽不小于1M；城镇学校接入宽带互联网比例达到100%，学校班均出口带宽不小于2M；到2020年，中小学校接入宽带互联网比例达到100%，农村学校班均出口带宽不小于5M，城镇学校班均出口带宽不小于10M。在此基础上，学校要根据其自身条件，灵活采取有线、无线等技术方式，逐步使网络通达教室、实验室、办公室等教学、办公场所，让师生在校园内方便地接入互联网，并采取有效措施实现绿色上网。

二是加快实现"优质教育资源班班通"。为学校教室、实验室和各类功能教室配备多媒体教学设备，满足教师在教学时使用数字教育资源的需求，推动教学模式、教学方法、教学内容和评价方式的创新，提高教育质量。到2015年，农村学校普通教室多媒体教学设备普及率达到30%以上；城镇学校普通教室多媒体教学设备普及率达到70%以上。到2020年，学校普通教室多媒体教学设备普及率达到100%。

三是大力推进"网络学习空间人人通"应用。到2015年底，为全省60%的中小学教师开通网络学习空间，并逐步向学生和家长开放；到2020年，向所有教师、初中以上学生和家长开放网络学习空间，实现多元化应用。①

自大力实施"三通两平台"建设以来，陕西省教育系统补短板、促升级，加快学校信息化基础环境建设，2019年已经实现了全省各级各类学校宽带网络全覆盖，普通教室多媒体教学设备配备比例超过90%，城乡环境差距不断缩小。②

2. 甘肃省

2013年8月16日，省教育厅与甘肃联通签订全面战略合作协议，双方承诺将全面推进"三通两平台"建设工作，在教育信息化基础设施建设，优质教育资源开发、共享与应用，教育资源共同服务平台，教育管理信息化应用等领域通力合作，相互支持，为实现甘肃教育信息化共同努力。③

截至2019年，甘肃大力推进"三通两平台"建设，实现教育信息化优质资源全覆盖。目前，甘肃省中小学互联网接入率达到91.23%，这一举措为信息化教学提供了必要条件。④

2018年底，教育部、工业和信息化部联合发起了学校联网攻坚行动。当时，甘肃省中小学（含教学点）总数为12159所，未联网学校数共计1701所，占全省中小学（含教学点）总数的13.99%。

在提高中小学互联网接入率的同时，甘肃省也在持续深入推进"三通两平台"建设，截至2019年9月20日，甘肃省中小学配备多媒体教

---

① 《李兴旺、张新民同志在全省基础教育信息化暨网络安全工作会上的讲话》，陕西省教育厅（http://jyt.shaanxi.gov.cn/news/jiaoyutingwenjian/201410/31/8518.html）。

② 《"完善环境、拓展应用、深度融合"三段式发展公平而有质量的教育 陕西："互联网+"有力量》，中华人民共和国教育部（http://www.moe.gov.cn/jyb_xwfb/s5147/201910/t2019 1021_ 404498.html）。

③ 《省教育厅与甘肃联通签订全面战略合作协议》，中共甘肃省委教育工作委员会甘肃省教育厅（http://jyt.gansu.gov.cn/jyt/c120301/201308/a30dd4d9bfb748a493d63f55ee8f0db4.shtml）。

④ 《聚焦贫困地区，补齐发展短板——甘肃："全面改薄"提升整体教育水平》，中华人民共和国教育部（http://www.moe.gov.cn/jyb_xwfb/s5147/201909/t20190926_401146.html）。

学设备的普通教室达96528间，92.83%的学校已拥有多媒体教室，其中84.76%的学校实现多媒体教学设备全覆盖。①

近年来，甘肃省不断加大对教师的教育信息化应用培训，并组织专家深入学校，采取多种方式提升基础教育资源公共服务平台的规模化应用水平，进一步推动教育信息化"三通两平台"建设，加快优质数字教育资源共建共享和信息技术与教育教学深度融合。②

3. 宁夏回族自治区

自"十二五"以来，宁夏回族自治区以"三通两平台"建设为主要标志的教育信息化工作取得突破性进展。学校的网络教学环境得到大幅度改善，信息化应用基础条件进一步完善。全区82%的学校接入了互联网（不含幼儿园），比2013年的51%增加了31个百分点；66%的中小学教室配备了多媒体教学设备，比2013年的41%提高了25个百分点；60%以上的学校信息化基础设施得到了改善。③

一是"宽带网络校校通"，截至2017年5月，全区82%的各级各类学校都以不同方式实现互联网接入，为推动优质教育资源网络全覆盖奠定了坚实的基础。二是"优质资源班班通"，全区中小学81%的教学班配备了多媒体教学设备，生机比和师机比分别为9.91∶1和1.14∶1，并完成了教学点卫星数字资源全覆盖。三是"网络学习空间人人通"，2016年实现全区职业教育教师和学生"人人通"空间100%开通。目前，基础教育76%的中小学教师、41%的学生开通了网络学习空间。

"两平台"是指搭建宁夏教育资源和公共服务平台。宁夏结合智慧宁夏八朵云建设，融合了教育资源、管理和公共服务等功能，完成了宁夏教育资源公共服务平台（教育云）建设。目前，该平台已完成近10万名教师、140万名学生和2400多所教育机构的基本信息入库，各地原

---

① 《甘肃省中小学互联网接入率达到97.14%》，中共甘肃省委教育工作委员会甘肃省教育厅（http：//jyt.gansu.gov.cn/jyt/c120301/201909/b54851a4631148c8beff3811b885010e.shtml）。
② 《宁夏：82%的学校接入互联网》，《中国教育网络》2016年第1期。
③ 《宁夏：82%的学校接入互联网》，《中国教育网络》2016年第1期。

则上不再建设功能与教育云类似的信息系统，减轻了各地信息化建设压力，有效节约了建设资金。

宁夏教育云涵盖了学前教育、中小学及普通高中教育、职业教育、高等教育、民办教育、特殊教育和社区教育，打通了个人终身学习的所有数据，实现了"人人皆学、处处能学、时时可学"。教育云还建设了在线课堂共享平台，开展"一校带多校""网络名师工作室"和"网络教研"等教学应用活动，让更多的山区、农村偏远学校共享名校、名师等优质教育资源，通过教育云让城市优质学校、教学名师与薄弱学校和教师牵手结对、共同发展，有力地助推全区教育公平。①

2018年底，课题组一行在调研宁夏教学点时，教师们普遍反映说："目前学校已经全面接入宁夏教育云平台，平台不仅有宁夏的教育资源，还接入了国家的教育资源。老师和学生实现了用户统一登录，老师可以使用云平台中的教案授课。"

4. 青海省

随着中小学教育信息化"班班通"建设项目的实施，青海省西宁市大通县教育信息化"三通两平台"建设已具雏形。截至目前，全县中小学建成计算机网络教室116间，安装学生用计算机6000余台，建设完成"班班通"教室1293间，配备语音教学设备305台，教师办公用计算机1333台。24个教学点实施了"教学点数字资源全覆盖"项目，配备教学资源播放设备44套。全县所有学校通过光纤接入互联网，实现了宽带网络校校通和优质资源班班通。②

全省中小学"班班通"覆盖率达98%，网络接入率达93.4%，教学点数字教育资源播放设备和资源包基本覆盖。全省小学每百名学生拥有计算机12台，高于全国平均水平1.46台；初中每百名学生拥有计算机18台，高于全国平均水平3.2台；高中每百名学生拥有计算机19.8台，

---

① 《以"富脑袋"实现"富口袋""拔穷根"——宁夏实施教育精准扶贫调查》，经济日报（http://paper.ce.cn/jjrb/html/2017-06/02/content_334958.htm）。
② 《西宁市大通县积极推进教育信息化建设》，西宁党建网（https://zhdj.xndjw.gov.cn/website/contents/15/38546.html）。

建成录播教室 348 间,计算机教室 1875 间。

优质教育资源实现共建共享。经过努力全面完成了省级基础教育资源公共服务平台二期建设和向省政务云迁移工作。截至目前,省级基础教育资源公共服务平台注册教师达 48470 名,教师注册率为 92%。开通教师网络学习空间 25361 个,浏览量达 160 余万人次,为青海省网络学习空间"人人通"奠定了基础,初步形成"互联网+教育"雏形。[1]

5. 新疆维吾尔自治区

2016 年,"宽带网络校校通"覆盖面进一步扩大。北京、江苏、上海、浙江、广东和新疆生产建设兵团等已全面实现学校"宽带网络"全覆盖。全国普通教室全部配备多媒体教学设备的中小学比例为 56.6%,较 2014 年提高了 17.4 个百分点。浙江、新疆等地已将"校校通"列入学校基本办学标准,有力地推动了信息化基础设施的配备。[2]

2018 年,"三通两平台"建设进展迅速。学校网络教学环境建设大幅改善,教育信息化基础条件进一步夯实。为全区中小学和教学点基本配齐了信息化教学设备,教育信息化硬件设施得到进一步优化。新疆中小学双语现代远程教育建设计划全面完成:配备计算机教室 854 间,多媒体教室 4.07 万间;教学点数字教育资源全覆盖工程全面完成:全区 828 个教学点能够享有优质教育资源;宽带网络"校校通"覆盖率达到 55.15%;多媒体"班班通"覆盖率达到 75%。

优质资源匮乏局面明显好转。新疆教育资源公共服务平台已开通运行,以此为依托开发建设了集双语教育资源库、资源管理服务平台、标准化双语交互教学平台、MHK 模拟测试平台、应用监管平台以及 E 学校平台于一体的"一库五平台",平台具有教学、管理、监督、交流等服务功能,注册人数达到 21.4 万人,储存各类教育教学资源 15T。"平台"

---

[1] 《青海省教育信息化取得"四大进展"》,央广网(http://news.cnr.cn/native/city/20181126/t20181126_524426137.shtml)。

[2] 《2016 年全国教育信息化工作专项督导报告》,中华人民共和国教育部(http://www.moe.gov.cn/jyb_xwfb/gzdt_gzdt/s5987/201610/t20161031_287128.html)。

已成为全区中小学教师获取、共享优质教学资源的主流平台。①

（四）教师成长从"自主发展""同伴互助"到"专家引领"

1. "一师一优课，一课一名师"引领教师成长

2014年至2019年举办的各级"一师一优课，一课一名师"活动，引领和鼓励教学点教师积极参与比赛。在同伴帮助、中心校学科组的指导下，教师反复备课、磨课和研课，教师的教学创新及信息技术应用能力得到提升。西北五省（区）在"一师一优课、一课一名师"活动中，根据实际情况出台政策和方案。宁夏张家塬乡制定了"一师一优课、一课一名师"活动方案（节选方案部分内容见附录三），鼓励教学点教师积极参加。教学点教师也取得了优异的成绩。

（1）金小贵校长获得"部级"优课

宁夏同心县张家塬乡预旺镇F完全小学的金校长多次参加县、乡、中心校组织的"一师一优课"比赛，也获得过县、乡级别的奖励。经过多次参赛，金校长在教学创新和信息技术应用方面有很大成长，2019年参加教育部"一师一优课"比赛，其报送的课例《侵略者在中国的罪行》被评为教育部2019年度"一师一优课、一课一名师"活动"优课"。

金校长毕业于宁夏吴忠师范小学教育专业，有9年教龄。金校长信息化教学理念比较先进，在跟我们交谈中，多次提到翻转课堂的好处。时刻关注信息化教学方面的热点，带动学校实现教师信息化应用能力的发展。学校共有7名在编教师，平均年龄为34岁。每位教师都用电子白板授课，具备一些信息化与课程整合方面的相关知识，县级教育部门及学校有统一信息化能力应用要求，所以每个教师的信息化应用意识都较强，信息化应用能力整体较好。

在谈及参加部级优课的过程时，金校长记忆犹新，露出欣慰又自信的笑容：

---

① 《新疆维吾尔自治区教育信息化"十三五"发展规划》，教育装备采购网（https：//www.caigou.com.cn/news/2018071888.shtml）。

2019年我有幸第三次参加了由教育部举办的"一师一优课、一课一名师"活动，经过县、市、区推送，最终获得部级优课。一路走来可谓是山重水复疑无路，柳暗花明又一村，经历了前面几次比赛，这次我花了时间精心准备，想让自己的课走得更远一些。

功夫不负有心人。为了更好地把握和理解教材内容，经过不断听课、评课、研课、磨课环节，一堂完整的课最终呈现在了网络上。在讲授这节课时我充分利用了信息技术辅助教学，插入了视频、音频、图片等教学素材，信息技术与小学道德与法治学科整合，丰富了道德与法治学习情境，激发了学生学习的动机和兴趣。多媒体教学具有形象直观、内容丰富、动态呈现、信息容量大等特点。它所提供的外部刺激——图片、图像、动画、声音、文字等是多样而丰富的，符合学生对具体形象事物感兴趣的心理特点，应该说是非常有利于他们对知识的获取与建构，有利于知识的吸收和理解。网络技术等创设教学的情境，让学生走进情境、体验学习。在美好的情境中阅读、发现、质疑、思考、探究，领会文章的内容，品味语言文字，感受学习道德与法治的乐趣。

为了调动学生的积极性，更好地为新课创设理想的情景，且使学生对所要引入的知识有足够的兴趣，在教学《侵略者在中国的罪行》一课时，我在课堂开始时利用多媒体技术给学生呈现了一段侵略者在中国的罪行视频资料，学生自然而然地会联系他们自己的生活实际展开想象，尽快进入对文本的理解。在还原历史真相，让学生了解、学习这段国家的屈辱史时，在突破重难点"铭记历史，不是为了鼓动仇恨，而是教育我们要爱国、自强"时，通过视频短片了解在以习近平同志为核心的党中央的坚强领导下，国家在农业、工业、科技、体育等方面取得了令世人瞩目的成就。让学生谈谈看完视频的感受，当年是新中国成立七十三周年，作为小学生我们应该为祖国的建设做出哪些贡献，让学生谈感受，谈做法。信息技术成为教学中激发学生学习兴趣、促进深入理解、突破重难点的最好办法。

(2) 徐老师获得"市级"优课

宁夏彭阳县白阳镇 X 教学点的徐老师,毕业于国家开放大学(宁夏校区)小学教育专业,参加工作 7 年,曾获得镇级、县级优秀班主任荣誉,参加过多次优质课、公开课比赛并获奖。她于 2019 年获得固原市"一师一优课"的市级优课。谈起这次参赛的收获和成长,徐老师回忆道:

> 2019 年我有幸参加了由教育部举办的"一师一优课"活动,经过县选拔最终获得市级优课。这次之所以能获奖是因为信息技术的创新应用。表现在三方面:一是创设情境,激发学习兴趣。小学生对于新奇的事物、新颖生动的画面往往怀有好奇心,在教学中我常常利用希沃 5 课件库里面的创设情境,根据小学生好奇心强的特点,激起学生的学习兴趣,如此学生渴求知识的欲望便油然而生。让学生在做游戏中学到了知识。二是化静为动,突破重难点。例如,在给学生教口算除法的时候我用鸿合派 6 里面的动态课件,直观地把拆分法给学生展示出来,对这种动画课件,学生一般都很感兴趣,尤其动画展示的是他们自己的生活点滴,他们都会睁大了小眼睛,仔细地观察,如此一来,不仅可以吸引学生的注意力,还可以让学生在兴趣中快速地学到知识,实现从"苦学"到"乐学"的转变。三是多样化表扬。在平时的表扬中,我们一般是口头表扬,而"班级优化大师"给学生多样性的表扬,不但能加分,还能兑换积分,让学生大大提高了兴趣。
>
> 总之,信息技术给教学带来了诸多方便,给学生带来了更多有趣的游戏,让老师实施多样化教学,让学生在游戏中快乐地学习知识。

(3) 王老师获得"县级"优课二等奖

宁夏同心县张家塬乡 D 完小的王老师(女)、汪老师和王老师(男)

多次参与张家塬中心学校的晒课活动。在 2018 年张家塬乡"一师一优课，一课一名师"活动乡级优课比赛中，汪老师的语文课《小池》获得乡优一等奖，王老师的音乐课《映山红》获得乡优一等奖。王老师于 2015—2016 年参加同心县"一师一优课"比赛，其小学品德与社会的《家乡的发展变化》一课被评为同心县级"优课"二等奖。

2. 同伴合力互助解决问题是常态

教学点在缺乏信息技术专业人员的指导下，遇到设备故障、技术使用困境时，首先想到的是教师们合力互助、抱团取暖解决问题，这也是最经济、有效的方法。

宁夏彭阳县白阳镇 X 教学点共有 5 位在编教师，其中杨老师和马老师的教龄分别为 36 年和 35 年，年龄均超过了 55 岁，其他三位老师平均年龄不超过 30 岁。两位老教师的信息技术应用能力很好，能够熟练使用希沃白板上传下载资源，制作和播放希沃课件，使用希沃助手教学。问及原因，两位老师一致反映说，主要是靠三位年轻人的带动。年轻人学习能力强，对技术使用上手快，我们虽然年纪有些大了，但是学习一天都不能停下来。遇到技术难题，年轻人会帮助我们，通过合作讨论一起解决。

（五）学生也成为熟练操作技术的"小能手"

教学点的课堂今非昔比，已变成了技术丰富的课堂。孩子们已经习惯并适应教师使用信息技术教学。有些教学点的孩子，对常用信息技术的熟练程度不比教师弱。我们明显地感受到孩子的信息素养提升了。

1. "我"来当小老师

2018 年 9 月，课题组一行三人来到宁夏同心县张家塬乡 D 完小（教学点）调研，学校共有一男一女两位王教师。我们听了课，走访了学校之后，跟两位老师继续进行非正式访谈交流。过了大约半个小时，同学们等不到老师来上课，一个名叫汪晓美的二年级女孩儿，落落大方地走到黑板前，当起了小老师。她很熟练地打开宁夏教育云中的教学助手，找到里面的语文课件，供低年级小朋友观看。整个过程中老师没有要求她做什么，孩子完全是自发的行为。

我们很诧异。两位老师解释说，孩子们都会用这些技术，基本上能熟练操作，老师天天用，孩子们观察，他们的好奇心强，课下自己动手试试，很容易就学会了。

2. 老师，我知道"它"在哪里

2018年11月，我们课题组一行三人赴宁夏彭阳县调查教学点信息化情况。在离彭阳县城约20公里的白杨镇X教学点，现年57岁的杨老师正在上一堂四年级数学课《平行四边形》。杨老师用希沃教学助手授课，因对小学四年级学生来说，几何比较抽象，所以他在需要时会结合板书授课。杨老师对教学助手操作不是很熟练。杨老师在操作时，如果不能很快地找到某个功能界面，有学生在座位上就喊："老师，我知道它在哪儿，点右边那个按钮"。杨老师不清楚怎么翻，就问学生说"这个往哪儿翻"，学生说往上翻。杨老师也欣然地接受了学生们的提示。在整个一堂课上学生很活跃，胆儿大，回答问题和讨论不怯场，师生关于教学和技术使用的交流很融洽，我想这与老师平时对孩子的爱、鼓励学生使用信息技术及民主的课堂氛围息息相关。

（六）应用迈上新台阶，教学实践中大胆尝试新模式

教学点师生具备了一定的信息素养，应用迈上新台阶，教学中大胆探索尝试应用一些新模式。甘肃民乐县教体局利用"互联网＋教育"，在农村1—4年级小学实施"SW＋课堂"教学模式。"SW"即双师＋微课，包括SWY（双师＋微课＋音乐）、SWM（双师＋微课＋美术）等。示范教学由民乐县专业音乐、美术教师担任，利用录课设备将1—4年级音乐、美术课制作成微课。指导教师为1—4年级承担音乐、美术课教学任务的任课教师，他们是课件的播放、使用者和课堂教学的组织者。[①]

这一时期在实践中还涌现出基于师徒研修共同体的专递课堂教学模

[①] 张耀国：《"SW＋课堂"教学模式在农村小学的推广应用》，《甘肃教育》2020年第4期。

式、动静搭配、垂直互动的教学模式,"三段式"教学模式等。董文丞在王继新教授提出的教学点同步互动课堂教学模式和教研共同体管理体制架构的基础上,结合西吉县小学科学专递课堂的具体行动,得出基于师徒研修共同体的专递课堂教学模式。① 青海互助县在全县范围内大力提倡复式教学动静搭配、垂直互动的教学模式。学前班和一年级教学合班授课,普遍采用动静搭配的复式教学模式。而体、音、美、劳教学多采用上大课、垂直互动的复式教学模式。② 甘肃省天水市秦安县率先在当地陇城镇建成了集食宿、办公、管理于一体的教育园区,创新"园区+走教"的办学模式,变学生"走读"为教师"走教",有效解决了农村学校课程开不齐、师生留不住、发展不均衡等难题。③ 还有"三段式"教学模式,即以"导学案"为载体的"先学后教、先练后讲"的教学模式以及"分层式教学""同课异构"模式等新教学模式的有效运用,以及积极开展"问题即是课题"主题校本教研活动、教育质量提升年等活动,有效促进了全县教育教学质量的稳步提升。④

从这些创新模式中可以看出,该阶段在信息技术应用上采取了一些创新性的教学策略、教学活动、教学组织形式,信息技术已经与课程整合起来或得到深度融合应用。

四 "互联网+"等技术支持的创新发展阶段(2018年以来):从共享资源、共享师资到共享课堂

中国教育信息化发展进入了"教育信息化2.0"时代。在教育信息化2.0时代,以"互联网+"、云计算、大数据技术为代表的信息技术

---

① 董文丞:《专递课堂教学互动及其优化策略研究——以西吉县小学科学课为例》,硕士学位论文,宁夏大学,2021年。
② 达于迁:《互助县复式教学模式调研分析》,《青海教育》2011年第11期。
③ 《甘肃秦安县创新教学模式解区域教育均衡发展难题——"园区+走教"探出山村教育新路》,云南网(https://edu.yunnan.cn/system/2021/01/22/031249810.shtml)。
④ 林玟均、董发辉:《大通撤并百所学校和教学点》,《青海日报》2010年12月1日第2版。

对各级各类教育教学产生了重要影响。自2018年以来,"互联网+"技术对教学点的发展发挥着重要作用。

(一)教育新基建赋能教学点校园信息化建设

新基建是构筑数字时代的新结构性力量。《关于推进教育新型基础设施建设构建高质量教育支撑体系的指导意见》的颁布,开启了教育领域新型基础设施建设的序幕。教育新型基础设施(以下简称"新基建")是以新发展理念为引领,以信息化为主导,面向教育高质量发展需要,聚焦信息网络、平台体系、数字资源、智慧校园、创新应用、可信安全等方面的新型基础设施体系。[①] 新基建为教学点发展信息化基础设施建设提供了"根基"和"底座"。借助于教育新基建理念,在"互联网+教育"国家建设项目等资助下,教学点开启了新一轮信息化基础设施建设。

1. 部分教学点安装了电子安防系统

由于教学点地理位置的特殊性,出于安全管理的需要,有些地区在教学点安装了电子安防系统。通过一键式紧急报警、视频监控系统与公安部门联网,即时发现、及时处理问题,推进校园安防系统与公安、教育信息化应用服务体系有效融合。宁夏彭阳县自2018年至2023年为全县所有教学点分批次安装了校园安防系统。在所调查的西北五省(区)教学点中,除了宁夏彭阳县外,其他市县安装安防系统的并不多见。

2. 同步互动课堂、"双师课堂"设备逐步配齐

互动课堂是通过网络实现地区、校际的远程互动教学,形成数据、技术、应用协同的生态,解决了资源分配不均、学校"数据孤岛"等问题,实现优质课堂共享,有助于改善农村学校英语、音乐、美术课程老师紧缺的现状。

---

① 《教育部等六部门关于推进教育新型基础设施建设构建高质量教育支撑体系的指导意见》,中华人民共和国教育部(http://www.moe.gov.cn/srcsite/A16/s3342/202107/t20210720_545783.html)。

宁夏依托"互联网+教育"国家建设项目，结合其他项目工程，升级校园信息化基础设施建设。自2018年以来，宁夏分批次为教学点配备安装了在线互动课堂系统，安装率达到100%。宁夏全域通过"双师课堂"、拖课"的方式带动教学点实现同步课堂教学，解决乡村教学点难以开齐开足英语课、音乐课、美术课的问题。拖课形式为跨市（县）拖课、县（区）内拖课、中心校拖课和村小拖课，以县域内拖课和中心校拖课为主，有些教学点由县城学校、中心校等共同拖课。以宁夏西吉县为例，2022年兴隆镇和将台堡教学点的拖课安排如表4-5所示。

表4-5　　　　　　　西吉县兴隆镇教学点拖课情况

拖课类型	主课堂		辅课堂	
	主讲学校名称	教室（间）	接收学校名称	教室（间）
中心校拖课	兴隆镇希望小学	1	兴隆镇川口小学	1
			兴隆镇王河小学	1
村小拖课	兴隆镇大沟门小学	2	兴隆镇陈田玉小学	2
	兴隆镇代段小学	2	兴隆镇刘玉小学	2
	兴隆镇单民小学	2	兴隆镇马嘴小学	2
			兴隆镇下堡子小学	2
	兴隆镇范沟小学	2	兴隆镇小岔小学	2
			兴隆镇杨茂小学	2
	兴隆镇公易小学	2	兴隆镇姚杜小学	2
			兴隆镇张界教学点	2
	兴隆镇团庄小学	2	兴隆镇光彩小学	2
	兴隆镇西马小学	2	兴隆镇李岔小学	2
县域内拖课	玉桥九年一贯制小学	2	兴隆镇下范教学点	1
			兴隆镇杨茂后湾教学点	1

同步互动课堂、"双师课堂"的建设和应用，为教学点开齐开足课程提供了基本保障。在所调研的64所教学点中，基本都能够开齐、开足

国家规定课程。另外，从2019年在线互动课堂开始应用至今，有些地区建设了教育专网，网络速度明显提升，从原来不足百兆，到现在的200MB/S、500MB/S甚至1000MB/S，在线互动课堂也由原来的频繁卡顿到基本可以畅通交流，接收端教学点的师生能够与主讲教师进行正常的课堂交互和反馈，但双方教师的合作同步备课、同步互动教学、同步课后反思能力及接收端（教学点）教师的辅助教学能力还有待提升。

3. 教学点网络环境大幅改善

近几年来，通过"农村义务教育薄弱学校改造计划"、义务教育均衡验收等项目，教学点的网络环境得到大幅改善。网速由不到百兆发展到现在的200MB/S甚至500MB/S。所调研的教学点的网速绝大多数能够达到200MB/S，在宁夏同心县，有些教学点的网速为500MB/S。在2019年的调研中发现，一些在线互动课堂频繁出现网络卡顿现象，但是在2023年的调研中，教学点教师们普遍反映在线互动课堂网络卡顿现象减少，基本能够顺畅上课。

在网速得到提升的同时，教育管理部门考虑到互联网教学的安全性，下一步将用教育专网改造现有网络，避免教学过程中频繁弹出不良信息和窗口。另外，原有网络设施设备功能老旧，在功能及网速方面存在瓶颈，因此在进行教育专网改造时亟须建设新型网络基础设备。田野调查显示，大多数教学点都反映了这一迫切的诉求。

（二）国家中小学智慧教育平台等新兴数字资源平台得到应用

1. "基础教育精品课"建设及应用

自2021年起，为了建设遴选一批具有特色、一流教学水平的中小学示范性课程，教育部提出在全国中小学建设基础教育精品课程。通过精品课建设，不断丰富国家中小学智慧教育平台上的资源内容，提高平台资源的质量。在农村薄弱地区，师生共享使用精品课，帮助农村学校开足开齐开好国家课程，加快提升农村教育质量。

经田野调查发现，因精品课对课程及技术要求较高，需要提供微课、微视频、教学设计、学习任务单、课件、作业练习和必要的实验演示等材料，教学点教师在视频录制和剪辑方面存在很大困难，教学点也缺乏专业化录课设备。因此在中心校的组织和帮助下，有一小部分老师去中心校完成课程录制，参加比赛和晒课，也有教师入围市（县）级精品课并获奖，但是未见进入省级和国家级的获奖者。

在精品课应用上，教学点教师深刻体会到精品课的优势。在疫情防控期间的线上教学中，除了互动直播教学外，教师还根据教学内容和进度进行备课、为学生推送精品课，辅以每周定期的在线辅导答疑。在精品课中融合应用现代信息技术，创新的教学方式方法，还有随时能够暂停的交互和思考，学生对在精品课中师生交互、探究性解决问题有了感悟学习，师生们都受益匪浅。

2. 国家中小学智慧教育平台在部分教学点得到应用

国家智慧教育公共服务平台是由中华人民共和国教育部指导，教育部教育技术与资源发展中心（中央电教馆）主办的智慧教育平台。国家智慧教育公共服务平台一期项目主要包括国家中小学智慧教育平台、国家职业教育智慧教育平台、国家高等教育智慧教育平台和国家24365大学生就业服务平台四个子平台。2022年3月28日，国家中小学智慧教育平台上线试运行，该平台由原来的"国家中小学网络云平台"升级而来，提供丰富的课程资源和教育服务。

"国家中小学智慧教育平台"主要承载面向中小学的各类优质教育教学资源，建立资源共建共用机制，将平台资源按各省（区、市）的需要分布式地部署到省级平台，不具备条件的省份可直接使用该平台。2022年7月14日，国家基础教育智慧公共服务平台上线体育、美育、劳动教育资源，为师生自主学习、教师改进教学、家校协同育人提供丰富的优质数字教育资源。该平台当前支撑开展自主学习、教师备课、双师课堂、作业活动、答疑辅导、课后服务、教师研修、家校交流、区域管理九大应用场景。

国家智慧教育公共服务平台的前身是"国家中小学网络云平台"，是教育部在2020年疫情突然暴发的情况下紧急开发建设的。通过提供专题教育和课程教学两大类优质资源，支撑疫情防控期间"停课不停学"和学生自主学习、教师优化课堂教学。教育部还出台了《国家中小学智慧教育平台运行管理办法（暂行）》，各地因地制宜地制定了本地工作指南，如吉林省、河北省、江苏省、江西省、四川省、青海省①、甘肃省②、宁夏回族自治区③、新疆维吾尔自治区④等。

宁夏作为国家中小学智慧教育平台的应用示范区，印发了《国家智慧教育平台宁夏整省试点实施方案》⑤，遴选试点学校，建立了任务清单，深入推进整省试点，构建国家、自治区、市、县（区）、校五级贯通联动的智慧教育平台体系。2022年11月4日，宁夏出台上线了宁夏智慧教育平台⑥，平台覆盖基础教育、职业教育、高等教育、就业服务等应用场景，汇聚同步课程、数字教材、智慧作业、虚拟实训等优质资源，其中基础教育资源覆盖全学段、全学科。

在疫情防控期间，国家和省级智慧教育平台在教学点得到了一定的应用。西北各地区教学点利用基础教育各学段各学科资源开展教与学。教师利用数字资源进行备课导学、课堂教学、课后作业检测。利用课程教学资源开展异步在线教学，利用智慧作业开展课后作业及时检测，助力教学点"停课不停学"。利用研修资源和网络空间开展跨学区、跨教学点的教师智能研修活动。在疫情结束之后，平台上的学科教育、安全教育、科普教育、心理健康等教育资源继续在教学点得到应用，助力开足开齐诸如道德与法治教育、美术、音乐、科学、劳动教育等课程。

---

① 《青海出台指南用好智慧教育平台》，中华人民共和国教育部（http：//www.moe.gov.cn/jyb_xwfb/s5147/202209/t20220906_658888.html）。

② 《甘肃全力做好国家中小学智慧教育平台应用工作》，中国教育新闻网（http：//www.jyb.cn/rmtzcg/xwy/wzxw/202205/t20220511_692764.html）。

③ 《宁夏教育厅印发〈国家智慧教育平台宁夏整省试点实施方案〉》，中国教育在线（https：//news.eol.cn/yaowen/202211/t20221103_2253715.shtml）。

④ 《自治区关于做好"国家中小学智慧教育平台"推广应用工作的通知》，新疆维吾尔自治区教育厅（http：//jyt.xinjiang.gov.cn/edu/jcjygk/202204/8fc39839293542a5b7a671245afb59b9.shtml）。

⑤ 《宁夏印发〈国家智慧教育平台宁夏整省试点实施方案〉》，中国教育新闻网（https：//baijiahao.baidu.com/s？id=1747824539383445169&wfr=spider&for=pc）。

⑥ 《宁夏智慧教育平台上线了》，宁夏回族自治区教育厅（http：//jyt.nx.gov.cn/ztzl/hlwjysfqjs/tt/202211/t20221104_3830804.html）。

在座谈中，宁夏西吉县兴隆镇中心小学马校长多次提到，辖区教学点教师使用两级智慧教育平台上的优质资源授课，开设双师课堂和直播课。西吉县将台堡镇 A 小学的郝校长说道，他们常常使用智慧教育平台备课授课，交互性很强的直播课是一类非常好的资源，因其较强的交互功能，在只有 1—2 位教师的教学点，教师因外出培训等无法正常授课时，其他老师或高年级学生播放直播课可以让低年级学生进行学习或自学。直播课有很好的师生交互和反馈功能，在老师的适当引导下，学生们可以自学完成学习任务。

就智慧教育平台的应用而言，教师们反映说，存在两个突出问题：一是国家智慧教育平台要求学生和家长均要注册，但注册过程过于复杂，家长因信息素养较低，往往会望而生畏，所以家长注册率较低。还有一个普遍现象，就是教学点学生家长因外出务工等会频繁更换手机号，这样学生的注册信息会丢失，密码修改权限又不在教学点，需要有关上级部门审批，这就需要花费较长时间。由于账号问题导致学生在很长时间里无法登录国家智慧教学平台，影响学习。宁夏西吉县兴隆镇在国家智慧教育平台上的教师注册率为 100%，学生注册率为 86%，家长注册率只有 30%—40%。二是现有教学资源对教学点的适用性尚不够。现有教学资源主要针对城市地区开发，教学情景离教学点的实际较远。希望国家和省级智慧教育平台能够针对教学点，开发专门性的教学资源，能够对教学点开展专递课堂教学，提高资源的教学效用。

3. 电子教材让课堂"活"起来

国家智慧教育云平台和省级教育云平台上的"电子教材"，活页式设计、即需即调用的便利、图文并茂的呈现形式，将电子教材融入课堂教学的每个环节，电子教材让课堂"活"起来。

宁夏西吉县将台堡镇 B 小学的武老师给四年级学生上《序数词》一课，采用探究和归纳教学法，引导学生在认识序数词 First，Second 和 Third 的基础上，归纳出第四及以后序数词的规律，以及十及整十的序数词的特点。在整个教学过程中，武老师熟练地在板书、课件及电子教材之间切换。在学生掌握了序数词的规律后，武老师当堂打开电子教材，让学生完成课本中1—20的序数词。之后武老师在屏幕电子教材对应的位置上即时显示正确答案，让学生根据其自己的完成情况对照修改。

（三）在线同步课堂、双师课堂助力教学点师生成长

在线同步课堂是在远程教育理论的指导下，以网络技术环境和远程互动教学系统为支撑，由优质学校和薄弱学校教师协同配合，以同步互动方式实现对本地和异地学生同步上课的一种网络协同教学模式。[①] 其目的是通过两端教师协同互助，帮扶薄弱地区学校开齐开全课程，助力两端教师专业发展，提高教育教学质量，帮助学生学习和成长，帮助教学点教师专业成长。同步课堂让城乡教育"零距离"，即城乡享受同样的优质课堂。同步课堂使得薄弱地区的孩子拥有"城市学校"，孩子可以与"城里人"平等对话，真正实现优质课堂教学共享，是一种没有疆界的教学模式。同步课堂在促进师生个体成长、两端学校发展以及区域教育发展方面具有多维价值[②]，已经在部分教学点得到常态化应用。

1. 补齐薄弱学科教学

受师资力量的限制，许多贫困地区学校的音乐、体育、美术、劳动及德育等促进学生全面发展的课程往往难以正常开展，成为学校的"薄弱学科"，这也是长期以来困扰教学点发展的难题。西北地区各省（区）通过丰富的同步课堂补齐教学点的薄弱学科。

陕西省于2019年启动了"陕西教育扶智平台"，该平台在"一对多"的精准结对和"点对点"的精准帮扶之下，由名师和名教研员牵头，组织教研共同体，依托互联网进行长时程课堂诊断和跨校跨区域教

---

① 郭炯、杨丽勤：《协同与交互视角下的同步课堂：本质、困境及破解路径》，《中国电化教育》2020年第9期。

② 郭炯、杨丽勤：《协同与交互视角下的同步课堂：本质、困境及破解路径》，《中国电化教育》2020年第9期。

研整改，使受帮扶学校得到了基于真实课堂的反馈，促进了受帮扶教师专业能力的提升。陕西蓝田县华胥镇 G 教学点的侯老师说："扶智平台就是为助力我们教师专业成长打开的一扇窗口。"

聆听完教育扶智平台上人工智能教育课《智能交通灯》，地处大山深处的蓝田县三官庙镇 E 教学点的薛老师说："这是我第一次了解人工智能应用，真无法想象这是小学一年级信息技术课要学习的内容，这节课让我深深感受到了人工智能技术对生活和教学产生的巨大作用。"不只是薛老师，陕西省多个偏远贫困地区教学点的教师都有此感触。

宁夏自 2018 年开展全国首个"互联网＋教育"示范区项目以来，实施学校联网攻坚行动，宁夏联通"一张网"，以提高学校网络带宽、构建高效联通的教育网络。宁夏普及"一块屏"，实施"班班通"全覆盖工程。为全区所有偏远教学点配齐同步课堂设备，确保每一个教学点都能接收远端主讲教师的优质同步课堂。

宁夏泾源县兴盛乡 2021 年共有 9 个不完全学校（包括教学点），全乡就一个美术老师，且为三支一扶教师，服务周期短。这九所不完全学校的美术课主要靠县城小学和兴盛乡中心校的在线同步课堂开设。一堂由泾源县兴盛民族小学在线主讲，兴盛乡 A 小学同步上课的二年级美术课，远端主讲老师讲解展示构图和线条运用，教学点老师积极指导学生作画，双方配合较好，一堂课结束后，教学点的学生基本能按要求完成一幅作品。

由宁夏泾源县平凉庄民族小学教师主讲，泾源县黄花乡 E 小学同步接收的一堂音乐课《小红帽》，主讲教师首先通过提问引出小红帽和大灰狼的故事，引入新课内容。接下来教师带领学生复习了"强弱强弱"四拍节奏，并回顾了所学知识点。随后两端学生开始互动，通过开嗓试唱，让两端学生都参与进来，感受节拍和韵律。在新授环节，教师首先讲授了整首曲子的谱子，学生们反复吟唱，掌握了节奏。然后填上歌词，学生们熟悉歌词，带上节拍反复歌唱。

整体来看，主讲端音乐教师对课堂有较好的把控能力，教学设计相对完整。泾源县兴盛乡中心小学负责信息化工作的李老师说："在线同步课堂弥补了教学点音乐、美术等专业教师的缺失。"这种认识得到了普遍认同。

2. 用于同课异构、晒课、教研等交流活动

近几年来，有些完全小学学生数量骤减，完全小学蜕变为教学点，但教师还没来得及调整，因此这些教学点的师资力量比较好。对于这一类教学点，同步课堂除了补齐薄弱学科教学外，还被用于教师专业发展，形式包括同课异构、晒课、教研等交流活动。同步课堂属于一种新型教学模式，对两端教师的教学能力提出了新要求和新挑战，需要两端教师提升协同教学能力和课堂管理能力。

甘肃会宁县从2016年开始为教学点配置了同步课堂接收设备，但教学点的师资数量较为充足，基本能够开齐语文、数学、英语等课程。同步课堂主要用于不定期开展教研活动、教师培训、晒课、同课异构等教学展示，帮助教师专业发展。

通过同步互动课堂，教学点教师与主讲教师协同备课、协同教学及协同课后教学反思，帮助两端教师提升教学设计能力、协同教学能力和教学反思能力。宁夏西吉县教体局信息化主任程老师说：

与其等待上级管理部门给我们调配教师，不如让我们的教师得到成长，双师课堂对我们的教师有很好的带动作用。在主讲端教师教学的过程中，教学点老师也能积极投入课堂，敢于开口、敢于放手，逐渐获得成长。未来教学点即使缺乏专业教师，教师们也能很好地适应这种现状，并且能够开出相应的课程。

借助信息技术手段，包括同步课堂，使教学点教师在实践中"做中学"，先用后学，能够胜任教学点的教育教学，是教学点内生发展的必由之路。

第四章　西北地区农村教学点信息化演进

3. 同步课堂的功效尚未很好地发挥出来

同步互动课堂是《教育信息化"十三五"规划》中"深入推进三个课堂建设"的重要任务之一，同步课堂在教学点的应用已有较长的历史，主要通过城乡互动促进山区农村学校资源共享[1]，以校际协作促进区域教育均衡发展[2]，促进新时代教育公平发展。已有研究表明，同步课堂的实施缓解了农村薄弱学校及教学点师资缺乏，开不齐课、开不好课程问题的紧迫性，降低了农村薄弱学校及教学点生源的流失率，激发了农村学校及教学点学生的积极性和主动性，提升了中心校和农村教学点教师的信息技术应用能力。[3] 然而，不可否认的是，在中国同步课堂实践中，出现了人员动力不足难推进，实施效果不好难持续，远端教师价值感降低难发展等一系列现实挑战[4]，阻碍着同步课堂的推进，削弱同步课堂的功效。

一是同步课堂的教学环境尚不够完善。同步课堂作为一种网络互动课堂，对技术及环境有较高的要求。主讲端学校一般信息化环境较好，建有专门的同步互动课堂及教室，教室里有隔音和回音处理设施，教学及课堂交互时音质较好。而教学点作为接收端，同步课堂建在普通教室，缺乏相关隔音和回音处理，课堂声音质量不高。再加上网络延迟、主讲端教师讲课语速快等问题，教学点课堂听课效果不理想。

二是同步课堂的协同问题。同步课堂是一项复杂的系统工程，涉及多方主体间的协同工作，需要协同理论的指导。协同理论认为，根据协同间主体的不同，可以分为系统外部主体间协同和系统内部主体间协同。同步课堂系统外部的主体包括教育管理部门、高校专家和市（县）级教研员、企业及技术人员。管理部门为同步课堂提供了总体规划和制度保

---

[1] 梁林梅、陈圣日、许波：《以城乡同步互动课堂促进山区农村学校资源共享的个案研究——以"视像中国"项目为例》，《电化教育研究》2017年第3期。
[2] 梁林梅、陈圣日、许波：《以城乡同步互动课堂促进山区农村学校资源共享的个案研究——以"视像中国"项目为例》，《电化教育研究》2017年第3期。
[3] 杨俊锋等：《混合同步网络课堂有效性的实证研究》，《电化教育研究》2018年第12期。
[4] 郭炯、杨丽勤：《协同与交互视角下的同步课堂：本质、困境及破解路径》，《中国电化教育》2020年第9期。

障，高校专家对同步课堂进行引领和指导，技术专业人员为同步课堂提供技术支持。然而，在实践中发现，同步课堂多元主体参与不足，协同很不充分：一是教育行政部门宏观调控不足，同步课堂缺乏有效组织和协调。同步课堂依赖于多方主体的参与，主体之间需要进行强有力的协同工作。但实践中教育行政部门主导不够，多方主体之间协同不力，削弱了同步课堂的效果。二是高校专家、市（县）教研员参与课堂指导不够，同步课堂缺乏有效的智力支持。同步课堂属于新生事物，基于网络的异地同堂、大规模差异化教学对两端教师提出了很大的挑战，因此同步课堂需要高校专家、市（县）教研员的教学指导。然而现实中专家和教研员参与指导不够，教师大多是他们自己在实践中摸索，根据他们自己的理解来教学。三是企业及技术人员支持不及时，同步课堂无法真正落到实处。同步课堂是完全依赖于技术的新兴课堂，技术支持无保障，同步课堂就无从谈起。由于区域管理部门统筹协同、教学点经费分配和使用等原因，有些同步课堂频繁出现技术故障但得不到及时维修，导致同步课堂无法正常运行，长此以往，就会挫伤教师使用同步课堂的积极性，同步课堂教学设备就成为一个摆设，没有真正使用起来。

　　同步课堂系统内主体包括两端教师与学生，系统内协同包括城乡学校合作和两端教师协同教学。当前系统内主体间协同存在的问题有：第一，城乡学校合作不足，教学点难以获得自主发展能力。在双方合作过程中，教学点被对方学校视为接收端，缺乏合作教学的主动权和话语权，很难获得主讲学校的精准帮扶和优秀教学资源支持，教学点难以成长为独立的自组织系统。第二，两端教师协同不足，教学点教师协同意识不强，对主讲教师过于依赖。教学点教师普遍反映说，双师课堂主要靠远端教师来教学，他们只是帮助管理课堂，维持课堂秩序，很少与主讲教师在课前协同备课，进行协同教学、协同评价反思。同步课堂的目标不仅仅是帮助开齐开足课程，还旨在帮助教学点教师成长，以期使教学点教师能够脱离主讲教师独立开展教学。缺乏强烈的协同意识，同步课堂为一部分教学点教师提供了懈怠和放松教学的机会。在田野调查中，甘肃会宁县的多所教学点校长谈道："我们没有明确的同步教学规划，都是接到通知说要用同步课堂上课，我们这里打开接收就行了。"

三是同步课堂教师的教学能力亟须提升。西北各地区同步课堂实施的效果参差不齐，普遍存在两端教师难协同，异地师生难兼顾，远端教师参与不够的问题[1]，其根本原因在于两端教师缺乏同步课堂教学能力。杨丽勤、郭炯、姚亚杰研究构建了一套面向主讲教师和远端教师的同步课堂教学能力框架。该框架包括"意识与态度""协同备课""协同教学""协同评价反思""技术环境应用"五个一级指标。主讲教师能力框架分为九个二级指标和19个三级指标，远端教师能力框架又分为九个二级指标和18个三级指标，并对每一级指标都给出了权重，其中远端（教学点）教师同步能力框架如表4-6所示。

表4-6　　　　远端教师同步课堂教学能力框架

一级指标	权重	二级指标	权重	三级指标
意识与态度（A）	0.2590	实践意愿（A1）	0.1690	实践参与意愿（A11）
		协同意识（A2）	0.0899	协同备课意识（A21）
				协同教学意识（A22）
				协同反思意识（A23）
协同备课（B）	0.2206	协同设计能力（B1）	0.2206	学情差异分析能力（B11）
				内容选择能力（B12）
				活动设计能力（B13）
				评价设计能力（B14）
				突发预见能力（B15）

---

[1] 杨丽勤、郭炯、姚亚杰：《教师同步课堂教学能力框架研究》，《电化教育研究》2021年第9期。

续表

一级指标	权重	二级指标	权重	三级指标
协同教学（C）	0.2691	组织管理能力（C1）	0.1190	辅助配合能力（C11）
				管理调控能力（C12）
				实时沟通能力（C13）
				突发处理能力（C14）
		启发引导能力（C2）	0.0860	启发引导能力（C21）
		反馈激励能力（C3）	0.0641	反馈激励能力（C31）
协同评价反思（D）	0.1484	协同评价能力（D1）	0.0838	协同评价能力（D11）
		协同反思能力（D2）	0.0646	协同反思能力（D21）
技术环境应用（E）	0.1030	技术操作能力（E1）	0.1030	技术操作能力（E11）

资料来源：杨丽勤、郭炯、姚亚杰《教师同步课堂教学能力框架研究》，《电化教育研究》2021年第9期。

根据表4-6中远端（教学点）教师能力指标，对西北五省（区）18个教学点的43名教师的同步教学能力进行了调查（调查表见附录四）。结果显示，教学点教师在"意识与态度"方面的得分为0.132，"协同备课"方面的得分为0.145，在"协同教学"方面的得分为0.093，在"协同评价反思"方面的得分为"0.034"。教学点教师在意识与态度、协同备课、协同教学、协同评价反思、技术环境应用五个方面都较缺乏。调研中，当问及老师们如何与主讲教师协同上好一堂课时，甘肃会宁县老君坡镇B小学的沈校长、Y小学的曹校长、X小学的陈校长都谈到同步课堂的困境："我们也不知道怎么教好，主要还是对方教师讲授，我们这边看着学习。""我们也知道上课的进度和教学内容，但是没有人要求我们课前具体准备些什么。"

4. 应该对同步课堂两端教师教学能力开展针对性的培训

同步课堂是"互联网+"教育下课堂教学的新样态，具有协同性、交互性、大规模分层差异等特点。教师的同步教学能力受到很大挑战，教师需要针对性地培训和学习。调研中，教学点的校长和教师强烈地表达了这一诉求："如果两端教师，尤其是教学点教师的同步课堂教学能力跟不上，同步课堂也只是个形式，效果还不如送教下乡好。另外，教师们如果不积极主动地改进教学，未来同步课堂将会被国家智慧教育平台上的双师课堂所代替。"教师的教学能力已经成为制约发挥同步课堂效果的首要问题。

教学点教师虽然接受了不同程度、不同层次的培训，培训内容涉及2022年新课标、新课改、信息技术教学应用、德育教学、科学教育、各学科教学等，但是田野调查显示，很少有针对同步课堂教学能力的培训和学习。因此建议高校专家、市（县）级教研员通过三个课堂、直播讲座、面对面的研讨、区域教研共同体等形式对教学点教师开展专门培训，培训内容包括：（1）开展同步教学的意识与态度。包括实践参与的意愿，与主讲教师协同备课、协同教学、协同反思的意识。（2）协同备课。包括如何开展差异学情分析、信息化教学设计、教学策略的选择与设计、教学评价设计、突发预见与分析等内容。（3）协同教学。内容涉及如何辅助配合主讲教师教学，如何管理调控课堂，引导学生与主讲端学生及时沟通，如何处理课堂突发情况，如何启发引导学生学习、及时反馈并激励学生。（4）协同评价反思。包括如何协同主讲教师开展教学评价，并基于教学评价开展协同反思与修改教学。（5）熟练技术与环境的操作使用。内容包括熟悉同步课堂环境及功能，能够熟练操作相关技术。

（四）课堂教学结构发生了前所未有的变化

1. 教学要素及其内涵变化

"互联网+"教育背景下教学点课堂教学的要素发生了很大变化，教师、学生、教学资源、教与学的环境、教学组织形式等要素内涵也越来越丰富。

（1）教师

教师的角色和能力发生了较大变化。第一，教师的角色得以重塑。教师由知识的传授者向学习指导者、帮促者、促进学生认知发展的设计者等多重角色发展。第二，教师必须具备虚实融合环境中的教学能力。教师需要具备在虚实环境中开展在线教学与面对面教学的能力。第三，教师的网络教学能力需要全面提升。在当前阶段，基于互联网、互联网＋技术的教学成为常态，因此教师必须提升基于网络环境和网络空间开展教学的能力。第四，教师要具备一定的信息技术和信息化环境应用能力。教师需要熟悉典型的信息化教学环境，即多媒体教学环境、线上线下混合式教学环境，以及在这两种教学环境下常用的信息技术，包括工具、平台、教学系统等。

（2）学生

教学点学生的角色也发生了一定的变化。学生需要具备一定的自学能力，基于资源和同步互动课堂教学平台的协作学习能力、网络学习能力；学生还要具备与主讲端师生交互的能力。

（3）教学资源

教学资源得到了极大的丰富，资源内容和服务形式越来越多样化。第一，大量生成性资源的出现，突破了只有专业机构和专业人员开发资源的局面；第二，资源的内涵得到发展，资源由教学资源、教师智力资源和课堂资源构成；第三，智力资源共享成为常态，名师课堂、名师直播课助力教学点发展，且已成为常态化应用；第四，教育资源服务方式走向云服务，云上汇聚整合各类数字化学习资源、优秀教师等智力资源，通过云服务促进更大范围的资源共享。

（4）教与学的环境

教与学的环境得到扩充和丰富，教与学的环境向网络延伸，实体教学环境与在线教学环境相结合；在线与面对面相结合的教学环境得以构建，在线教学环境为学生学习提供了更大的可能和探索空间。

（5）教学组织形式

教学组织形式发生了深刻变化，教学组织由传统的固定班级教学的组织延伸到在线教学形式与班级组织相融合的形式。这两种教学组织融合后构成了两端协同、多主体参与、多方交互的教学新生态。

2. 教学结构变化

教学结构是指在一定的教育思想、教学理论和学习理论的指导下，在一定的环境中展开的教学活动进程的稳定结构形式，是教学系统四个要素（教师、学生、教学内容和教学媒体）相互联系、相互作用的具体体现。[①] 教学结构是指按照一定的教育思想、教与学的理论来组织教学活动进程。有什么样的教育教学思想，就会有相应的教学结构。教学点信息化课堂教学经历了一个由弱技术、技术丰富到较强技术的发展过程，不同发展阶段的教学结构不同。

(1) 基于"DVD+光盘"等的课堂辅助教学结构

这一阶段的信息技术主要包括传统教学媒体及少量现代电子媒体，包括教材、DVD+电视机、数字光盘，教学内容为教材、光盘教学资源、卫星收视教学资源。教师在教学时，可以借助播放光盘及卫星教学资源辅助教学。传统教学媒体及现代电子媒体与教材及电子教学资源同步发展，相互发展，共同作用于学生学习，这一阶段形成了一种稳定的辅助教学结构（见图4-4）。图4-4中实线表示强交互关系，虚线表示弱交互关系。

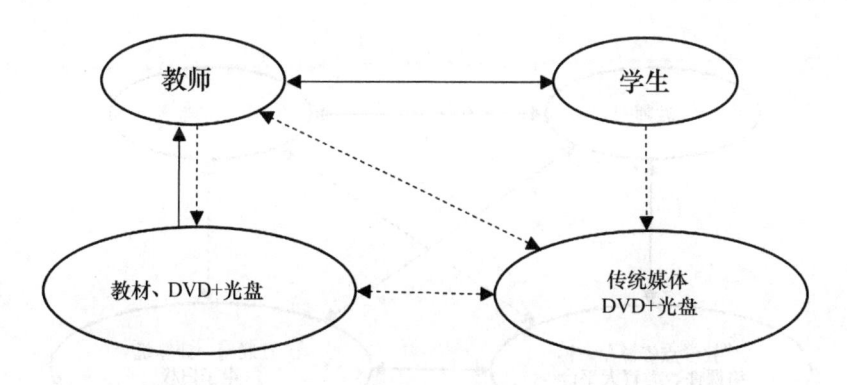

图4-4 基于"DVD+光盘"等的课堂辅助教学结构

(2) 基于互联网的课堂优化教学结构

20世纪90年代，国内计算机和互联网技术发展为教与学提供了更

[①] 何克抗、吴娟：《信息技术与课程整合——信息技术与课程深度融合的理论与实践》，高等教育出版社2019年版，第69页。

大的可能性。"十二五"期间,我国启动了"三通两平台"建设,即"宽带网络校校通、优质资源班班通、网络学习空间人人通",建设教育资源公共服务平台和教育管理公共服务平台。这一阶段教学点加快推动网络基础设施建设,逐步借助于互联网丰富的教学资源,师生使用互联网查找资源,辅助解决问题。课堂中的信息技术主要以计算机和互联网技术为主;教学资源得到很大丰富,包括商业公司开发的资源、教师共建共享的资源、教师点收集整理的资源。教学资源的类型也越来越丰富,包括媒体素材、试题库、试卷、课件及网络课件、教学案例、文献资料、网络课程等。教师与学生、教学资源、技术相互之间形成了强交互关系,但由于教学点信息化设备缺乏,主要由教师操作使用技术,学生不具备技术操作能力,因此学生与教学资源、技术之间处于弱交互关系。限于教学点学生人数少,探究、合作缺乏氛围和能力,因此课堂教学还是由教师主导。这一阶段形成了一种互联网技术优化课堂教学结构,教学结构如图4-5所示。

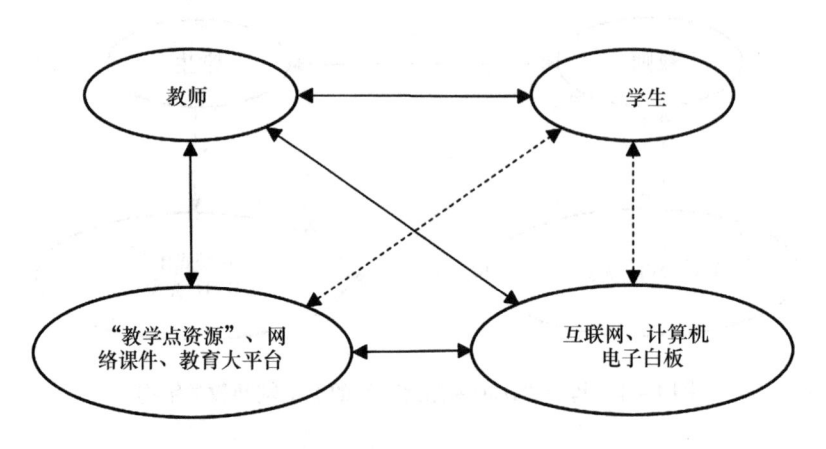

图4-5 基于互联网的课堂优化教学结构

(3) 基于"互联网+"的课堂创新教学模式

"互联网+"是互联网技术发展到一定阶段的产物,指运用云计算、学习分析、人工智能、物联网、网络安全等新技术,跨越学校和班级的

第四章　西北地区农村教学点信息化演进

界限，面向学习者提供优质、灵活、个性化教学的新型服务模式。"互联网+"教学秉持开放教学的理念，以学习者为中心，最大限度地选择和整合各类教学资源，借助社会力量和科技手段，提供一切有利于学生学习的教学资源、教学服务和教学管理的教学思想、教学方式、教学手段的总和。"互联网+"教学是在线教学发展的新阶段，具有技术与教学创新、深度融合的特征。

"互联网+"应用于教学点的教学和管理中，改变了教与学的方式、资源获取方式及教学服务方式。在教与学方面，打破了传统的课堂、班级、围墙限制，提供了一种跨越围墙的双师、异地同堂、多主体互动的教与学方式；在资源获取方面，资源的类型和形式得到极大丰富，包括本地教学资源、主讲端教学资源和网络教学资源，资源的形式包括多媒体素材资源、课程教学资源包（试题库、试卷、课件及网络课件、教学案例、文献资料、网络课程）、名师名校资源、智慧教学资源等；在教学服务方面，走向跨界融合和社会化协同，打破了教学服务的边界，形成了不同主体、组织、层级之间的联动、协同的教学服务供给方式，"三个课堂""同步课堂"、网络直播课就是其典型应用。

基于"互联网+"的教学融合了云计算、学习分析、人工智能、物联网等新兴技术，是一种强技术教学。这一阶段的教学主体十分多元化，呈现出"双师""双班甚至多班"及其相互间的复杂交互。主讲教师与教学点教师之间协同备课、协同上课、协同评价及进行课后反思，两者之间呈强交互；主讲教师为教学点学生授课，两者之间呈强交互；主讲教师和教学点教师灵活使用各类本地资源，两类教师与本地资源之间呈强交互；两类教师搜索、整理、加工和使用网络教学资源，两类教师与网络教学资源之间呈强交互；主讲教师和教学点教师为教学点学生授课，两类教师与教学点学生之间呈强交互；主讲端学生与教学点学生在课堂教学中有很多互动，两者之间呈强交互。主讲端学生和教学点学生学习主讲端教学资源，两端学生与主讲端资源呈强交互。这一阶段多个教学主体、多个教学班级、多样化的教学资源和技术协调发展，形成合力，共同作用于教学点学生学习，形成一种稳定的课堂创新教学结构（见图4-6）。

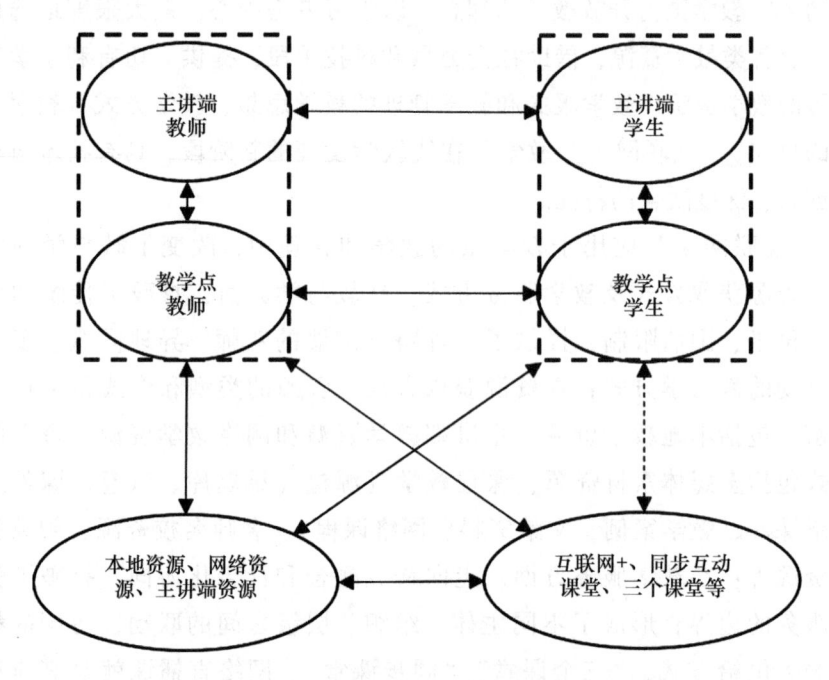

图4-6 基于"互联网+"的课堂创新教学模式

第三节 教学点信息化演进阶段与应用水平

改革开放40多年来，中国教育信息化经历了从1.0到2.0的嬗变。教育信息化经历了从"工具建设"到"应用驱动"再到"创新引领"的发展过程。依据信息技术应用水平划分，祝智庭和墨非（2018）从应用角度将中国教育信息化随技术发展而迭代演进的过程分为四个阶段，即起步、应用、融合及创新阶段[1]，形成教学应用多模式、多方协同参与、实践应用成效显著的实践样态（见图4-7）。

---

[1] 祝智庭、墨非：《教育信息化2.0：智能教育启程，智慧教育领航》，《电化教育研究》2018年第9期。

第四章　西北地区农村教学点信息化演进

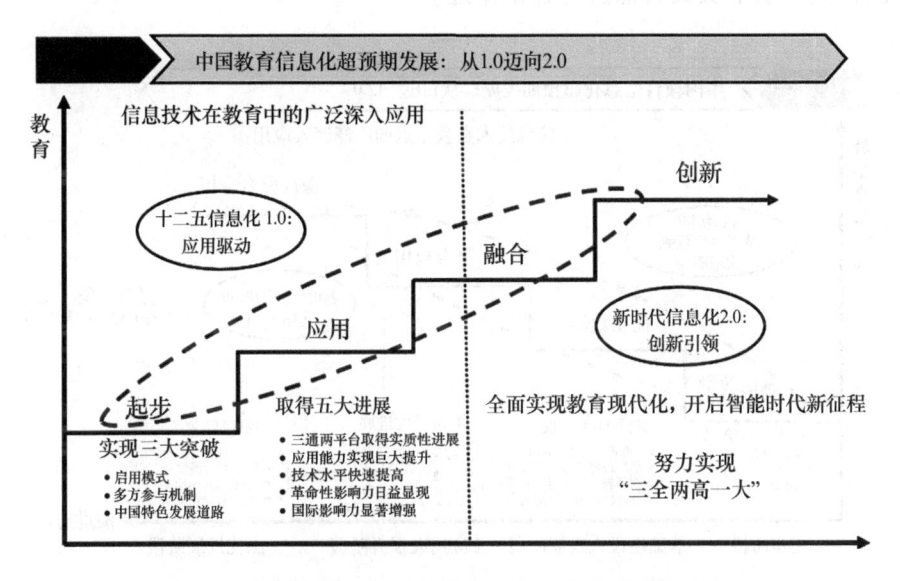

图4-7　教育信息化随新技术而发生迭代演进的过程

其中，起步阶段和应用阶段属于"十二五"期间教育信息化建设的重点，也被称为信息化1.0阶段，主要以"应用驱动"为特征；"融合和创新"为新时代以来教育信息化2.0阶段的主要内容，是实现"三全两高"目标的途径与所追求的目标之一。

教学点教育信息化与中国教育信息化同向发展，但是在发展及应用水平上要远远滞后于中国教育信息化的整体发展水平，参照祝智庭和墨非对中国教育信息化发展的分类，结合教学点信息化演进过程分析，将中国教学点信息化应用分为四种发展水平，即辅助教学、优化教学、整合应用、深度融合应用（见图4-8）。

图4-8中横轴代表教学点信息化演进历程，前文将其分为起步、基础建设大发展、应用大提升、深化发展四个阶段。纵轴代表教学点信息化。两者相交产生的部分为教学点信息化应用的不同发展水平，由低到高分为辅助教学、优化教学、整合应用和深度融合应用四种水平。研究发现，教学点信息化演进的四个阶段与信息技术应用水平大体相符合。信息化演进各个阶段不同，信息技术应用呈现出不同特点。以下将对这

四种应用水平及其特点进行详细阐述。

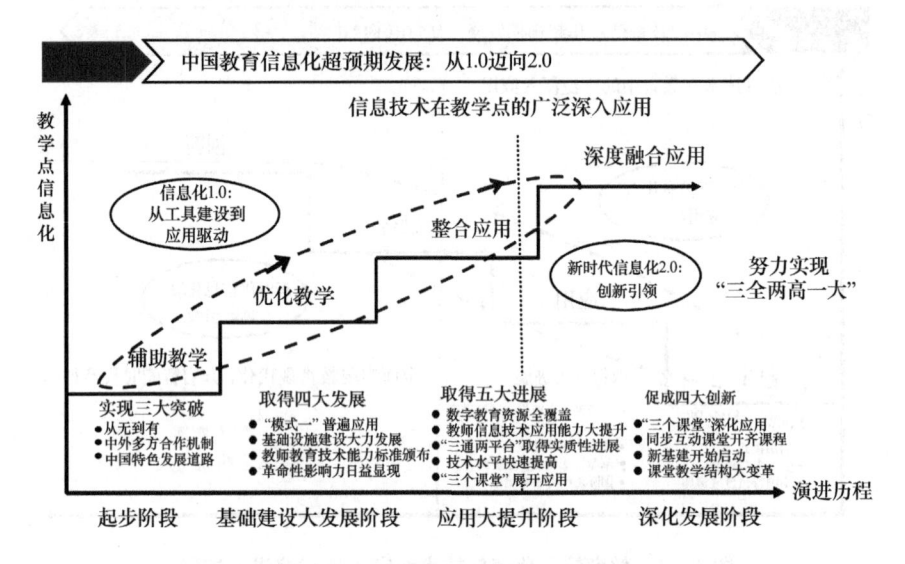

图 4-8 教学点信息化演进阶段与应用水平分析

一 教学点信息技术应用水平划分

（一）信息技术辅助教学

在 2003 年以前教学点信息技术起步，以及 2003 年后"农远工程"项目建设初期阶段，教学点信息技术的主要应用体现在三方面：一是教师利用"UNDP430 项目""中欧甘肃基础教育项目"等在中西部一些国家级扶贫县建立的教师学习资源中心（TLRC）进行技术学习、信息技术应用培训和利用教学资源辅助课堂教学。二是光盘教学，教师可以利用同步课堂教学实录、专题讲座实录、教师教学专题节目等教学光盘来辅助甚至代替教师讲课[1]，学生跟着教学光盘里的教学设计和教学活动来学习。根据需要利用教学光盘创设情景，调动学生的非智力因素，如兴趣、态度等参与学习。三是教师利用教学类光盘、教学素材类光盘和专题教育类光盘进行备课，借鉴其中的教学设计思路、用资源和光盘中的

---

[1] 张文兰主编：《信息技术与课程整合》，陕西师范大学出版总社有限公司 2012 年版，第 84 页。

素材和案例辅助教学；根据学生情况和教学实际对资源进行改造，设计出符合实际的教学活动。

这一阶段教学点信息化从无到有，并且始于学习资源中心、DVD播放器＋光盘等信息技术工具建设。借助于信息技术工具和资源，突破了课堂教学时空限制，学生看到了大山外的世界，获得了书本以外的知识，从此大山再也阻挡不住外面的信息了。另外，中欧甘肃基础教育项目、中国联合国发展计划署UNDP430项目的顺利实施也促成了中外多方合作机制，形成了利用国家外援项目促进国内农村贫困地区信息化发展的中国特色发展道路。

（二）信息技术优化教学阶段

"农远工程"项目的目标是截至2007年，为全国约11万个农村小学教学点配备教学光盘播放设备和成套教学光盘，光盘内容包括1—6年级所需各学科成套教学资源，全国510万名农村小学生受益。[①] 至此教学点信息化基础设施建设迎来了大发展。

对教师信息技术应用能力和教学法的培训也同步全面展开。2004年教育部颁布了《教师教育技术能力标准》，全国各地组织教师围绕目标开展培训和学习，如西北师范大学承担了中欧甘肃基础教育项目、教育部—李嘉诚基金会西部中小学现代远程教育项目、联合国发展计划署"UNDP430"等项目的教师、校长培训任务，还承担了培训材料的开发工作。西北师范大学先后组织了600余人次的各学科专家、课程与教学论理论研究人员等，深入农村中小学、民族地区中小学送教下乡，与中小学教师特别是农村中小学教师、民族地区中小学教师面对面探讨基础教育改革与发展中的有关问题。自2003年起西北师范大学又在新疆、青海、宁夏、甘肃等地建立了多个课程改革实验区。[②] 还通过一些国家级

[①] 陈庆贵：《农村中小学现代远程教育环境下的教学应用模式研究》，《电化教育研究》2006年第12期。

[②]《坚持师范教育办学方向 服务西部农村教育发展——西北师范大学服务西部基础教育、农村教育、民族教育的实践》，中华人民共和国教育部（http://www.moe.gov.cn/jyb_xwfb/s6192/s222/moe_1760/201201/t20120119_129678.html）。

培训项目开展培训，在2008年教育部中小学教师国家级培训项目中，采取教育部专项支持，结合对口支援，为西部教师进行有针对性的培训，由陕西师范大学对口甘肃，西北师范大学对口青海。依托"农远工程"项目，以卫星电视为主、计算机互联网为辅的现代远程教育方式培训农村义务教育阶段语文、数学和体育学科教师。培训内容以一线教师在新课程实施过程中遇到的问题为主线，由各学科的专家、教研员和优秀一线教师共同参与设计制作课程，将信息技术与课程相整合，专家引领与案例分析点评相结合。① 在谈到培训时，甘肃会宁县已退休的张教师回忆说：

> 我们在2003—2007年每年会组织教师去甘肃会宁和西北师大参加信息技术应用培训，教师的积极性很高。那时候学生多，班级多，一个教学点只有一套远程教育设备，教师的积极性很高，但是设备太少，还是没有大面积推广应用。

教师通过培训和学习，具备了一定的信息技术应用能力、教学法知识，能够根据教学需要，合理选择和利用技术资源。利用技术支持，改进教学方式，优化课堂教学，并形成了一些典型应用模式。陈庆贵在分析陕西等地光盘教学应用的典型教学案例、问卷调查、听课等基础上，总结出光盘教学有四种应用模式，包括直播教学模式、模仿对话教学模式、情景互动教学模式、资源整合教学模式。② 这些应用模式及案例是信息技术优化课堂教学的典型成果。

（三）信息技术与课程整合应用

自2012年以后，国家从数字教育资源应用、教师信息技术应用能力培训工程、教师信息技术应用能力、"三通两平台"和"三个课堂"等

---

① 《教育部2008年中小学教师国家级培训计划启动实施》，中华人民共和国教育部（http://www.moe.gov.cn/jyb_xwfb/gzdt_gzdt/moe_1485/tnull_37771.html）。

② 陈庆贵：《农村中小学现代远程教育环境下的教学应用模式研究》，《电化教育研究》2006年第12期。

方面全面推进教学点信息化建设和应用。

教育部、财政部于 2012 年底联合启动实施的"教学点数字教育资源全覆盖"项目，用了两年时间，为全国 6 万多个教学点配备数字教育资源接收和播放设备，配送优质数字教育资源，组织教学点应用数字教育资源开展教学，利用信息技术帮助各教学点开好国家规定课程。陕西省、甘肃省、宁夏、青海省和新疆截至 2015 年均完成了教学点数字教育资源全覆盖。

自 2012 年启动"教学点数字教育资源全覆盖"项目以来，除国家为每个教学点投入 5000 元外，宁夏又划拨专项资金为每个教学点配套投入 7000 元，为南部山区 283 个教学点全部配齐了卫星数字教育资源接收设备。在"硬件"设施配备之后，宁夏及时组织由 283 个教学点专职教师参加的专项培训，使教师基本掌握了设备的操作、资源下载、整理和教学应用。各教学点逐步形成了"一师一校堂堂用""两师、三师、多师轮流用""音乐、美术一起用"等多种应用模式。①

甘肃普及了远程教育数字资源，在会宁、天祝等县展开深入应用，帮助教学点开启国家课程②。

  抓喜秀龙乡代乾教学点远离天祝县城。从天祝县民族师范学校毕业后，张拉毛东智就来到这个教学点执教。从 1988 年入职，一干就是 20 多年。一直以来，教学点老师少，张拉毛东智上过所有小学开设的课程。

  近年来，随着教学点办学条件的改善，张拉毛东智渐渐发现，他自己承担的课程少了，同时，上课时身边又有一个"好帮手"。他说的"好帮手"，正是远程教育数字资源。张拉毛东智承担全校的音乐课，他不但要教汉语歌曲，同时，还要给学生教藏歌。他只

---

① 《宁夏教学点数字教育全覆盖 每个教学点投入 1.2 万元》，中华人民共和国教育部（http://www.moe.gov.cn/jyb_xwfb/s5147/201506/t20150611_190300.html）。

② 《普及远程教育数字资源 甘肃：梦想课堂给农村娃新梦想》，中华人民共和国教育部（http://www.moe.gov.cn/jyb_xwfb/moe_2082/zl_2015n/2015_zl47/201512/t20151209_224074.html）。

会几首校园歌曲,可孩子们希望能唱最新的流行歌曲。有相当长一段时间,他自己没地方学,也教不了学生。这让他很为难。

自从教学点安装了数字教学的设备和电脑,张拉毛东智只需要打开资源平台,就能调出各种新歌,里面还有伴奏,这样一来,学生们可带劲儿了;同时,为了教好藏歌,他经常去县城买些新出的光盘,他自己在电脑上先学,学会了再教给学生们。"音乐课上,学生们跟着光盘唱,学起来更快,唱歌再也不走样了。"张拉毛东智说。

除了音乐,张拉毛东智还带藏语文课。多年来,上藏语文课的问题是有些学生会说不会写,而有些则会写不会说。这两年来,教学点配置了学习藏语的点读机,藏语文课程都在点读机里,学生们跟着点读机学习,不但认识了字,口语发音也很标准,表达能力提高了很多。

针对各地在信息技术应用和教师信息技术相关培训中存在的项目分散、标准不全、模式单一、学用脱节等突出问题,教育部于2013年启动了全国中小学教师信息技术应用能力提升工程,目标是整合相关项目和资源,采取符合信息技术特点的新模式,到2017年底完成全国1000多万名中小学(含幼儿园)教师新一轮培训,提升教师信息技术应用能力、学科教学能力和专业自主发展能力。[①] 教学点教师当时也以不同形式、在不同程度上参与了培训,但各地情况不同,培训效果也参差不齐。在座谈中谈到这段时期教学点教师培训时,宁夏西吉县教体局程主任谈道:

当时我们是以整县推进的方式参加的,基本是全员培训,教学点也派出专门的管理员参加了集中培训,其他教师是在管理员的指

---

① 《教育部关于实施全国中小学教师信息技术应用能力提升工程的意见》,中华人民共和国教育部(http://www.moe.gov.cn/srcsite/A10/s7034/201310/t20131028_159042.html)。

导下在线上完成了能力点选取与培训。我们是线下实践测评，按照自治区统一设置的信息技术应用能力提升线下实践测评量表，先在校内测评，校内测评合格后，再申报县教育体育局组织专家组到学校抽测。培训效果总体还可以。

宁夏彭阳县教体局郑主任在谈到本县教学点教师当时的培训时说：通过实际操作、线上培训和到所在乡镇中心校集中培训，基本全部达到合格及以上。

甘肃会宁县教体局已退休张老师在谈到本县的培训时，认为培训形式较为多样化，但是效果不太理想，当时也没有做出明确的培训评价。

教学点教师在各自所在的乡镇教育管理中心利用两个假期进行培训，所有教师都要参加相关的网上培训，有的教师还要参加县教育局组织的在进修学校进行的相关培训。当时没有明确开展培训评价，效果不太理想……

为了进一步引领中小学教师信息技术应用能力培训工作，促进信息技术与教育教学深度融合，教育部于2014年制定发布了《中小学教师信息技术应用能力标准（试行）》。各地在开展教师培训和评价时，或多或少地会参照标准进行评价。

"十二五"期间启动的"三通两平台"建设，通过"宽带网络校校通"为学校提供宽带接入条件和在学校内部建成网络化的基本教学环境。通过"优质资源班班通"使具备"宽带网络校校通"的学校课堂教学能够使用优质数字教育资源，通过优质数字教育资源和信息技术手段促进教育均衡发展。国家和西北五省（区）建成两级教育资源和管理大平台。"三通两平台"对提升教学点信息化建设有着重要影响，有些地区通过"全面改薄"项目推动网络和基础设施的落实。自"全面改薄"项目实施以来，甘肃省将58个贫困县和17个插花型贫困县纳入"全面改薄"范围，该项目的实施，不仅改善了学校的教室、课桌凳等硬件条件，还将学校多媒体教室"班班通"建设纳入该项目中。① 宁夏"就是借助三通两平台，给各教学点通了宽带网，配备了电子白板等多媒体教学设施。设备借助的是改薄项目，网络当时接入的是电子政务外网"，宁夏西吉县、泾源县教体局信息化工作人员在谈到"三通两平台"建设时这么说道。在座谈时，陕西佛坪县岳坝镇中心小学李校长说："佛坪各校均能实现三通，在教师备课和教研方面起到积极作用，有指导性，资源丰富；课堂利用率较高，效果提升幅度大；宽带网速为100—200MB/S，教学基本够用，但是陕西省两平台在课堂教学中用得不多。"

"三通两平台"使得信息化支撑能力增强，因此"三个课堂"在西北农村地区展开全面应用。依托专递课堂、名师课堂和名校课堂三类课堂，一方面，教师发展从自主发展、同伴互助到专家引领；另一方面，帮助教学点开齐课程，如在宁夏、陕西省、青海省的部分教学点利用上海公益教学组织参加到"互加"计划中，利用一对多在线直播课的形式开设音乐、美术、语文阅读等课程。

南国农认为："信息技术与课程整合是将信息技术以工具的形式与课程融为一体，也就是将信息技术融入课程教学各要素中，使之成为教师的教学工具，学生的认知工具，重要的教材形态，主要的教学媒体。"② 2012年以后，通过信息化建设和应用，信息技术已开始融入各学科课程教学中，成为教师的教学工具、学生的学习工具、重要的教学内容形态。信息技术融入教学过程的各要素中，较好地被整合应用于课程教学中。

（四）信息技术与课程深度融合应用

《教育信息化2.0行动计划》提出"融合创新"的理念，即变革传统模式，推进新技术与教育教学的深度融合，真正实现从融合应用阶段迈入创新发展阶段，不仅实现常态化应用，而且要达成全方位创新。③ 2018年

---

① 《甘肃今年将完成3031所农村校"班班通"安装》，中华人民共和国教育部（http://www.moe.gov.cn/jyb_xwfb/s5147/201512/t20151221_225533.html）。

② 南国农：《教育信息化建设的几个理论与实际问题（上）》，《电化教育研究》2006年第11期。

③ 何克抗：《信息技术与课程深层次整合理论：有效实现信息技术与学科教学深度融合》，北京师范大学出版社2019年版，第53页。

第四章 西北地区农村教学点信息化演进

启动的新一轮教师信息技术应用能力培训、"互联网+"教育、疫情防控期间的在线教学等共同推动了教学点信息技术与课程的深度融合应用。

何克抗对信息技术与课程深层次整合做了系统论述。他认为，所谓信息技术与课程深层次整合，就是通过将信息技术有效地融合于各学科的教学过程来营造信息化教学环境，实现一种既能充分发挥教师主导作用又能体现学生主体地位的以"自主、探究、合作"为特征的新型教学方式，使传统"以教师为中心"的教学结构发生根本性变革，转变为"主导—主体相结合"的教学结构。这里，深层次整合就是深度融合，其有三个基本特点，即营造信息化教学环境、实现新型教与学的方式、变革传统课堂教学结构。基于信息技术与课程深度融合的论述，研究认为，2018年以后教学点信息化进入了深度融合应用阶段。这里以教学点两种深度融合的典型应用——"国家中小学智慧教育平台"和"同步互动课堂"为例进行分析。

1. 国家中小学智慧教育平台

在数字教育资源方面，借助于互联网+教育，数字教学资源呈爆炸式增长，各类数字教学资源参差不齐，优势互补。但是田野调查发现，相关部门并没有明确要求使用何种资源，西北地区教学点教师自发地使用国家中小学智慧平台比较多，使用的主要功能及资源包括智慧平台上九大应用场景中的课程教学、课后服务、教师研修、智慧作业板块，并且有使用智慧教育平台取代其他平台或资源的趋势。当问及大量使用的原因时，老师们从不同方面谈及中小学智慧教育平台的优势。宁夏西吉县蒋台堡镇的几所教学点普遍反映，平台上的课程教学资源质量很好，课程资源中的师生交互对我们师生的启发很大，尤其是师生一起探究问题、解决问题的思路和过程。我们使用平台上的课程教学资源进行教学，跟我们的课堂一起构成了"双师课堂"。这种课堂对我们教师的成长也很有帮助。

西吉县兴隆镇中心校马晓鹏校长参加了"国培项目"校长培训，在银川五所学校交流学习过，他的信息化教学理念比较先进。他说道：

利用智慧教育平台上的教学视频，在教学点教师外出培训暂时无人教学，或者有些课程按时开不齐时，利用这些教学视频就可以上课，学生完全可以看着视频学习，也能学懂。疫情防控期间有些课程的教学就是通过发智慧教学视频，每周辅以钉钉在线答疑讲解完成的。

智慧作业和电子教材也非常实用，疫情防控期间的电子作业布置和提交为教师教学提供了很大的便利，疫情后教师们继续使用智慧作业进行课后服务。覆盖中小学各年级、随时可以调用的电子教材为教学带来了便利。青海西宁市城中区 A 教学点张老师为一年级学生教授 "where's the mouth" 一课时，可以根据需要随时调用打开人教版教材，尤其是在学生做完练习进行讲解时，使用电子教材展示、标注讲解非常方便。

信息技术与课程深入融合有三个基本特点：第一，营造信息化教学环境。智慧教育平台的应用营造了一种丰富、开放、智慧、交互的高质量教与学的平台，提供了丰富的课程教学、在线教育及智慧作业等资源。第二，实现新型教与学的方式。教师可以开展双师课堂教学，在教学视频中远端学生进行自主、合作、探究学习时，只要按下暂停键，教学点教师也可以组织学生开展一定程度的自主、合作、探究学习。另外，学生课后做作业的方式发生了变化，在线练习在线提交，系统自动批改，学生及时回看修改。第三，变革传统的课堂教学结构。传统教学点课堂教学结构是以教师为主导的"传递—接收"式教学结构，基于智慧教育平台的教学是一种"双师主导—学生主体"的探究式教学结构。

2. 同步互动课堂

同步课堂教学应用由来已久，早在 2008 年，新疆就启动了"双语"课堂教学示范月远程同步直播活动①，通过远程同步直播示范课，采取

---

① 《新疆启动"双语"课堂教学示范月远程同步直播活动》，中华人民共和国教育部（http://www.moe.gov.cn/jyb_xwfb/s6192/s222/moe_1763/201004/t20100420_85790.html）。

远程同步教学直播、互动交流、研讨答疑等形式为边远农牧区提供双语教学。2012年"三通两平台"启动建设后，广东省、内蒙古自治区率先开展同步课堂教学应用。西北五省（区）教学点同步互动课堂建设比较晚，宁夏基本在2016—2020年依托"义务教育均衡发展""互联网＋教育"示范区建设项目为教学点配置安装了同步课堂教学设备和系统；陕西省通过义务教育均衡发展为部分教学点配备了同步课堂教学系统，截至2017年，城固县、洋县、临渭区、华州区、澄城县等搭建了"三通两平台"，教师进行网络授课，城乡学校可同步开展课堂教学。① 陕西省还有一小部分教学点的同步直播课堂是通过北京"童年一课"助学发展中心资助建设的，如陕西蓝田县崔坪教学点、蓝田县街办榆林小学。田野调研发现，在西北五省（区）中，同步课堂在宁夏、甘肃省教学点整体应用比较好，尤其是在宁夏，在所调研的64所教学点中，几乎每个教学点至少有一套同步课堂教学系统，有明确的同步拖课安排，能够常态化地应用同步互动课堂，帮助开齐音乐、美术、英语等课程。

同步互动课堂教学属于一种新型教学模式，教学要素及其关系发生了明显变化，主讲教师与教学点教师之间协同备课、协同上课、协同评价及进行课后反思；主讲教师为教学点学生授课；主讲教师和教学点教师可以灵活使用各类本地资源；两类教师搜索、整理、加工和使用网络教学资源；主讲教师和教学点教师为教学点学生授课；主讲端学生与教学点学生在课堂教学中有很多互动。主讲端学生和教学点学生学习主讲端教学资源，两端学生与主讲端资源呈强交互。

二 教学点信息化应用水平分析

综上分析可得，教学点信息化应用具有辅助教学、优化教学、整合应用和深度融合应用四种水平。其中，信息化辅助教学和优化教学两种水平是技术取向的，其重点为技术环境建设和推动技术应用；信息技术

---

① 《国家教育督导检查组对陕西省30个县（区）义务教育均衡发展督导检查反馈意见》，中华人民共和国教育部（http：//www.moe.gov.cn/jyb_ xwfb/moe_ 2082/zl_ 2017n/2017_ zl79/201712/t20171208_ 320923.html）。

整合应用和深度融合应用水平是变革取向的，重点为信息技术创新应用，其关键角色不再是技术支持人员，而是一线教师、规划决策人员和管理队伍。西北五省（区）各地区、各教学点建设和应用水平差异很大，参差不齐。从田野调查和研究总体来看，教学点信息化完成了前三个水平的应用，信息化较好的教学点正在开展深度融合应用并朝向创新融合应用发展，信息化较薄弱的教学点正在向深度融合应用发展。深度融合应用存在很大困难，需要一线教师、规划决策人员、管理队伍和信息技术人员共同参与、协同发展。

第四节 教学点信息化演进的三重逻辑

教学点信息化演进既是教学点教育教学的现实所需，也是中国教育信息化改革发展的趋势，是中国农村基础教育改革发展的重要议题。中国农村教学点信息化发展涵盖了政策创新、理论创新与实践变革多轨并进的过程，其演进的逻辑与历史相统一。本书遵循"史论结合"的方法论原则，深层分析教学点信息化演进政策、理论逻辑与实践路向背后的机制，梳理教学点信息化的三重逻辑——政策逻辑、理论逻辑和实践逻辑，为深化教学点信息化发展提供科学依据和现实基础。

一 教学点信息化演进的政策逻辑

政策逻辑即决策者根据不同地域环境、不同发展状况动态地做出需求判断和价值选择，进而制定并形成具有一定价值取向和特征的政策所依据的理论、准则和方法及实践取向。分析事物演变的政策逻辑有助于我们正确认识事物本身。梳理近三十年国内教学点信息化演进历程中的系列政策（见表4-7），内容涉及"农远工程"项目规划与实施、教师信息技术应用能力培训、农村义务教育学校布局调整、"全面改薄"要求、教育信息化2.0规划、乡村教师队伍建设、"三个课堂"应用指导意见等，涵盖教学点信息化建设与应用的各个方面。

表4-7　　　　　　　　近三十年教学点信息化相关政策

政策名称	发文日期
面向21世纪教育振兴行动计划	1998-12-24
教育部办公厅、国家发展改革委办公厅、财政部办公厅关于实施现代远程教育工程试点示范项目的通知	2003-05-15
教育部、国家发展改革委、财政部关于实施《农村中小学现代远程教育工程试点工作方案》的通知	2003-12-25
国务院办公厅关于转发教育部等部门《国家西部地区"两基"攻坚计划（2004—2007年）》的通知	2004-02-06
教育部、国家发展改革委、财政部关于印发《2004—2005年度农村中小学现代远程教育工程实施方案》的通知	2005-03-29
教育部关于印发陈至立国务委员在中西部农村中小学现代远程教育教学应用现场会上的讲话的通知	2005-08-04
教育部、国家发展改革委、财政部关于制定2006年度农村中小学现代远程教育工程实施方案的通知	2006-01-23
教育部办公厅关于向农村教学点免费发送教师培训光盘的通知	2007-07-05
国务院关于加强教师队伍建设的意见	2012-08-20
国务院关于深入推进义务教育均衡发展的意见	2012-09-05
国务院办公厅关于规范农村义务教育学校布局调整的意见	2012-09-06
教育部关于全面启动实施"教学点数字教育资源全覆盖"项目的通知	2012-11-19
教育部关于印发《教育部2013年工作要点》的通知	2013-01-22
国务院办公厅转发教育部等部门关于实施教育扶贫工程意见的通知	2013-07-29
教育部关于进一步做好村小学和教学点经费保障工作的通知	2013-12-17
教育部 国家发展改革委 财政部关于全面改善贫困地区义务教育薄弱学校基本办学条件的意见	2013-12-31
教育部 财政部 国家发展改革委 工业和信息化部 中国人民银行关于印发《构建利用信息化手段扩大优质教育资源覆盖面有效机制的实施方案》的通知	2014-11-16

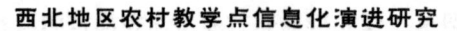

续表

政策名称	发文日期
教育部办公厅关于印发《2015年教育信息化工作要点》的通知	2015-02-12
国务院办公厅关于加快中西部教育发展的指导意见	2016-05-11
教育部关于印发《教育信息化"十三五"规划》的通知	2016-06-07
国务院办公厅关于进一步加强控辍保学提高义务教育巩固水平的通知	2017-07-28
教育部关于印发《教育信息化2.0行动计划》的通知	2018-04-13
教育部办公厅 工业和信息化部办公厅关于开展学校联网攻坚行动的通知	2018-12-17
教育部关于实施全国中小学教师信息技术应用能力提升工程2.0的意见	2019-03-20
教育部办公厅 国家发展改革委办公厅 财政部办公厅关于编制义务教育薄弱环节改善与能力提升工作项目规划（2019—2020年）的通知	2019-08-13
教育部关于加强"三个课堂"应用的指导意见	2020-03-03
教育部等六部门关于加强新时代乡村教师队伍建设的意见	2020-07-31
教育部等五部门关于大力加强中小学线上教育教学资源建设与应用的意见	2021-01-20
教育部等六部门关于推进教育新型基础设施建设构建高质量教育支撑体系的指导意见	2021-07-01

从政策目标、政策实施和政策特点三方面解读以上政策，发现政策逻辑遵循从"有起来"的扶贫性到"强起来"的内涵式发展过程。

（一）围绕"有起来"旨在培育信息化种子的扶贫性政策

中国的教育信息化起步于改革开放后的计算机教学。20世纪80年代初，微型计算机在国内中小学刚刚出现，只有少数学校配备了计算机。80年代中期，很多学校在计算机设备上经历了从无到有的突破。信息化主要是指计算机教学，但计算机教学只能覆盖少数人群，通常大城市的重点学校才开展计算机教学。

进入20世纪90年代，随着计算机的普及以及计算机性能的提升，

第四章 西北地区农村教学点信息化演进

计算机在辅助教学和教育管理中越来越重要。2003年以前，全国教育信息化如火如荼地进行着。中小学开展了信息技术课程教育，基础设施建设取得了一定规模的建设和应用，一部分试点校率先实现了网络校校通。教学点信息化也从无到有，这得益于一些基础教育援助项目的大力扶持，包括教育部现代远程教育扶贫示范工程项目、李嘉诚基金会西部中小学现代远程教育项目、中欧甘肃基础教育项目、明天女教师培训计划、中国和联合国儿童基金会远程教育项目等。

中国教学点历经100多年的发展，教育信息化从无到有开始建设，并且受资金、资源等的限制，一开始选择少数教学点进行分散建设，这些教学点有如广大农村偏远贫困地区的"星星之火"，因此政策目标为"培育信息化种子"，主要从信息化设备和人员两方面进行培育。政策实施方式主要为信息化基础设施建设，比如2001年教育部现代远程扶贫示范项目与李嘉诚基金会远程教育项目合并，用三年时间，为中国西部地区部分国家级贫困县中小学以上建立10000个教学示范点，利用先进现代远程教育技术手段，探索西部地区基础教育跨越式发展的新模式。① 采用"先人后事"的方式，建立了省、县、乡、学校多级培训机制，先培训人员后设备入校，为中国农村偏远地区培训了一批信息技术种子人员。一些省区学校培训过的教师80%以上可以独立安装设备、保证设备的日常运行（其中包括相当一部分女教师）。②

该阶段的信息化政策具有扶贫性特点，主要通过"教育部—李嘉诚远程教育"项目和"中欧甘肃基础教育项目"等扶贫性项目资助帮扶建设，配备教育卫星接收设备，提供卫星教育资源，建立教师学习资源中心（TLRC）③，供教师学习及使用教学资源辅助课堂教学。该阶段信息

---

① 朱广艳、李馨：《认清形势 抓住机遇 继续推进基础教育信息化支持服务体系建设——2004年全国电化教育馆馆长会议综述》，《中国电化教育》2004年第4期。

② 王珠珠、郑大伟：《西部中小学远程教育项目的成功经验》，《中国远程教育》2004年第11期。

③ 郭炯：《西部农村远程教育中教师学习资源中心有效运行的研究》，硕士学位论文，西北师范大学，2005年。

化政策的扶贫性还体现在支持当地农业科技发展上。在扶贫项目提供的资源中，有一部分兼顾为当地农民传播先进科学技术，促进当地经济和农业发展。如宁夏杨郎中学借助西部大开发退耕还草及山东寿光市援助原州区300万元高科技蔬菜种植园的机会，利用IP系统，培训农民，为社区群众提供科技信息。杨郎中学项目接收点同时又挂起了杨郎乡信息技术播放点的牌子，定期培训农民，取得了明显的社会效益。①1998年12月，教育部颁布的《面向21世纪教育振兴行动计划》提出实施"现代远程教育工程"②"形成开放式教育网络；有效地发挥现有教育资源的优势；开发高质量教育软件，重点建设全国远程教育资源库和若干教育软件开发生成基地"，自此教学点信息化正式启动。

（二）围绕"用起来"旨在奠定信息化基础的普惠性政策

扶贫项目和政策为中国开展农村教育信息化工作积累了宝贵经验。从2003年开始，国家相继实施了"农远工程"项目、"中小学教师信息技术应用能力提升工程"等项目，颁布了《中小学教师教育技术能力标准》《国家中长期教育改革和发展规划纲要（2010—2020年）》等政策和标准。这些项目、政策和标准的施行，开启了农村教学点信息化建设和应用的大发展时期。

该阶段的政策目标为奠定教学点信息化基础。教育部—李嘉诚基金会远程教育项目属于扶贫项目、种子工程，在全国共建立了10000个教学示范点，但这些示范点大都建立在中心校及以上的中小学，对教学点来说，犹如"星星之火"，惠及不多。2003年，国务院批准教育部、国家发展改革委、财政部全面实施"农远工程"项目，中国在2003—2007年，用5年左右的时间，投资100亿元，为全国约11万个农村小学教学点配备教学光盘播放设备和成套教学广播，向这些农村教学点约510万名山区小学生提供优质教育教学资源。截至2007年

---

① 王娟：《对教育部和李嘉诚基金会西部中小学现代远程教育项目工作的调研》，《宁夏教育》2003年第3期。

② 《〈面向21世纪教育振兴行动计划〉"现代远程教育工程"项目进展报告》，中华人民共和国教育部（http://www.moe.gov.cn/srcsite/A16/s7062/200309/t20030910_82288.html）。

底，建成模式一（光盘播放系统）6390个。该阶段教学点信息化建设和应用有如"燎原之势"。在推动教育信息化建设的同时多渠道加大资源供给，为农村地区配套了三种硬件模式资源，开发了小班教学光盘、多媒体资源库、卫星IP数字资源、网络资源、资源库等丰富的资源。各地电教馆还针对少数民族地区的教育需求，开发了藏语、维吾尔语等双语教学资源。

这一时期，国家实施了"国家扶贫教育工程""义教工程""危房改造工程"等一大批重大教育项目。这些国家工程项目齐发力，为教学点发展创造了重要的政策环境、提供了经费保障和办学条件，教学点迎来了百年不遇的大发展机会，奠定了很好的信息化基础。

该阶段的政策实施途径为信息技术应用。通过持续性、大规模培训提升教学点教师信息技术应用能力。2007—2009年先后启动了"教育部2007年暑期西部农村教师远程培训计划"[1]"中西部农村义务教育学校教师远程培训计划"[2]"教育部启动中小学教师国家级培训"[3]，采用在线与面对面培训相结合的形式，培训了大批农村中小学教师。在应用上，教学点教师采用远程教育资源的频率明显高于小学和中学[4]，中小学现代远程教育工程免费发放了6500多万张教学光盘，将推广普及模式一的应用作为重点[5]，涌现出一批典型应用模式，包括全程依托式、分段依托式、组合分段式和多重组合分段式DVD播放教学资源应用方式[6]，播

---

[1] 《"教育部2007年暑期西部农村教师远程培训计划"启动》，中华人民共和国教育部（http://www.moe.gov.cn/jyb_ xwfb/gzdt_ gzdt/moe_ 1485/tnull_ 25417. html）。

[2] 《教育部办公厅关于组织实施2009年中西部农村义务教育学校教师远程培训计划的通知》，中华人民共和国教育部（http://www.moe.gov.cn/srcsite/A10/s7058/200906/t20090630_ 81215. html）。

[3] 《教育部启动中小学教师国家级培训》，中华人民共和国教育部（http://www.moe.gov.cn/jyb_ xwfb/gzdt_ gzdt/moe_ 1485/tnull_ 33389. html）。

[4] 杨永贤、罗瑞、杨晓宏：《宁夏南部山区农村中小学现代远程教育资源教学应用调查》，《电化教育研究》2009年第6期。

[5] 《同在蓝天下，共享优质教育资源——全国农村中小学现代远程教育工程介绍》，中华人民共和国教育部（http://www.moe.gov.cn/jyb_ xwfb/xw_ fbh/moe_ 2069/moe_ 2095/moe_ 2100/moe_ 1851/tnull_ 29185. html）。

[6] 王陆、王晓芜、张敏霞：《农村中小学现代远程教育工程中DVD模式的教学应用》，《中国电化教育》2005年第11期。

放—讲解模式、播放—讲解—播放模式、根据需要的插播模式。[1]

该阶段教学点信息化政策呈现出普惠性特点，从信息化设备建设、教师信息技术应用能力培训及推广普及模式的应用上可以看出，针对农村教学点的教学实际，充分运用模式一的设备及优质教育资源，缓解农村学校师资力量不足或师资力量薄弱的问题。

（三）围绕"好起来"旨在提升应用水平的精准扶智政策

该阶段教学点信息化的重点是从"工程建设"到"工程应用"。"农远工程"项目大力提升了教学点的信息化基础设施水平。"十二五"期间实施的"三通两平台"建设项目则解决了各类学校宽带网接入、网络学习环境、优质资源建设和共享问题。"三通"即宽带网络校校通、优质资源班班通、网络学习空间人人通，"两平台"即建设教育资源公共服务平台和教育管理公共服务平台。"三通两平台"建设为信息技术与教育教学融合奠定了基础。为了进一步优化资源供给，2012年教育部启动实施了"教学点数字教育资源全覆盖"项目，目标是在2012年、2013两年中，为农村义务教育学校布局调整中确需保留和恢复的教学点配备数字教育资源接收和播放设备，配送优质数字教育资源，利用信息技术帮助教学点开好国家规定课程。[2] 截至2014年11月，全国6.36万个教学点全面完成了"教学点数字教育资源全覆盖"项目建设任务。[3]

为了加强教学资源的应用效能，帮助教学点开齐开好规定课程，国家开始实施、应用"三个课堂"。早在2012年，在"全国教育信息化试点工作座谈会"上，教育部首次提出发展"三个课堂"，即"专递课堂""名师课堂"和"名校网络课堂"。其中，专递课堂强调专门性，针对农村薄弱学校和教学点缺少师资、开不出开不好课程的问题，采用网上专门开课或同步上课、利用互联网按照教学进度推送适切的优质教育资源等

---

[1] 文继奎、张玲玲：《"农远工程"资源应用中存在的问题与对策》，《中小学电教》2008年第Z2期。

[2] 《教育部关于全面启动实施"教学点数字教育资源全覆盖"项目的通知》，中华人民共和国教育部（http：//www.moe.gov.cn/srcsite/A16/s3342/201211/t20121119_144800.html）。

[3] 《全国6.36万个教学点实现数字教育资源全覆盖》，中华人民共和国教育部（http：//www.moe.gov.cn/jyb_xwfb/gzdt_gzdt/s5987/201412/t20141222_182212.html）。

形式，帮助其开齐开足开好国家规定课程；名师课堂强调共享性，主要针对教师教学能力不强、专业发展水平不高的问题，通过组建网络研修共同体等方式，发挥名师名课的示范效应，探索网络环境下教研活动的新形态；名校网络课堂强调开放性，将名校的课程资源输送到其他学校，有效缩小区域、城乡、校际教育质量差距。

这一阶段的政策目的是提升信息化应用水平。落实"三通两平台""教学点数字资源全覆盖""三个课堂"，通过设备配备、资源配备和教学应用"三到位"帮助教学点"用好"信息技术。在"三个课堂"的帮助和引领下，教师信息技术应用从自主探究、同伴互助到专家引领。因此该阶段的政策具有很强的精准扶智特点。

（四）围绕"强起来"旨在创新深化应用的内涵发展式政策

当前中国教育信息化进入创新融合应用阶段。如果说信息化 1.0 时代教育信息化的热点词语更多的是"三通两平台""优质资源共享""融合应用"等，那么进入信息化 2.0 时代后，教育信息化的热点词语则是"大数据""人工智能教育"及"融合创新应用"。

该阶段的政策目标为"创新深化应用"，政策实施方式为多措并举，围绕"强起来"创新信息技术应用，做强教学点的教育教学。2018 年教育部颁发的《教育信息化 2.0 行动计划》提出[1]，探索基于信息技术尤其是智能技术，通过"互联网+教育"，使信息技术与教育教学深度创新融合。通过网络扶智，引导教育发达地区与薄弱地区通过信息化进行结对帮扶，以专递课堂、名师课堂、名校网络课堂等方式，探索"互联网+"条件下的区域教育资源均衡配置机制。2019 年教育部出台了《关于实施全国中小学教师信息技术应用能力提升工程 2.0 的意见》，目标之一为缩小城乡教师应用能力差距，以深度贫困地区、老少边穷岛地区为重点，开展对口帮扶项目。通过优质学校与乡村学校"结对子"等方式，组成协同教研共同体。通过网络研修加强集体备课、研课交流，远

---

[1] 《教育部关于印发〈教育信息化"十三五"规划〉的通知》，中华人民共和国教育部（http://www.moe.gov.cn/srcsite/A16/s3342/201606/t20160622_269367.html）。

程授课教师对乡村教师进行长期陪伴式培训，定向帮扶乡村教师提高专业水平与信息技术应用能力。为了进一步促进信息技术与教育教学融合应用，推动教师主动适应人工智能、"互联网+教育"等新技术变革，2022年《教育部关于加强"三个课堂"应用的指导意见》颁布，提出实现"三个课堂"的常态化按需应用；强化教师研训和教研支撑，增强应用能力；优化硬件设施和软件资源，改善应用条件，提高"三个课堂"应用效果评价，增强应用效能。

宁夏多措并举①，出台了"三个课堂"建设与应用指南，推动专递课堂、名师课堂、名校网络课堂等常态化应用；建立健全跨县跨校帮扶机制，按照"区带市县、市县带乡镇、乡镇带村组"的思路，推动区内城乡学校结对互助，开展远程同步备课、同步授课、同步教研等活动，有效缓解教学点音体美学科教师结构性短缺等困难；推进名师资源在线共享。组织开展"5G+"教师智能研修，举办"1+N""1+N+M"远程评课、协同研修和网格化精准研训等，促进薄弱学校教师信息化应用能力提升。综上所述可见新一轮教学点信息化政策，以创新深化信息技术应用为目标，以提升教师信息技术应用能力为抓手，具有内涵式发展的特点。

二 教学点信息化演进的理论逻辑

理论逻辑是探索如何正确认识客观事物本质和规律的学说，即通过揭示事物运行过程中的特点和联系，并基于此得出事物的基本性质，探寻事物发展过程中的必然趋势和本质。在政策的指引下，教学点信息化演进呈现出一定的理论逻辑，主要包括：从信息技术"一元论"到整合众要素的"系统论"；从教学点"个体发展"到"区域协同发展"；教学点与外界的"知识沟"正在逐步缩小；从依靠教学点自身理论到整合各

---

① 《宁夏回族自治区深入推进"互联网+教育"示范区建设 以数字化转型支撑教育高质量发展》，中华人民共和国教育部（http://www.moe.gov.cn/jyb_sjzl/s3165/202211/t20221104_891444.html）。

方力量的"群体动力"发展。这四条理论逻辑是促进农村教学点信息化演进的理论基石。

（一）从信息技术"一元论"到整合诸要素的"系统论"

信息化设备和信息化环境建设是学校开展信息化建设及应用的前提，教学点信息化起步于信息化设备和信息化环境建设。20世纪90年代末教育部—李嘉诚远程教育项目为中西部5000所中小学安装了卫星地面接收设施，通过卫星将大量的多媒体课件和文件送到教学点。教育部—李嘉诚合作远程教育扶贫项目继续资助，再扩建了5000个教学接收点。随之而来的"农远工程"项目为教学点配备了"DVD+电视机"，并通过义务教育均衡发展等项目陆续配备了卫星IP数据接收系统+电视机、卫星IP接收系统及投影教室。"三通两平台"项目优化了教学点的网络条件和环境，等等。

这种始于信息技术设备和环境建设的教学点信息化取向导致形成信息技术"一元论"和设备决定论的认识，尤其是在教学点信息化建设的起步阶段。实践中校长和教师将硬件配备标准（即三种模式）作为独立的环境来对待，仅从硬件配备入手探索不同的教学模式，忽视了硬件环境的信息传播功能与软件教学资源才是决定硬件能够在教学中得以应用的先决条件。[①] 针对这种认识上的误区，国家在推动信息化项目落实中强调系统论的观点，综合考虑设备、资源、应用等方法，多次强调设备配备、资源配送和教学应用"三到位"[②]。各地方在落实教学点信息化应用时，也整合应用了诸要素，如宁夏在建成并应用数字教育资源进行教学时，对所有教学点教师进行资源应用和设备维护培训，实现了设备配备、资源配送和教学使用"三到位"[③]。

[①] 郭绍青：《正确认识国家农村远程教育工程中的三种硬件模式与教学模式》，《电化教育研究》2005年第11期。

[②]《全国6.36万个教学点实现数字教育资源全覆盖》，中华人民共和国教育部（http://www.moe.gov.cn/jyb_ xwfb/gzdt_ gzdt/s5987/201412/t20141222_ 182212.html）。

[③]《宁夏教学点全部用上数字资源设备配备、资源配送和教学使用"三到位"》，中华人民共和国教育部（http://www.moe.gov.cn/jyb_ xwfb/s5147/201509/t20150916_ 208384.html）。

（二）从教学点"个体发展"到"区域协同发展"

党的十八届三中全会决议指出，要"推进城乡要素平等交换和公共资源均衡配置"。国家先后实施的"农村中小学现代远程教育工程""基础教育信息资源开发与服务试点工程""农村教学点教学资源全覆盖"等项目，构建起教育信息资源共建共享平台，缩小了教育信息资源配置区域性差异、推进区域教育信息资源均衡发展。[①] 要达成此目标，教学点须从"个体发展"转变为"区域协同"发展，在区域协同中带动教学点信息化发展。

对于农村教学点来说，它们在地理位置、所处环境等方面存在劣势，很难吸引和留住优秀教师，同时由于资金短缺等问题导致硬件设施等其他条件相对落后，这影响了教学点的整体发展。实际上，对于一所教学点来说，其所拥有的教学资源、师资力量、教学能力是非常有限的，所以协同区域教学点的力量共促发展显得非常重要。

近年来，以现代信息技术为支撑，以优质资源共享为特征，以教师发展共同体、区域集团校为组织形式的区域协同发展正在成为新常态，在田野调查中发现宁夏西吉县、甘肃会宁县、陕西洋县等都有教师发展共同体，共同体由县城学校教师、乡镇学校教师和教学点教师组成，通过定期举办一些研训、教研活动，帮扶教学点教师发展。区域协同发展有助于打破教学点个体发展力量不足的局限，实现区域内不同类型教学点之间的经验交流与资源共享，使他们在积极的活动参与中促进教学点教学质量的提升，从整体上提升各区域内教学点教育均衡发展的水平[②]，并且使教学点成为活动的积极参与者和经验的主动建构者，在长期合作中与其他教学点共享优质教育教学资源，分享教育教学经验，从整体上提升教育教学效果。

[①] 汪学均等：《教育信息资源区域间交换共享的建模与仿真》，《现代教育技术》2015年第12期。

[②] 王继新、张伟平：《信息化助力县域内教育优质均衡发展研究》，《中国电化教育》2018年第2期。

第四章 西北地区农村教学点信息化演进

（三）教学点与外界的"知识沟"正在逐步缩小

党的十九大报告指出，要"推动城乡义务教育一体化发展，高度重视农村义务教育……努力让每个孩子都能享有公平而有质量的教育"①。农村教学点大多位于人口稀少、地理位置偏僻、交通不便的地方，长期存在教师缺乏、教师老龄化严重、教师专业化水平不高等问题，教学方式落后、信息闭塞、教学质量低，这不仅严重影响了教学点自身的发展，也使其与外界的"知识沟"越来越大。随着大众媒介向社会传播的信息的增多，社会经济地位高的人比社会经济地位低的人获得信息的速度更快，二者之间的知识差距不仅没有缩小，反而呈扩大的趋势。②尤其是教学点常年处于闭塞的环境中，难以获得与时代发展相适应的教育，无疑会使区域、城乡、校际教育差距变大。③

为了缩小"知识沟"，国家出台了系列政策，从人力、财力、物力等方面大力推动教学点发展，包括组织开展教学点教师应用能力及教学能力培训、为各教学点提供信息化设备，并制作适配的优质数字教学资源远程输送到教学点，等等。部分学者也在政策的指引下，开展了大量研究，共同引导教学点发展。

另外，教学点充分利用信息化平台和资源，借助技术变革课堂教学结构，在一定程度上提升了教学质量。研究发现，教学点教师的信息化教学能力有明显提升、学生的互动与协作能力提高、教学点能够开齐开足一些课程，促进了教学点学生发展、教师发展，以及教学点的整体发展，进而有效地缩小了城乡学校间的教育差距④；部分教学点也在中心校的帮助下，不断优化教育治理能力，实现优质资源共建共享，不断缩小与城乡区域间、校际的"知识沟"。

---

① 习近平：《决胜全面建成小康社会 夺取新时代中国特色社会主义伟大胜利》，人民出版社2017年版，第46页。
② 张国良：《传播学原理》，复旦大学出版社2009年版，第254页。
③ 付卫东、王继新、左明章：《信息化助推农村教学点发展的成效、问题及对策》，《华中师范大学学报》（人文社会科学版）2016年第5期。
④ 黄涛、田俊、吴璐璐：《信息技术助力农村教学点课堂教学结构创新与均衡发展实践》，《电化教育研究》2018年第5期。

(四)从依靠教学点自身力量到整合各方力量的"群体动力"发展

信息化演进与教学点发展并非简单的直线关系,利用信息化手段促进教学点发展需要从财政经费投入、信息化资源供给、师资队伍建设和学生信息素养培养等方面构建政策支持系统,才能达到较好的效果。①因此,需要转变观念,从依靠教学点自身到整合各方力量,进行"群体动力"发展。

群体动力又称为团体动力,指通过各方力量协作产生促进教学点持续深入发展的动力。群体所拥有的动力比任何一个个体的动力都要强,群体也影响和制约着其内部成员的成长和发展。作为群体内部的"能源",群体动力汇聚个体能量、平衡成员间的矛盾与冲突、加强群体成员间的对话交流,从而满足群体与成员共同的需求,完成共同目标。②例如教师群体,它们在农村教学点中是传递学科知识的组织,可以借助其创造出大于个体之和的群体动力,农村教学点的教师可以通过信息技术手段形成学习共同体,通过网络合作实现与他人的交流并分享经验和感悟,在与经验丰富的教师或专家充分交流、探讨中,深入反思并调整其自己的教育教学行为。

另外,各教学点之间也可以联合多方力量、融合各方优势、汇聚各方资源,打通资源、观点、方式方法及师生交流的渠道,使之在一个"群体动力"中发展,推动教学点教育教学质量的提升。

三 教学点信息化演进的实践逻辑

实践逻辑是政策逻辑与实践的中介,是实践者在与环境相互作用的历史活动中生成的,是各种实践活动共同分享和遵守的一般形式、内在法则或行为规范。教学点信息化演进的实践逻辑是在教学点信息化政策逻辑的规定下,教学点信息化实践活动共同分享和遵守的一般形式、内

---

① 钱佳、郭秀旗、韦妙:《农村教学点教育信息化政策实施困境与路径选择》,《教育研究与实验》2018年第6期。

② 谢幼如、宋乃庆、刘鸣:《网络课堂协作知识建构的群体动力探究》,《电化教育研究》2009年第2期。

在法则或行为规范。

(一) 始终以需求和问题为导向的信息化实践应用

需求和问题是教学点信息化演进的根本驱动力，信息技术是教育变革的助推力。教学点有了真实需求，就有了信息化发展的内在动力。不同阶段教学点信息化的需求和问题不同。第一阶段，即教学点信息化起步阶段（2003年以前），国内计算机教育兴起，但这时还惠及不到教学点。因此为教学点配备必要的信息化设备，开展多媒体资源辅助教学是该阶段教学点信息化的需求，中国启动了现代远程教育扶贫项目，还有一些外援项目，如教育部—李嘉诚远程教育项目等。第二阶段，即信息化基础建设大发展阶段（2003—2012年以前），普遍缺乏信息化基础设施和环境是该阶段教学点的需求和问题，还缺乏与基础设施相匹配的教学资源。因此，国家开始大力建设教学点信息化基础设施，采用现代远程教育三种模式之一的模式一，为全国广大农村教学点配备了DVD+光盘及配套教学材料。硬件设备和软件资源同时建设，并且强调用起来，广大教学点普遍使用光盘资源进行教育教学。这些主要通过国家中小学现代远程教育工程、《中小学教师教育技术能力标准》《中小学教师信息技术应用能力提升工程》《国家教育中长期发展规划》等项目和标准推动落实。第三阶段，即信息化应用大力提升阶段（2012—2018年以前），信息化基础设施大力发展后，教学点需要更加丰富、适切、优质的资源，因此国家实施了教学点数字教育资源全覆盖、"三通两平台"项目。为了全面推动深化应用，国家启动了"一师一优课""三个课堂"等项目和实践活动。第四阶段，即新兴技术介入的创新探索阶段（2018年以来）。互联网+、人工智能等新兴技术被引入教学点，需要新的教育教学规律、方法和应用，通过"三个课堂"的常态化应用、"双师课堂"、同步/异步直播课堂，以优质校和教学点手拉手、结对子等形式，探索创新教育教学新模式、新方法。表4-8是教学点演进阶段、问题和需求以及对应的政策逻辑。

表4-8　　教学点信息化演进阶段、需求和问题及政策逻辑

时间	2003年以前	2003—2012年	2012—2018年	2018年以来
演进阶段	信息化起步阶段	信息化基础建设大发展阶段	信息化应用大力提升阶段	新兴技术介入的创新探索阶段
需求和问题	配备部分设备，多媒体资源辅助教学	教学点普遍缺乏信息化设备、环境和资源	优质资源、专家引领的深化应用	新兴技术与教育教学的创新深入融合
政策逻辑	有起来：旨在培育信息化种子	用起来：旨在广泛奠定信息化基础	好起来：旨在普遍提升信息技术应用水平	强起来：旨在创新深化应用
工程项目、标准等	●教育部现代远程教育扶贫项目 ●李嘉诚现代远程教育扶贫项目 ●中欧甘肃基础教育项目 ●明天女教师培训计划	●国家中小学现代远程教育工程项目； ●《中小学教师教育技术能力标准》 ●中小学教师信息技术应用能力提升工程项目	●数字教育资源全覆盖项目 ●三通两平台"一师一优课" ●深度融合示范培育推广计划	●《教育信息化2.0》行动 "双师课堂" ●"三个课堂"常态化应用

（二）以"国家工程项目"为推手的教学点信息化发展路径

教学点信息化演进，主要靠国家工程项目的推动和扶持。教学点信息化建设完全是向国家、省、县级主管部门"等、靠、要"。从最初的教育部中小学现代远程教育扶贫项目、教学点数字教育资源全覆盖项目到"双师课堂""三个课堂"应用，这些项目取得的效果是有目共睹的。在经费投入方面，财政拨款占农村教学点年度总收入的比例高达99.5%。[①] 国家通过实施工程项目，配备必要的信息化设备、输送适切的资源、培训和引领教师发展。在工程实施期间，制定了工程推进评估方案，包括联合调研评估试点校、定期开展项目建设交流会、项目应用成果展等，以保障工程顺利有效实施。实践表明，这些项目评估

---

① 马敏：《农村教学点面临严重生存困境亟待振兴扶持》，中央政府门户网站（http://www.gov.cn/xinwen/2014-03/07/content_ 2632539.htm）。

尚不够，为了更深入地了解项目实施后产生的协同效应，应该开展一些证实性和实证性的评价。在工程实施后3—5年，抽取一定比例的教学点，采用第三方评估等方式，评价信息技术应用的绩效，证实工程实施的效果，分析工程实施和应用中存在的问题，为今后项目实施提供参考依据。

（三）从"资源共享""资源优化"到"智力精准帮扶"的资源供给路径

近三十年来，教学点信息资源供给方式从"资源共享""资源优化"到"智力精准帮扶"，这与教学点四个发展阶段的需求和问题相对应。阶段一和阶段二，教育信息化从无到有，信息化基础设施建设获得大发展，但缺乏教育教学资源，因此国家加强资源建设和共享；阶段三和阶段四，为教学点供给大量资源后，发现优质、适切的资源很不够，因此，资源优化是当务之急，国家通过"全覆盖""三通两平台""三个课堂"等提供优质资源。另外，加强资源应用，以"三个课堂""同步直播课堂"等形式促进教师智力流转、智力共享，对教学点进行精准帮扶，使优质资源更好地发挥出效益。

（四）从"设备建设""资源建设"到"服务建设"的实践治理转变

教学点信息化需要信息化设备，也始于信息化设备建设。从1999年开始到2003年，教育部—李嘉诚远程教育项目在中国西部地区部分国家级贫困县中小学以上建立10000个教学示范点；中欧甘肃基础教育项目在甘肃41个县建立686个教师学习资源中心，教师配置计算机网络学习系统、卫星电视教育系统和畅通电话教育系统，让教师在资源中心进行自主学习。[①] 2003年，国务院批准教育部、国家发展改革委、财政部全面实施"农远工程"项目。农远工程的总体建设方案是：从2003—2007年，我国将用5年左右时间，投资100亿元，为全国约11万个农村小学教学点配备教学光盘播放设备和成套教学广播设备，向这些农村教学点

---

① 李瑾瑜：《中欧甘肃基础教育项目"利用信息技术提高农村教学质量"国际研讨会综述报告》，https：//weibo.com/ttarticle/p/show？id=2309404618692104421662。

的约510万名山区小学生提供优质教育教学资源。① 教学点信息化资源建设与设备建设基本同向同行,尤其是在信息化演进的阶段一和阶段二。到了阶段三和阶段四,围绕资源应用进行服务建设,建设内容包括教师智力资源流转和共享、构建对口帮扶协同教研、深化教育资源共建共享、资源及技术服务等。

(五)从"资源获取公平"到"学习过程公平"的学习机会转变

教育高质量发展的关键指标是促进教育公平。在加快推动教学点信息化发展过程中,以往是运用信息化技术推进教育资源公平,包括"农远工程"项目三种模式的资源配备、教学点数字教育资源全覆盖、三通两平台的使用。教育结果极大地受制于投入与分配资源,然而,在逐步递减经济边际条件的过程中,若达到规定数量的资金、资源投入,持续扩大经济投入规模,很难有效提升教育质量。② 因此国家出台政策,采用"互联网+"技术,建立教研共同体,开展集体备课、研课交流等助力教学点发展;推动"三个课堂""双师课堂"等直播课的常态化应用,学生接受优质教师同步授课,参与问题讨论和答疑,完成课后学习任务。

(六)从设备、资源"全覆盖"到应用"全融合"的实践创新路径

教学点信息化经历了设备"全覆盖"、资源"全覆盖"到应用"全融合"的过程。在信息化演进的阶段一和阶段二,建设主要内容为设备全覆盖,并同步建设配套资源;到了阶段三,信息化建设的内容指向资源全覆盖,并已开始着手促进信息化应用"全融合",如"三通两平台"就是信息化资源、平台与教学全流程、全要素的融合。进入阶段四,"三个课堂"的常态化应用,多种形式的直播课堂等是教师、学生、教学资源、教材、平台、专家名师、名校资源的"全融合"应用。

农村教学点信息化演进过程中政策逻辑与实践逻辑相统一。信息化

---

① 《教育部、国家发展改革委、财政部关于实施〈农村中小学现代远程教育工程试点工作方案〉的通知》,中华人民共和国教育部(http://www.moe.gov.cn/srcsite/A06/jcys_jyzb/200312/t20031225_82052.html)。

② 蔡蔚君、魏依云、黄亚平:《促进学习机会公平:后扶贫时代的乡村教育信息化——基于机会多元主义理论视角》,《中国教育信息化》2022年第8期。

政策自上而下为教学点科学开展教育教学实践指明了方向。然而，实践是复杂的、动态的、生成的。尤其是在边远贫困地区，由于信息技术在支持基础教育均衡发展中的必要性，学校具有率先进行教育教学模式变革的迫切性，它们很有可能是未来教育发展变革的先行者。未来，随着人工智能技术、数字技术逐步进入教学点，当前教学点的固有发展模式将会被打破。因此教育管理部门应因势利导，制定专门针对智能时代教学点信息化发展的政策，我们呼唤并期待颁布与时俱进的教学点信息化政策和进行有价值的实践。

第五节 信息技术对教学点布局结构的影响及教学点信息化生存境遇

一 信息技术对教学点布局结构的影响

党和国家先后采取了系列政策和措施推进教学点建设，促进农村教育质量的提升。农村中小学布局结构调整就是一项旨在优化农村基础教育结构，合理配置农村教育资源，进一步促进农村义务教育改革与发展的重要举措。中国的基础教育布局结构一直处在动态调整变革中。特别是20世纪90年代中后期以来，随着计划生育政策的落实，学龄儿童人数减少及城镇化进程不断加速，中国农村地区很多中小学生源不足、学校规模小、资源分散、教育质量不高的问题日益突出，为此中国开启了新一轮基础教育布局结构调整。

农村中小学布局结构调整和教学点建设是一个长期、渐进、复杂的系统化过程，随着经济社会的发展，特别是人口年龄结构和空间布局结构的不断调整，农村中小学布局是否科学，直接关系到教育资源的应用效果和教育质量。影响农村学校结构布局的社会经济发展水平和人口变化是动态发展的，因此学校结构布局调整是不可避免的。但当前有一种认识上的误区，就是将学校结构布局调整理解为整合教育资源，优化教育资源配置，扩大学校规模，认为农村学校结构布局等同于撤点并校。因此自21世纪以来，全国农村地区出现了撤点并校热潮。

西北地区农村教学点信息化演进研究

教学点的存在与发展受当地社会经济发展、人口结构和数量变化等多方面因素的影响,在农村基础教育结构布局调整过程中,对那些地理位置不太分散,规模小的教学点进行适当撤并有利于教育规模效益的形成;而对于那些偏远地区教学点的撤并需要从社会学和教育经济学的角度加以综合考量。因为对家长和学生来说,大量教学点的撤并意味着教学点的学生要转到离家较远的中心校或完全小学上学,这对于偏远贫困地区的家庭来说,无疑增加了经济负担、接送时间成本和上下学路途中的安全隐患。这会造成学生"上学远、上学难"的问题,甚至会出现辍学现象。对于那些暂时保留下来的教学点,家长和学生又会担心享受不到同等的教育质量。因此,教学点的撤并是个两难问题。如何合理设计,优化教学点布局结构,为偏远地区的学生提供就近且有质量的教学是一个重要的研究议题。

(一) 对农村教学点布局结构调整的研究

对教学点布局结构的研究大多数隶属于农村中小学布局结构研究,专门针对教学点布局结构的研究不多。这里将从农村中小学布局结构调整和教学点布局结构调整两方面梳理已有研究成果。

改革开放以来,中国农村学校布局经历了四个阶段,即以普及为基础的农村学校布局调整,以提效为基础的农村学校布局调整,以质优为基础的农村学校布局调整及以关注底线为基础的农村布局调整。[①] 尤其是进入 21 世纪以来,中国教学点经历了大量撤并、理性撤并再到恢复部分教学点的过程。

2001 年,教育部、财政部发布《关于报送中小学布局结构调整规划的通知》,规定"小学布局调整要在坚持学生就近入学的前提下,重点调整村小和教学点""除交通十分不便的地区继续保留必要的低年级教学点外,有计划、有步骤地撤并一些村小和教学点,积极推动村与村联合办完全小学"。同年 5 月,国务院颁布的《关于基础教育改革与发展

---

① 邬志辉等:《中国农村教育:政策与发展(1978—2018)》,社会科学文献出版社 2018 年版,第 204—213 页。

的决定》规定，农村小学和教学点要在方便学生就近入学的前提下适当合并，在交通不便的地区仍需保留必要的教学点，防止因布局调整而造成学生辍学，学校布局调整要与危房改造、规范学制、城镇化发展、移民搬迁等统筹规划。可以看出，这个阶段的教学点布局调整是兼顾公平的。2003年，财政部发布《中小学布局调整专项资金管理办法》，该办法旨在推动、支持和鼓励中小学进行布局调整，加快中小学规范化、标准化建设，以及撤并规模小、办学条件差的学校和教学点，扩大办学规模。该办法的颁布加快了布局调整的步伐，并且更加强调效益和规模。

自此开始，各地出现了大规模教学点撤并热潮，同时一系列问题也逐渐凸显，包括合校撤校后学生上学路途遥远、学生上学路途中的安全问题、家长往返接送的时间和经费成本等。这与"就近入学，整合并享用优质教育资源"的布局调整初衷背道而驰。国家就盲目撤校问题及时做出调整甚至纠错，在后续文件中多次提出应"慎重对待""防止'一刀切'""暂缓实施布局调整""规范撤并程序""有必要的按程序予以恢复"等。2006年，《教育部办公厅关于切实解决农村边远山区交通不便地区中小学上学远问题有关事项的通知》发布，指出"进一步加强对农村边远山区、交通不便地区中小学校布局调整、寄宿制学校建设等方面的调查研究工作，慎重对待撤点并校，确保当地学生方便就学"。教育部在后续文件中对待撤点并校更加审慎和规范化，2010年出台的《教育部关于贯彻落实科学发展观 进一步推进义务教育均衡发展的意见》指出，"既要保证教育质量，又要方便低龄学生入学，避免盲目调整和简单化操作。对条件尚不成熟的农村地区，要暂缓实施布局调整，自然环境不利的地区小学低年级原则上暂不撤并。对必须保留的小学和教学点，要加强师资配备，并充分利用现代远程教育手段传送优质教育资源，保证教育教学质量"。自此撤点并校逐渐回归理性，并要求因地制宜，听取人民群众的意见。

2010年，教育部颁布的《国家中长期教育改革和发展规划纲要（2010—2020年）》指出，适应城乡发展需要，合理规划学校布局，办好必要的教学点，方便学生就近入学。这是国家第一次明确提出"办好必要的教学点"。后续文件进一步要求规范撤并流程，2012年8月，国务院发布的《关于深化推进义务教育均衡发展的意见》要求严格规范农村义务教育学校撤并程序，已经撤并的学校和教学点，确有必要的应重新规划，按程序予以恢复。2012年9月颁布的《国务院办公厅关于规范农村义务教育学校布局调整的意见》指出，"规范农村义务教育学校撤并程序。确因生源减少需要撤并学校的，县级人民政府必须严格履行撤并方案的制定、论证、公示、报批等程序""撤并方案要逐级上报省级人民政府审批，在完成农村义务教育学校布局专项规划备案之前，暂停农村义务教育学校撤并"。2018年4月，国务院出台了《关于全面加强乡村小规模学校和乡镇寄宿制学校建设的指导意见》，指出要"妥善处理撤并问题。学校撤并原则上只针对生源极少的小规模学校，并应有适当的过渡期，视生源情况再作必要的调整。要严格履行撤并的小规模学校，由于当地生源增加等原因确有必要恢复办学的，要按程序恢复"。可见，中国对教学点的撤并政策经历了先减后增，撤并—理性撤并—恢复撤并的演变过程。在追求标准化办学和均衡发展的基础上，更加关注布局调整的合理性。

(二) 教学点布局结构调整的理论基础

教学点布局结构调整不是近几十年的事情，而是自从有了教学点，它就一直处在动态、持续的调整中，只不过在不同的历史时期，其调整的预期目标、调整力度不同，相应地，调整进程和表现形式也不同。教学点布局调整以教育学、教育经济学、地理学等学科相关理论为基础。

1. 教育空间结构布局理论

教育空间结构布局是指教育机构和学校的数量、结构、资源等构成要素在一定地理或行政区域中的分布，其本质是在一定时空内教育与经济社会发展的关系问题。教育空间布局结构包括两方面内容：一是学校个体的配置与分布；二是教育机构群体在整个地区所形成的网络系统。[1]

---

[1] 郭清扬、赵丹、范先佐：《中小学布局调整与教学点建设研究》，人民教育出版社2011年版，第42页。

它们共同运作，实现教育的整体功能和效用。不同类型和不同层次的教育之间有着密切的联系，构成一个多层次、有组织的教育系统。教育的空间布局结构是一个国家或地区制定教育发展战略和规划的重要组成部分，也是宏观教育管理研究的重要问题。

教育的空间布局首先需要经过科学论证，综合考虑人口数量、地理环境、自然条件及人文环境。实践表明，缺乏科学论证的教育空间布局，教训是深刻的。其次，教育的空间布局受行政区域划分的影响，农村中小学校址在相当程度上受县以下区、乡、村行政区划的限制，造成部分学校布局不合理，甚至行政区划发生变化，学校布局也随之发生变化。①最后，教育空间结构布局是动态的、不断调整的。教育空间结构调整是为了教育均衡发展，但这种均衡是暂时的、相对的，人口数量、经济发展、区域划分等变化会引起教育空间结构的重新调整。因此，加强教学点空间布局结构的科学化研究，促进教学点合理布局，防止重大决策失误，是教学点结构布局调整需要考虑的问题。

2. 资源配置理论

学习者对教育资源的需求是不断增长的，而满足学习者学习的教育资源是稀缺的，这种需求增长与教育资源短缺之间的矛盾，需要合理有效配置资源来解决。资源配置就是将有限的资源在不同的需求主体之间进行分配。教育资源配置是指教育资源在教育系统内部各级各类教育主体之间合理有效的分配。它包括社会总资源对教育的分配、教育资源在各地区教育之间的分配、教育资源在各级各类教育间的分配、教育资源在各级各类教育学校之间的分配。②

教育均衡发展则是在确保法律赋予公民受教育权的基础之上，制定调整相关政策，合理有效地调配教育资源，从而在保障公民基本的受教育权外，使其能够拥有均等的受教育的计划和条件。为了实现基

---

① 郭清扬、赵丹、范先佐：《中小学布局调整与教学点建设研究》，人民教育出版社2011年版，第47—48页。

② 靳希斌：《教育经济学》，人民教育出版社2005年版，第146页。

础教育的均衡发展，首要的就是实现基础教育资源有效、合理地配置。①

教育资源配置要兼顾教育资源配置公平、教育资源配置差异、教育资源补偿三个方面。教育资源配置公平包括受教育的权利和受教育的机会两方面平等。国家赋予每个学习者享有平等的受教育权。受教育机会平等指学习者参与学习的机会是均等的。合理的资源配置有助于受教育者的学习机会平等。教育资源配置差异指因学校所处的地区、区域、特点、需求不同，在资源分配上应该体现出差异性，做到有差别地对待；教育资源补偿是指对处于相对弱势的群体在教育资源配置上要给予补偿。教育资源配置补偿是根据补偿的核心理念，向相对弱势地区、相对弱势学校与相对弱势群体倾斜，这对改善教育的不均衡现象是必需的。

出于对基础教育均衡发展的考虑，教学点的结构布局调整需要考虑教育资源配置的公平性，即各地区、各区域的教学点在教育资源分配上应该做到公平，以保障学生的受教育机会公平；还要兼顾差异性和补偿性，对办学条件落后、资源缺乏、师资力量薄弱但又不得不保留的教学点，要实行差异化和补偿性的资源分配措施。

3. 地理区位理论

地理区位理论主要是研究人类对于活动空间场所的选择和人类与场所的空间关系。② 19 世纪初杜能的农业区位论、20 世纪初韦伯的工业区位论、20 世纪 30—40 年代克里斯泰勒的重心地理论、帕兰特的商业区位论、廖什的市场区位论，这些区位论的研究重点是某区位的农业、工业或商业市场的扩大或者优化。其特点是立足一定的地区或城市，着眼于市场扩大和优化，注重空间结构分析。③ 他们的理论基础是完全竞争市场下的价格理论，这些区位理论被称为传统区位理论。

---

① 李苒：《资源配置和空间布局的均衡性研究》，科学出版社 2019 年版，第 9 页。
② Lau, J. C. Y., Chiu, C. C. H., "Accessibility of Low-income Workers in Hongkong," *Cities*, 2003, Vol. 20, No. 3, pp. 287-291.
③ 白光润：《现代地理科学导论》，华东师范大学出版社 2003 年版，第 142 页。

对于学校来说，中心地理论对学校的区位布局结构有重要指导意义。中心地理论是关于城市区位的一种理论，是关于一定区域内城市等级、规模、智能、大小、空间结构的学说，是一种探索城市布局最优化的学说。

中心地理论的创始人是德国城市地理学家克里斯泰勒。中心地是指一个区域的居民中心点，它负责向周边居民区域提供货物和服务。经济距离是决定中心地服务范围的重要范围之一，是由市场、费用、时间决定的地理距离，消费者的消费行为也会影响中心地。一般来说，中心地会通过各种途径扩大服务区，以追求商业利润的最大化。随着中心地服务区的逐渐扩大，服务区之间会有重叠区域出现，这时重叠区的居民一般会选择最近的中心地来消费。任何一个中心地都会呈现出空间六边形的结构，这种结构被认为最具有稳定性。这样，每个一级中心地则成为六边形的顶点，以此类推，各级中心地组成一个有规律递增的多级六边形。这就是中心地理论认为的一般均衡状态下的中心地空间分布模式。参照该理论，学校布局理想的均衡整体就是学校的各级服务区也能形成稳定的多边形，借鉴该理论可以对教学点的布局进行划分。

中心地理论常常被应用于服务业领域，经过不断应用和完善，形成了研究服务业空间布局的服务业区位理论。服务于区位理论常被用于研究公共服务设施与人口规模和城市等级相关的服务业的空间布局。[1] 作为提供教与学服务的教育领域，在研究学校空间布局均衡性问题时，必须考虑生源的分布和学校的区位，这恰好属于服务业区位理论研究的范畴。[2] 因此，教学点的区域结构布局调整有必要借鉴服务业区位理论。

4. 三元空间理论

信息技术与智能技术的大力发展，正在推动新的空间——数字空间

---

[1] 李苒：《资源配置和空间布局的均衡性研究》，科学出版社2019年版，第7页。
[2] 翟博：《中国基础教育均衡发展实证分析》，《教育研究》2007年第7期。

的形成，而教育治理和教育教学在数字空间中的探索和实践也逐渐展开。三元空间即物理空间、社会空间和作为第三空间的"数字空间"①，不仅创造了人类数字化生存的全新模式，而且是物理、社会和数字因素的跨界融合，"三元空间"的互动将促生人类生存和演进的全新模式。也有人将三元空间定义为包括物理空间 P（Physics）和社会空间 H（Human Society）和 C（Cyber）空间。② 还有人认为，三元空间是人（Human）、机（Machine）和物（Things）的相互融合。③ 尽管学界对"三元空间"概念的理解不同，但本质上是一样的。它是由物理空间、社会空间、信息空间（或者数字空间）三者相结合的产物，它们相互作用，共同影响着人类的发展。

"信息空间"突破了原来"物理空间"的思维方式和地域限制，也深刻地改变了社会资源的配置方式和社会组织的运行模式，这种改变正在渗透到人类生活的各个领域。在教育领域，形成了全新的技术环境、资源供给方式及教育教学的全新运行状态。在教学点的布局结构中，要充分发挥"三个空间"的作用，尤其是通过数字空间、信息空间，开足开齐开好国家规定课程，保留必要的教学点。

（三）教学点布局结构调整的影响因素

教学点结构布局调整，即调整教学点的网点布局，合理配置教育资源，减少教学点数量，扩大校均规模，提高教学质量和教育投资效益。按照系统论，区域教育是由教育系统的内部要素和外部支持系统共同构成的复杂系统。中国教育系统的"最后一公里"——教学点的布局也必然受到区域经济水平、人口数量、地理位置以及信息技术的影响。

1. 教学点布局受经济发展水平的制约

在经济发展水平较好的农村地区和区域，交通条件、教育资源、设

---

① 米加宁等：《"数字空间"政府及其研究纲领——第四次工业革命引致的政府形态变革》，《公共管理学报》2020 年第 1 期。
② 潘云鹤：《人工智能 2.0 与教育的发展》，《中国远程教育》2018 年第 5 期。
③ 王海涛等：《人工智能发展的新方向——人机物三元融合智能》，《计算机科学》2020 年第 S2 期。

施设备相对较好，因此这些地区应尽量建立或保留教学点，为当地及周边村落提供义务教育。然而，经济发展落后的地区，教学点布局往往从规模经济效益方面加以考虑，在很多情况下兼顾不到合理性。

2. 人口数量是影响教学点布局的核心因素

教育的对象是人，人口数量、人口分布密度、人口增长率等都会影响教学点的布局。教学点本来就是针对地处偏远、学龄儿童不多的情况开设的。近些年来，随着生育率逐步下降、城镇化不断加快以及移民搬迁等政策的实施，教学点学龄儿童进一步减少。因此出现很多"一师一校"的教学点，这类教学点的最终命运是被撤点或撤并。

3. 地理位置对教学点布局有很大影响

地理位置影响一所学校的交通情况，进而影响一所学校的教育资源、教师和学生的可达性。教学点本来就地处偏远，教育资源、教师和学生的可达性受阻。经过较长时间的演变，如果不对教育资源配置进行差异分配和补偿，很多教学点就会自然走向消亡。

4. 信息技术是影响教学点布局的另一个重要因素

信息技术作为工具和手段，改变了教育资源的配置方式，为实施教育教学提供了新的可能。"信息化空间"和"数字空间"为教与学提供了新的空间。信息技术不仅促进了教育资源的共享，还实现了师资等智力资源的共享和流转。可以在一定程度上缓解教师师资不足的压力，帮助开足开齐国家规定课程，是当前缓解撤点并校进程的一个重要思路。

（四）信息技术优化教学点布局结构的路径和策略

教学点不仅为社会弱势群体提供了就近入学的机会，而且，农村小规模学校也是信息的集散地，为乡土文化传承和社区能力建设提供了重要支撑。[①] 在数字化转型的今天，农村教学点不仅要保留和恢复，而且要高质量发展。如何实施高质量发展，信息技术可以为其力博一席之地。

---

① 雷万鹏：《家庭教育需求的差异化与学校布局调整政策转型》，《华中师范大学学报》（人文社会科学版）2012 年第 6 期。

1. 保留必要的教学点，使用信息技术赋能增效

保留的教学点存在着师资力量薄弱和教育教学资源短缺的问题，使用信息技术可以为其赋能增效。一方面，针对教育教学资源短缺的问题，国家智慧教育平台、省级教育资源大平台上的资源，各地区、区域、教学点自行购买的资源，各类电子白板系统自带的资源以及教学点教师利用录播课设备录制的资源、开发的微课资源等，可以解决教学点教育教学资源匮乏的问题。在调研中教学点负责人和教师普遍表示："当前的教育教学资源非常丰富，基本能够满足教学点的日常教学和教研需求，当前对数字化教育教学资源没有新需求。"另一方面，针对教学点缺乏高质量师资、开不齐、开不好国家课程的问题，国家采取"三个课堂""在线互动直播课堂""异步直播课""一拖 N"拖课等形式来破解这一难题。以双师课堂为例。它采取"线上名师指导＋线下助教老师引导"的协同教学方式，将城市教育优质资源下沉至乡村学校，达到缩小城乡差距、促进教育公平的目的。① 双师课堂对教师的教学能力提出了较高的要求，要求教师具备学情分析能力、协同备课能力、协同上课能力、协同管理课堂的能力、协同沟通能力、自身角色认知能力、教学诊断反馈能力、自我反思能力。但调查发现，当前教学点很多教师尚不具备开展"双师课堂"的能力，双师课前缺乏交流和协同备课，课上教学点教师主要维持课堂秩序，没有协同上课，课下也没有及时进行教学反馈及反思。再加上教学点教师对双师课堂教学缺乏根本性认识，对其自身角色认知不够，因此教学效果并不理想。针对这一问题，各级教育管理部门要对教学点教师进行专门培训，内容涉及双师教师的角色和定位、协同备课、协同上课、教学管理等，切实提高双师的教学及管理能力，开齐、开足、开好国家课程。

2. 创建教学点数字学校

数字学校是通过网络技术和信息技术将城镇中心校和农村教学点连

---

① 乜勇、高红英、王鑫：《"双师教学"共同体模式构建：要素与结构关系分析研究》，《电化教育研究》2020 年第 12 期。

接起来，实现对全区中心校和对接教学点统一管理与服务的学校。即一个城镇中心学校与 M（1—3）个教学点进行对接，形成一个教学共同体，N 个这样的教学共同体就组成了数字学校。① 数字学校由政府、高校、企业和教学点协作共建，政府的主要任务是制定政策、筹措资金，高校的主要任务是在数字学校发展理念、理论和实践上给予引领和指导，企业主要为学校提供设施设备、数字教育资源和技术服务，教学点主要进行实践应用。政府、高校、企业和教学点之间是一种协同合作的关系，它们之间相互制约、相互影响。政府需要高校的理论、实践指导和顶层设计，需要企业在技术和服务上提供支持；高校需要政府的政策和资金的支持，需要企业的技术和服务保障，需要教学点的积极配合；企业需要高校对数字教育资源进行研发，需要政府在政策和制度上给予支持，需要得到教学点教师的认可；教学点需要政府政策支持和满足对经费的需求，需要企业设计和开发数字教育资源和满足技术服务的需要。它们之间协同合作、相互协作，共同促进数字学校的正常运行。

3. 形成盟校，输送教学点录课资源并帮助管理

教学点既有其特殊性，也有一些共性特点，如地处贫困山区，学生具有相似的学习背景、生活经验和认知范围，教学点之间应该形成盟校，共同加强教学和教研探讨。当一所教学点无法开出某些课程时，有条件开设课程的教学点通过"在线直播课"、教学点间的"拖课"等形式，帮助该教学点上课。另外，"一师一校"的教学点有时候因教师外出培训等而无法正常上课时，其他教学点的教师可以录制视频，向该教学点输送录课视频供学生学习，这样也可以起到临时管理学生的作用。

4. 建立教学点示范校，带动其他教学点学习和成长

示范校作为建设和应用的典型，能起到"以点带面、以面带全"

---

① 付卫东、王继新、左明章：《信息化助推农村教学点发展的成效、问题及对策》，《华中师范大学学报》（人文社会科学版）2016 年第 5 期。

的效果。因此，在一些有特色的地区、市（县），选择一批信息化基础好、应用积极性高的教学点，建立信息化教育教学应用的"示范校"。对这些学校给予政策支持和重点建设，将示范校作为区域、片区教学点教育教学应用的示范基地，开展教育教学交流观摩活动，区域、教学点之间建立交流机制，逐步建立适合本区域、本片区的应用方式；形成"重点育苗、全面开花"的局面，建立教学点示范校传、帮、带机制。在不同水平的教学点之间建立"一帮一""手拉手"等帮带形式。

二 教学点的信息化生存境遇与突围之策

近三十年来，教学点经历了从"被消亡""被撤销""被保留"到"被发展"的演变[①]，反映出各方利益相关者在学校布局调整中的博弈和价值认知冲突。新时期以来，农村偏远贫困地区教育的主要矛盾是老百姓对高质量教育的需求与当地教育发展不充分、不均衡之间的矛盾；表现为教学资源不充分，教师信息技术应用水平滞后，缺乏人、财、物方面的支持和保障，教学点发展举步维艰。

如前文所述，教学点信息化发展先后经历了四个阶段：教学点信息化起步阶段（2003年以前）、信息化基础建设大发展阶段（2003—2012年）、信息化应用大力提升阶段（2012—2017年）、新兴技术介入的新探索阶段（2018年以来）。历经三十余年的发展，教学点信息化建设和应用取得了令人瞩目的成就：改善了信息化教学环境，配置了大量信息化设备，丰富了教育教学资源，教师信息化应用水平整体上有了一定的提升。在教学点"撤"与"留"不断拉锯的今天，使用信息技术支持教育教学可以为教学点赢得一席生存之地。国家从设备配置、资源配送和教学应用三方面入手，为教学点信息化发展提供了重要支撑。然而，大量田野调查发现，在基础教育信息化转型升级的今天，教学点信息化在实践应用中依然面临着很大的困难和挑战。理性审视教学点信息化的困境，

---

① 雷万鹏：《城镇化进程中农村小规模学校发展》，《全球教育展望》2014年第2期。

第四章 西北地区农村教学点信息化演进

深入思考现象背后的深层原因,对保留和发展教学点,以及为农村弱势群体提供有质量教育的意义重大。

(一) 研究设计

1. 研究方法运用

教学点具有多样性、多态性和独特性,为了观照这种特质,本书采用质性研究的范式。具体使用田野调查、教育叙事、案例研究等方法,通过半结构深度访谈,使用归纳法分析资料并形成认识。通过与研究对象互动,获得对其行为和意义建构的解释性理解。[1]

2. 研究对象选取

本书的访谈对象为西北五省(区)(陕西、甘肃、宁夏、青海、新疆)教学点的校长和教师。鉴于地区教育差异较大,这里采用目的性和方便性兼顾的抽样。[2] 综合考虑教学点所处地、信息化整体情况、师资队伍、信息化应用水平等因素,分为"较好""较弱"两个层次选择合适的样本。受访者基本信息如表4-9所示。访谈对象的编码方式为"姓名代码—省区—较好/较弱—校长/教师",其中省(区)分别为S(陕西)、G(甘肃)、N(宁夏)、Q(青海)、X(新疆);较好/较弱对应1—0;校长/教师中校长为P或教师为T。

表4-9　　　　　　受访教学点校长/教师基本信息

姓名代码	省区	较好/较弱	校长/教师	任职年限
LT	陕西	较好	校长	8
WZH	陕西	较弱	教师	16
MJ	甘肃	较好	校长	12
ZY	甘肃	较弱	教师	10
BHL	宁夏	较好	教师	29

[1] 陈向明:《质的研究方法与社会科学研究》,教育科学出版社2000年版,第12页。
[2] [美] 迈尔斯、休伯曼:《质性资料的分析:方法与实践第2版》,张芬芬等译,重庆大学出版社2008年版,第39页。

续表

姓名代码	省区	较好/较弱	校长/教师	任职年限
ZXX	宁夏	较弱	校长	22
BLZ	青海	较好	校长	16
GNB	青海	较好	教师	27
ABLT	新疆	较好	教师	9
RLB	新疆	较弱	教师	23

（二）资料收集与分析过程

笔者于2022年9—12月通过面对面和电话访谈方式，对10位受访者进行了半结构深度访谈。访谈以"信息化建设—应用—困境"为主线，内容涉及对教学点的认知、政策落实、信息化资源和平台、教师应用水平、技术支持、保障措施等方面。在访谈过程中由两个人同时记录结果，之后相互核对，不一致的地方请被访谈者再确认，确保资料来源真实可靠。资料分析采用逐级编码与分析框架核心主题相结合的方式进行。首先以每个问题及其回答为单位，对访谈结果进行分段。对每个段落提取"本土概念"，进行一级编码，如将"说不定哪天就被撤并了"编码为"难逃撤并的命运"。接着，对一级编码进行对比、归类，形成核心概念，如将"没时间研究信息化教学""工作时间长""工作压力大"归纳为"教师的困途"，这个过程为二级编码。最后，对二级编码的结果进行理论分析和概念统领，进一步形成具有统领性的"轴心概念"，如将"教师的困途""资源配置的边缘化""政策落实的偏差"等归纳为"教学点主体地位的缺失"。在概念与资源之间不断互动，直到各级概念达到属性上的饱和。

三 西北地区教学点信息化生存境遇分析

当前学术界对生存境遇并没有统一的定义，学者大都根据他们自身研究的问题对其进行描述性定义，"生存境遇"可被定义为人在维持个体生命存在和追求生命价值与意义的过程中所经历的遭遇与面临的境况。① 既包括动物性的生命存续,又包括超越动物性的生命意义追求;既包括主观的精神需要,也包括客观的物质需求。教学点信息化生存境遇指教学点信息化的意义追求,既包括师生等人的发展和精神需求,也包括教学点对信息化设备、资源等的物质需求。

(一) 对教学点的认知偏差:难逃终究被撤并的命运

1. 突如其来的撤点

我们之前并没有收到任何关于撤点的消息,包括一整个假期。马上到9月,要开学了,突然通知说要撤点了。学校除了学生人数少一些外,我们在信息化方面的应用还比较好,也做了很大的努力。(ZXX-N-0-P)

之前我们牧区教学点的条件很艰苦,没有信息化设备,网络不通,完全使用传统的教学工具和方法教学。近五年来,信息化环境改善了,网也通了,但是学校却撤销了。撤点后,孩子到60余公里外的中心校去寄宿上学了。(GNB-Q-0-T)

中国农村基础教育的布局结构调整一直在路上,教学点成为农村学校布局调整的重灾区。大规模撤点并校引起了一系列问题,包括学生上学路远且有安全隐患,家长往返接送的时间成本增加、住校增加的额外费用等,这与"就近入学,整合并享用优质教育资源"的布局调整初衷背道而驰。国家认识到了缺乏合理规划,简单粗暴式的"撤点并校"所带来的问题,从2012年开始,明确提出"坚决制止盲目撤并农村义务教育学校,暂停农村义务教育学校撤并",应"慎重对待""防止'一刀切'""暂缓实施布局调整""规范撤并程序"等。然而,田野调查表明,撤点并校的进程并没有放缓。大规模"撤点并校"实施20多年来,

---

① 董明月:《中师毕业乡村教师生存境遇的叙事研究》,硕士学位论文,西南大学,2021年。

全国的小学校数从 2001 年的 491273 所减少到 2020 年的 162601 所①，在这 20 年间，平均每天消失 45 所小学。

2. "我们"将何去何从

　　看到周围农牧区其他教学点不断被撤销撤并，不知道我们的教学点还能坚持多久，能坚持到哪一天。(RLB－X－0－T)

　　有些教学点被撤销后，老师们被分配到了当地的幼儿园、村小或中心小学，不知道我们将来要去哪里。(MJ－G－1－P)

持续性、不够合理的农村学校结构布局调整导致教学点缺乏稳定、良性的发展生态。教师持有"终有一天会被撤销"的悲观认识。在这种认识下，教师对教学点的存在意义在认识上存在偏差，对其自己的职业规划比较迷茫。家长和所在社区对农村薄弱学校也表现出极度不信任，很少有人相信它们会给孩子更好的教育②。长此以往，这种认识会削弱社会各界和当地居民对乡村本土教育的信心，影响西北农村地区教育文化生态。

(二) 教师的困境：热爱但无时间研究信息化教学

1. 繁重的教学任务

　　我们的教学点有三个年级，教师有 3 人，实行包班制，基本上一个教师承担一个年级所有课程的教学，每天的教学任务安排得满满当当。(WZH－S－0－T)

　　我们这里实行包课制，基本上一位教师平均负责三个年级一至两门课程的教学，有的负责语文和音乐两门课，还有的负责数学和

---

① 教育部网站公开数据。
② 鲍传友：《农村薄弱学校的信心缺失与信任重建》，《中国教育学刊》2017 年第 3 期。

信息技术课，每一天的教学任务量都很重。（MJ-G-1-P）

教学点在师资数量不足、教师结构性短缺的情况下，开齐、开足、开好国家规定的课程存在很大困难。每位教师所承担的教学任务很重，真正留给教学反思和研究信息化教学的时间不多。

2. 繁杂的各项管理

教学点虽然规模小，但各项工作都要求齐全，真的是"麻雀虽小，五脏俱全"。教师们除了教学外，还要负责政教、财务、安全、伙食等工作。哪一项管理都不能少，不能松懈。（LT-S-1-P）

教学点的管理很烦琐。教学点与上级对接的信息技术平台就有十多个，包括禁毒平台、安全平台、视力监管平台等，每位老师都要负责几个平台的管理。我当校长时，仅仅对学校使用的平台和账号就记了满满一页纸。尤其是年轻人都在参与这些平台的管理，没有时间研究教学。

近几年来，随着网络的普及，各种名目的进校园活动剧增。这些活动强制要求中小学校教师及家长下载安装与教育教学无关的政务 APP，要求投票点赞、截图拍照、参与听课等，教师们忙得不可开交，留给教师真正研究教学的时间寥寥无几。当今信息化设备、教学平台、系统和软件升级变化快，信息化的复杂度也越来越大。教学点的教师日复一日地从事与教学无关的管理事务，来不及思考和研究信息化教学，长此以往，势必会影响教育教学效果。

（三）政策落实上的偏差：被默认为边缘化

1. 信息化设备供给的落差

我们教师办公用机基本 8 年左右了，按照国家规定的硬件设备的折旧年限算，都应该淘汰了。有些设备坏了后，教学点找人维修，

如果能用就修一下继续用。如果坏了,中心校会想办法从其他地方给协调配置,但设备质量不尽如人意。(BHL-N-1-T)

国家出台实施了系列政策支持农村薄弱地区和教学点信息化发展,并通过设备配置、资源配送和教学应用三方面保障落实应用,整体来说,取得了较好的成效。但是有一些地方在政策落实上存在偏差,导致在信息化基础设施建设、信息化资源供给等方面被边缘化对待,信息化设备、资源供给等从质量和数量上大打折扣。

2. 许多机会的缺失

当前的情况是,教学点从管理上依附于当地的中心学校。教师选派、资源分配、公用经费划拨都受制于中心学校。(ZXX-N-0-P)

教师的绩效工资分配、职称晋升的管理权都在中心校。教学点教师外出参加培训的机会很少,优秀教师很快就会从这里被抽调走。(MJ-G-1-P)

教学点长期被漠视、被边缘化的处境导致它无法获得应有的权利和各项保障。国家出台的教学点信息化政策能否产生应有的效力,取决于国家投放的人力、财力、物力是否真正地用于教学点。区县教育局将教学点经费、资源等划拨到中心校,由中心校进行二次分配,这个过程就很有灵活性和弹性。另外,地方政府的教育政策本来就偏向优质学校,其人事制度、配套优惠政策对教学点等薄弱学校就不合理、不公平。这种身份不平等、权利不对等导致教学点各种发展机会缺失的现象比比皆是。

(四) 信息技术应用:缺乏及时有力的支持

1. 突如其来的直播课让"我"迷茫

在前两年疫情防控期间,一夜之间突然要求我们进行线上直播上课。教育局只通过在线的方式对我们进行了简单培训，对直播软件的介绍也很有限。但是要求直播呈现很多东西，包括内容、形式、师生交互等。我们非常迷茫。(BHL-N-1-T)

疫情防控期间上直播课，我们想尽了办法自学播课平台。从抖音、快手、微信直播，到教育云、钉钉、腾讯会议和国家智慧平台，哪个能让学生看得更清楚，师生间能更好地互动，我们就选用哪一个。我们可以说是摸着石头过河。(ABLT-X-1-T)

国家在落实教学点信息化时本着设备配置、资源配送和教学应用"三到位"原则，但是很难不折不扣地得到落实。信息技术更新换代很快，复杂度也越来越高，需要持续的学习和培训。在田野调查中发现，教师的信息技术应用水平还是跟不上教学需求，并且缺乏及时有效的支持，教师基本上依靠各种在线资源自学，先用后学、蹚水过河。

2. 应用中的无力感与无助感

我们缺乏一些实用技术的学习。如在课件中插入动画、录课、视音频编辑技术。有些好的想法即使我们想到了，用技术也实现不了，我们感到很无奈。比如说录课，在录制过程中一个字或词有问题，不知道怎么更换，只能从头开始录制。(ZY-G-0-T)

各种培训也参加了不少，理念、方法听得很多，但是如何在教学点落实则缺乏具体指导。我们在遇到问题时，感觉很无助。(RLB-X-0-T)

在信息技术相关培训和指导中，有一个问题应该引起重视，即教学点教师培训与需求不匹配。在田野调查中发现，教师对培训表现得既渴望又失望。各种培训次数不少，但是教师的学习效果不佳。表现出的问题：一是培训内容不切合教学点的实际，缺乏对教学点小班额教学、复式教学等特定教学情景的关照。二是理念、理论性的知识讲得多，实操、应用性技术技能涉及得少。教师缺乏对常用信息技术的熟练、常态化应用，信息化教学的效力大打折扣。

（五）信息化平台和资源：不兼容增加了教师负担

教师最开始用 PPT 教学，后来使用希沃白板，都用得很熟练。管理部门一度又要求用省级教育云平台的教学助手上课，教师对操作这个系统不够熟练，加上教案、课件、学习资料等互不兼容，相互间不能调用。这给教师增加了很大的负担。(ZXX‐N‐O‐P)

教学点信息化设备和资源的兼容性问题，一直是困扰教师信息技术应用的一个难题。不同应用要求、不同平台、不同来源的资源之间的技术标准不同，往往互不兼容，这十分影响教师应用信息技术的热情，增加了教师对技术应用的焦虑感，使教师从心理上拒斥信息技术进课堂。

四 教学点信息化生存的突围之策

（一）倾听多方声音，发挥信息技术优势，办好必要的教学点

过去20年教学点的"撤点并校"更多地体现为政府主导下的布局调整行为，缺乏政府、村民、教师之间的平等协商和民主决策。教学点撤并涉及多方利益相关者，包括教育管理部门、教师、家长、学生等。在教学点撤并、保留和恢复的过程中，应该充分听取村民、家长的意见，参考教师的意愿。在一项对"是否应该保留教学点"的调查中，家长和教师均持肯定态度，认为应该保留教学点的分别占76%和68.5%[1]。对需要保留的教学点，应该积极发挥信息技术的优势，以专递课堂、名师课堂、名校网络课堂等形式，开展联校网教、数字学校建设与应用。[2]

---

[1] 郭清扬、赵丹、范先佐：《中小学与布局调整与教学点建设研究》，人民教育出版社2011年版，第154页。

[2] 《教育部关于印发〈教育信息化2.0行动计划〉的通知》，中华人民共和国教育部（http://www.moe.gov.cn/srcsite/A16/s3342/201804/t20180425_334188.html）。

利用好国家、省级教学资源大平台、名师名校等信息化资源，开足、开齐国家规定课程。将保留的教学点办成"小而优"、村民不出远门就能够享受优质教育的学校。

（二）提升教学点的主体地位，赋予其充分的办学自主权

当前教学点缺乏独立的法人地位，从管理上依附于当地中心校。资源选派、资源分配、公用经费划拨都受制于中心校。区县教育局将教学点经费、资源等划拨到中心校，由中心校进行二次分配，这个过程就很有灵活性和弹性。另外，教学点教师的绩效考核、职称晋升、教师外出培训等内部事务管理都隶属于中心校。在依附性、隶属性管理体制下，教学点的政策落实和资源分配等难免会被边缘化。"只要教育所需的资金不能公平地分配，在某种意义上必然会出现投资不足的情况。"① 由于资金短缺、办学条件落后，教学点的学生不能享受与中心学校学生同等质量的教育。因此，唯有制度创新，为教学点赋权，让教学点与其他学校一样享有同等法人地位，在人、财、物方面出台公平、合理的政策和制度保障，在各项保障措施落实上加大过程性管理，教学点才有可能与其他学校一样共享"阳光雨露"。

（三）为教师松绑减负，让教师有更多的时间开展信息化教学

教学点的教师是中国教育"最后一公里"的守护人，繁重的教学任务已经让为数不多的教师不堪重负。各类校外行政任务严重挤占和耗费了学校资源及教师的精力。教师长期疲于应对，教育教学有时也只能退居其次。各种非教学任务往往与教学点考核和教师绩效挂钩，教学点为了生存和发展，教师为了不影响绩效，而不得不参加这些非教学任务。针对这种现象，2019 年，中共中央办公厅、国务院办公厅印发了《关于减轻中小学教师负担 进一步营造教育教学良好环境的若干意见》，要求将教师督查评比考核事项减少一半以上，坚决杜绝向教师强制摊派无关社会事务等。一些地方政府部门也出台了中小学教师"减负清单"，如严格控制督查检查评比考核事项总量和频次；坚决杜绝向中小学校和教

---

① ［英］M. 布劳格：《教育经济学导论》，韩云等译，春秋出版社1989年版，第7页。

师摊派与教学职责无关事务等。但从田野调查来看，教学点的"松绑"和教师"减负"，多数也是掩人耳目，并没有真正落实下去。很多时候，虽然减少了评比次数但合并了任务量，教师的工作任务并没有减少。建议政府部门明令禁止，动真格管理，不仅严格控制评比考核等事项的数量和频次，还要剔除一切与教学无关的活动。只有真正为教师松绑减负，教师才会回归教育教学，才有精力琢磨和应用好信息化教学。

（四）为教师提供及时对需的信息技术应用培训

教学点教师的信息技术应用水平本来就较低，他们最需要支持和帮扶，当前仅靠行政指令而不是实质性的支持，是解决不了教师的困境的。尤其是在应对新冠疫情等重大突发性公共事件时，区县教育局要做好应用信息技术支持教育教学的预案，提供符合教学点实际的技术培训和有效支持。另外，在"国培计划"等培训项目中针对教学点教师的培训，要提供小班额教学和复式教学的内容。在培训内容设计上要精准对需，提供一些轻量级、低门槛、实用性的技术及其应用培训。提供技术应用的场景，帮助教师打通所学知识与所用场景之间的通道，为真实应用提高迁移的速度[①]。

（五）打通平台和资源壁垒，为教学真正赋能增效

当前教学点能够使用的信息化平台和资源并不少，国家级、省级教育云平台、教学助手、教学一体机资源等已经辐射到大多数教学点。但在应用中教学平台互不兼容，资源之间存在壁垒。从平台和资源的不适用、不兼容到现在逐步走向融合创新，管理部门一直在努力。宁夏教育管理部门与企业合作，截至2023年寒假，将希沃教学系统、教学助手、宁教云三个平台融合打通。教师只需要一个账号，就能完成从课前布置任务、课堂教学到课后组卷的所有任务。从三个平台上的任意一个登录，在系统中建立三个平台之间的关联，就能够互相调用资源，使用起来非常方便。这在一定程度上为教学赋能增效，提升了信息技术的应用效果。

---

① 闫寒冰、柳立言：《智能技术开启教学共同体新模式》，《中国教育报》2022年7月28日第3版。

第五章 西北教学点信息化演进的问题和影响因素

通过前文分析教学点信息化演进的过程及应用水平发现，当前教学点虽然在信息化建设和应用上取得了一定的成效，但是也凸显出一些问题，厘清和分析这些问题，将有助于教学点信息化可持续发展。

第一节 西北教学点信息化演进中的问题

一 中心校等部门对教学点管理和沟通不及时、不深入

教学点的行政管理权隶属于乡镇中心校，作为一个自组织系统，教学点校长负责学校的日常教学和管理工作，但教学点的经费下拨、教师分配、设备配备、教师发展都归属于中心校管理。另外，教学点经费中财政拨款占农村教学点年度总收入的比例高达 99.5% 以上，几乎是教学点经费的唯一来源。教学点发展受县（区）级政府部门和教育管理部门的统筹规划和管理，因此在县（区）级管理部门的统筹规划下，中心校应该建立教学点日常管理和反馈制度，加强与教学点之间的日常管理和沟通。然而，田野调查发现，县（区）级管理部门及一部分中心校对教学点的管理仅限于文件、信息的"上报"和"下达"，中心校负责人很少深入教学点，真正了解教学点的情况。有些教学点的网络已经中断了一学期、一年甚至更长时间，因电子白板故障而无法开展正常的信息化

教学，但由于种种原因，教学点未及时维修网络和设备，中心校也放任自流，缺乏及时管理和督导。陪同课题组一同调研的中心校领导，在去教学点后才发现种种问题，且有些问题长时间得不到解决，已成顽疾。中心校领导这才意识到他们已经一学期、一年或者更长时间没去过教学点了。教学点如果得不到上级部门的及时管理和督导，一方面所面临的困难无法得到及时解决；另一方面，山高路远，教学点难免在教学和管理中产生懈怠思想，这会从根本上影响教学质量和教学点的发展。

二 教学点之间的合作力度不够

在中国教育系统中，教学点主要是在地方政府、教育主管部门领导下，由中心校实施行政管理，统筹分配教师和教学资源，而教学点之间相对比较孤立，相互之间沟通交流很少。这十分不利于教学点的发展。教学点这一群体具有相似的地情、校情和学情，面临着相似的教学和管理问题，因此教学点之间应该加强交流和合作，尤其是合作备课和教研。县（区）中心校辖区的教学点乃至不同中心校所辖教学点之间应该建立长效合作机制，通过在线互动课堂、区域"教师发展共同体"开展合作备课、在线教研、教改经验分享等活动，深入探讨由新技术支持的、新课改要求的创新性教学设计、教学模式创新、教学资源应用等问题。教学点之间可以互派教师到对方学校教学和交流，共享教学资源，凝聚群体智慧，形成各县（区）、区域内教学点之间可复制、可推广的优秀合作模式和实践案例。

三 "重拥有、轻应用、轻管理"的思想对教学点有着深远影响

国家系列教育信息化工程项目秉持"建设与应用同步，应用驱动建设"的思想，有关部门在推动信息化环境、基础设施设备建设的同时，也在同步敦促教师信息技术应用能力发展、教学资源的建设和应用及信息技术在教与学中的应用。但是受制于校长的信息化理念、教师的信息技术应用水平、信息技术应用支持度、资源的适切性等因素，项目在建设后期有一些问题突显出来，如一些学校只注重前期的硬件设备建设和

第五章　西北教学点信息化演进的问题和影响因素

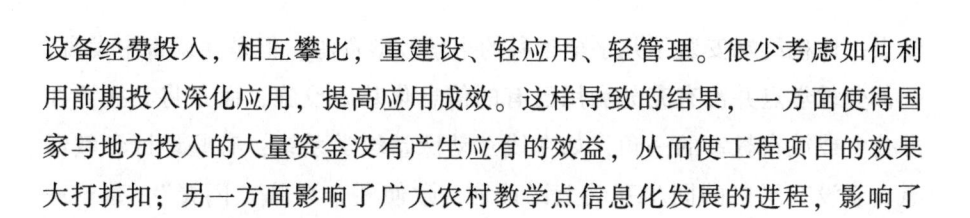

设备经费投入，相互攀比，重建设、轻应用、轻管理。很少考虑如何利用前期投入深化应用，提高应用成效。这样导致的结果，一方面使得国家与地方投入的大量资金没有产生应有的效益，从而使工程项目的效果大打折扣；另一方面影响了广大农村教学点信息化发展的进程，影响了教学点的长远发展。

四　网络条件依然难以满足较高的在线教学要求

国家"十四五"教育事业发展规划中的一个核心思想就是"教育优质均衡发展"。近年来，随着乡村振兴和农村教育信息化的发展，农村学校的网络环境基础有了很大改善。"三通两平台"建设完成，解决了各级各类学校的宽带网络接入问题；多种形式的"教育专网改造计划"，大大提升了网速，解决了网络接入安全问题。进入教育信息化2.0时代，全国教学点信息化迎来了前所未有的发展机遇。信息化基础设施和网络通信条件得到较大幅度的升级，网速从100MB/S至1000MB/S不等，网络条件已经基本满足了教学点的常规教学和日常办公的需求。然而调查发现，教学点在接收和播放在线教学资源、开展在线互动课堂教学、在线联校拖课时，出现网络卡顿、杂音较大、画面不清的问题。究其原因主要在于两方面：一是网络基础设施落后，设施设备功能有限，网络设施的功能瓶颈限制了网速、网络流畅性等；二是高质量在线同步教学对网络的流畅性和信号的质量要求更高。而教学点因其地理位置、自然环境及农村网络设施基础建设水平等的限制，无法实现接收端和授课端"高度同步"，甚至出现无法顺利接收的情况。这影响了在线教学的开展及其教学效果。

五　信息化基础设施未得到充分利用

信息化基础设施是开展信息化教学的基础。近十年来，教学点的信息化基础设施基本上由之前的电视和投影仪升级为电子白板（教学一体机），信息接收系统由卫星接收系统调整为宽带无线网络，且软硬件及教学资源有了很大的变化，大多数教学点的常用硬件设施较为齐全，教学点一体机终端安装了几乎全学科的小学教学资源。但是在调查中发现，一部分教学点并没有充分利用已有的信息化基础设施，而是将其搁置在办公室或放在教室的一角，如在线互动课堂教学系统，有些地区和教学点由于没有严格的同步互动上课计划，致使整个系统"闲置"，甚至一学期上不了一次在线同步互动课。教学点教师也没有给予学生使用这些设施设备的机会，怕"弄坏设备"的顾虑阻碍了学生信息素养的提升。此外，一部分教学点的教学一体机触屏功能"老化"，教师信息技术应用能力有限，想不到使用鼠标操作等其他办法解决问题，造成一体机及所安装的数字化教学资源"闲置"，基础设施及资源未充分发挥其作用。

六 开不齐、开不全、开不好课的问题依然很突出

通过实地走访、看课听课、课下座谈等调查发现，当前西北五省（区）教学点开不齐、开不全、开不好课程的问题依然很突出。一些课程如音乐、美术、信息技术、科学等课程开不齐、开不全，一部分教学点会根据学校师资情况灵活安排，开设能够开出的课程，其他课程虽然在课程表中有安排，但是没有实质性开课，课时基本被语文、数学课所挤占。大部分教学点虽然开设了这些课程，但是基本上是复式教学，由教学点教师或下乡送教教师对几个年级进行复式集体教学；还有一部分教学点利用在线互动课堂开齐开足课程，这类教学形式会针对具体年级开课，针对性比较强，相对其他几种教学形式来说，效果较好。但是从教学内容、教学方式、教学评价等方面总体来看，与国家要求的"开全、开齐、开好"的目标相差甚远。

分析造成这个问题的原因，体现在四个方面：一是教师数量少。很多教学点一般有一至三个年级，教师人数为1—3人。一名教师负责教三个年级的某一个学科，或者一个教师负责一个年级所有学科课程的教学，教师的工作量很重。二是师资呈现结构性短缺。在参与调查的155位教师中，有67%的教师为师范专业毕业，主要从事语、数、英等学科的教学。37.6%的教师有相对应学科的教师资格证，大部分教师所教科目与其学科背景不符，甚至有学习农林类专业、经济学专业考取教师资格证

的，也有通过各种教师招考制度进入教学点的。信息技术、音乐、美术、科学等学科教师尤为缺乏。三是教师信息技术应用能力较弱。在所调研的教学点中，绝大多数都安装了在线互动课堂教学设备，但是真正用起来、用好的不多，造成这一问题的原因有多方面，教师的信息技术应用能力尤其是同步在线互动课堂教学能力较弱是其中重要的原因之一，大部分教学点教师尚不具备开展在线同步互动课堂教学的能力。四是落实应用不够。部分教学点缺乏切实可行的应用制度及实施保障，再加上中心校疏于管理和督导，教学点现有信息化环境和技术没有用起来、用好，因此双师课堂、在线互动课堂、三个课堂、在线直播课等用于支持开齐、开足、开好课程的举措没有真正落实落地。

七 教师信息化培训内容有待调整和优化

近五年来，随着教育部"国培计划""中小学教师信息技术应用能力提升工程2.0"等国家级，各类省部级，市、县（区）级培训项目的开展落实，教学点教师以不同规模、线上线下等不同形式、不同程度地参加了各类培训。这些培训对教师发展有一定的影响，教师的教育教学理念有一定程度的转变，教师的通用性信息技术应用能力有了明显提升。然而调查发现，教学点教师对培训的需求是分层、多样化的，培训需求涉及教育教学理论、信息技术与课程整合的理论与方法、一些关键信息技术的学习和使用等。教师反映说，近几年来，因教学点信息技术和设备更新较快，他们最需要的还是一些关键技术及其使用方面的培训，包括希沃白板、各类教学助手、教育云平台、录播课及高质量课件制作技术等方面。其次是信息技术与课程教学创新融合方面的培训，包括如何将新兴技术、数字化教学资源与学科课程创新融合并有效应用于小班额、复式班级教学中，这是当前教师面临的困惑之一。最后，教师需要先进的教育教学理念、复式教学方法方面的引领和学习。因此急需对教学点教师现有培训目标、培训内容及时做出调整，使培训更有针对性和实效性。

八 信息化资源的供给和服务能力不够

全国"三通两平台"已经建成并得到深入应用，国家级、省级教育资源大平台、智慧教育平台也已逐步得到应用。在具备网络的条件下，教学点都能够不同程度地获取、下载、使用这些资源。但是在实践中存在着信息化资源供给和服务能力不够的问题，主要表现在三方面：一是各省区、地区教学点信息化教学资源供给不均衡。一些省区、地区的教学点除了获取国家教育资源云平台、智慧教育平台的数据外，还有专门的"三通两平台"资源，比如陕西省；有些地区的教学点使用希沃白板资源和各类教学助手资源，还有的自行购置了资源，包括"状元大课堂"资源、"新课标第一网"资源和"外研K12"等资源。而有些省区和地区的教学点使用的资源很有限，仅使用希沃白板中的资源。二是教学资源平台和资源库中的内容更新不及时。如有些地区教学点中安装较早的希沃白板中的资源比较老旧，未能与时俱进地及时更新。另外，部分已建成的资源库内容更新也不及时，在调研中陕西省有些教学点反映说，"三通两平台"中的教学资源自2019年建成开通后，其中的资源未能及时得到更新。三是资源的适切性不够。教学点缺乏校本数字化教学资源创新团队，未积累和形成校本数字化教学资源，教师只能复制和粘贴别人"成形"的作品。当前已开发的各类资源，大多数内容是"城市本位"的，农村学生面对这些"城市本位"的教学资源难以在自我知识框架中找到"支架"，往往出现认知障碍，也容易觉得枯燥乏味。[①] 这样导致的结果是很多地区的教学点很少使用包括省级教育资源大平台在内的平台资源。因此要提高信息化教学资源的供给和服务能力，提高教学资源的应用效能。

九 教学点信息技术应用支持服务很不够

教学点处于弱势地位，在信息技术应用中非常需要得到支持，支持

---

① 韦妙：《农村小规模学校信息化发展的生态学思考》，《教育科学》2015年第6期。

第五章　西北教学点信息化演进的问题和影响因素

内容包括信息化教学应用理念的引领，信息技术应用方法指导、技术操作支持等方面。田野调查发现，有些学校配置了设备，安装了教学系统和软件，但是缺乏会操作的技术人员和维修人员，一旦设备出现故障，在教学中就无法得到正常使用。有时候技术故障得不到及时维修，还会影响教师的应用积极性。

支持服务需要经费，但教学点的维护经费不足。支持服务经费应在规划项目时就加以考虑，预留出专门资金用于设备的日常维护；对项目建设资金，要有所倾斜，资金要在最大可能下向农村地区倾斜，向农村地区输入，而不是在城市系统内循环，比如项目实施的工程人员、设备的维护维修人员、教学资源开发人员等。应该挖掘和用好农村本地人员，他们在设备维修维护上更有便利性，这样设备维护维修才更具有时效性。

十　需要加强信息技术支持的教育教学研究

教学点有其特殊性，因此教学点的教育教学具有一般规律和特殊规律。教学点的信息化设备配备有别于城市地区和发达地区的学校，因为信息技术设备的特性，决定其教学功能和应用形式不同。教育新基建的推进加速了教学点信息化设施设备的建设，新的技术和设备将会引入教学点教育教学中。因此，应该加大对信息技术支持下教学点的教育教学研究，包括教学规律、教学模式、教学方法、技术应用方式等方面。在教学实践中也涌现出一些创新的做法，如甘肃省临洮县教学点采取的"垂直互动"复式教学模式[1]，就是在复式教学不同学科、年级之间的互动，取得了很好的效果。但是，这类创新性的教学研究和实践探索不多，可推广、借鉴的成果较少。究其原因，一是教学点教师工作繁重，没有太多时间做深入的教育教学研究和思考；二是教师的研究能力不足，在实践中也缺乏研究人员的引领和帮助，缺少将实践问题和经验进行总结、提炼成教学成果的能力；三是教学点教师缺乏将教学实践进行

---

[1] 《补齐农村教育最薄弱短板——甘肃省临洮县提高农村教学点教育教学质量纪实》，中华人民共和国教育部（http://www.moe.gov.cn/jyb_xwfb/s5147/201312/t20131216_160842.html）。

提炼、产出的激励机制和创新平台，教师看不到进行信息技术支持的教育教学研究的价值和意义。因此，建立相关教研激励机制，并且组织和引入科研团队力量，以科研力量支撑引领数字化背景下的教学点教育教学研究。

十一 教学点信息化发展缺乏良性生态

教学点信息化是一个完整的生态系统。从生态学的视角出发，学校的信息化发展既受内部各要素的影响，又与外部自然、社会、规范、多维环境交互作用，共同构成一套复杂的生态系统。[①] 生态系统指在自然界的一定空间内，生物与环境构成的统一整体，在这个统一整体中，生物与环境之间相互影响、相互制约，并在一定时期内处于相对稳定的动态平衡状态。生态平衡和动态演化是生态系统的两个重要概念。生态平衡是指一定时间内生态系统中的生物与外部环境、生物内部之间，通过能量流动、物质循环和信息传递达到相互协调、统一的状态。生态系统要达到平衡，必须强调各因素之间相互联系、相互作用和功能统一。这是一种动态的平衡，是生态系统在平衡—不平衡—平衡的不断演化中取得更好的生态效益。

教学点信息化生态系统的内部系统包括设备、信息、资源、课程、师资等要素。在国家信息化工程项目实施过程中，信息化设备和资源建设得到了很大改善，但师资培训不尽如人意，设备和资源的应用不够深入，设备维护困难等，因此，信息在教学点的流通并不顺畅，造成"开不齐、开不好国家课程"的问题依然很突出，教学点信息化生态系统内部失衡。外部生态系统包括管理机制、经费投入、外部信息化环境等要素。教学点在管理上隶属于所属地中心校，缺乏灵活的创新激励机制，办学经费很有限，教学点缺乏办学主动权。由于处在教学系统的最末端，农村教学点在教师培训、评优评先、教研活动和文体比赛等方面常常被忽略。因此教学点的内生发展动力不足。教学点信息化建设完全是向中

[①] 韦妙：《农村小规模学校信息化发展的生态学思考》，《教育科学》2015年第6期。

心校、县（区）等上级管理部门"等、靠、要"。教学点在设备和资源分配上也很不均衡，许多教学点仍陷于"有电脑，无网络；有网络，无资源；有资源，无师资"的困境中。在经费投入方面，教学点经费中的财政拨款占总经费的99.5%以上，经费来源单一，且农村教学点无法足额获得公用经费和专项经费。[①] 教学点缺乏良好的外部信息化环境，一是学生家庭拥有计算机的比例很小，学生无法在课外获取信息和资源；二是农村信息化基础设施建设缓慢，社区、村部等能为教学点提供的信息化支持很少。另外，教学点频繁被撤并，教师队伍极不稳定，教师面对撤点后去留的心态是举棋不定。学生生源也很不稳定，有些教学点在三年之内学生数从30余人下降到几人。因此从教学点系统内外各要素来看，教学点发展缺乏良好的生态，这十分不利于教学点的长远发展。

第二节　西北教学点信息化演进的影响因素

教学点信息化演进的过程受很多因素的影响。探索分析西北五省（区）农村教学点信息化演进的影响因素，有助于从根本上认识教学点信息化演进的规律和本质。本书采用扎根理论对访谈材料进行质性分析，从第一手访谈材料入手，通过逐级编码，自下而上地建立实质理论。本书针对西北地区教学点信息化演进的影响因素，编制了校长访谈提纲（见附录六）和教师访谈提纲（见附录七），通过对24位校长和教师进行访谈，得到24份访谈资料。对24份访谈资料进行汇总、整理与分析，借助Nvivo 12.0质性分析辅助软件，对材料进行三级编码，不断加以深入概括与总结，最终确定西北教学点影响因素的主要维度，分析各主要维度间的相互关系，最终形成影响因素模型。

---

① 马敏：《农村教学点面临严重生存困境亟待振兴扶持》，中央政府门户网站（http://www.gov.cn/xinwen/2014-03/07/content_ 2632539.htm）。

一 西北教学点信息化演进影响因素编码

(一) 开放式编码

开放式编码的概念类属来源于一手访谈材料,基于扎根理论的"本土化"原则,对概念类属的命名完全忠于访谈材料中的本土化概念。通过对24份材料内容进行梳理、编码,得到43个开放式编码节点,513个参考点,这些节点与参考点位于从属关系的最底层,是影响教学点信息化演进的直接因素。开放式编码与对应的原始访谈内容如表5-1所示。

表5-1　　教学点信息化影响因素的开放式编码

编号	初始概念	材料数量(份)	参考点数(个)	部分访谈内容示例
AA01	中心校不够重视	8	16	中心校刚开始对教学点的重视力度比较大,会要求使用,后来不怎么要求,基本用传统的方法,把知识传递给学生就行
AA02	家长不会操作技术	3	5	国家智慧平台要求家长参与的部分,因不会操作,而导致学生注册率低
AA03	主要是教师用,学生不用	6	11	在使用的过程中,主要是老师在用,办公、上课用信息化,学生用得比较少
AA04	教师缺乏专业化信息技术	20	25	大多数教师也不会,也没具体教学计划任务能打开视频组织娃们收看,精选一些内容让学生反复边看边记,再说一说
AA05	设备老化	17	22	信息技术教学过程中的困难:急需更换电子白板和学生上课用的计算机
AA06	教师队伍年龄偏大	9	17	教学点都是年龄偏大的教师,把年轻人放到中心校 教师信息化水平不高,缺少年轻的教师
AA07	教师信息技术应用缺乏指导	6	14	最大的困难课件是视频,动画应用是难题,有些费时间一些。方法方面确实需要指导

第五章 西北教学点信息化演进的问题和影响因素

续表

编号	初始概念	材料数量（份）	参考点数（个）	部分访谈内容示例
AA08	教师管理与教学无关管理平台繁多	18	21	光一个资助就有3个平台，对贫困学生资助，就是你维护这个平台系统，都有忙不完的事情
AA09	好设备到不了教学点	10	25	在设备等资源的分配上还是有问题，好的设备就到不了教学点。把好的资源留到其他地方，别人看不上、调整下来的给教学点
AA10	教师自己摸索着学习	6	11	这些没人对我们培训，当时突然说要在线上教学，我们就摸索着学习。同事之间就相关模式进行交流
AA11	从传统到数字化	5	6	从传统单一的黑板粉笔教学到电脑数字化，信息化的多元演变！
AA12	教师主要运用课件上课	5	8	平常我们经常都是用这个课件上课
AA13	资金支持不到位	13	15	贫困地区资金不到位，部分老师不会利用信息化教学
AA14	政策落实不到位	10	16	现有教育信息化政策对教学点信息化发展有没有需要优化的地方？重在落实，有些政策很好，但是没有真正落到实处
AA15	未开设信息技术课程	3	5	学生信息素养对学习效果有什么影响？请举例说明。未开设信息技术课程，学生信息素养低
AA16	教师工资低	6	8	教师信息化水平不高，缺少年轻的教师，给老师的工资比较低，一年所有工资加起来也就6、7万元
AA17	信息技术应用效果明显	6	16	自主、合作、探究的活动都有，老师在课件中都有。教学方法比较灵活了利用信息技术可以提供一些具有想象力的内容，拓展学生的思维，摒弃机械化、僵硬化的教育
AA18	信息技术提供了更多资源	14	18	它提供了更多信息，更多资源，更多知识，更多的视觉效果使教学更加生动有趣
AA19	网络基础设施弱	12	15	当前网络基础设施比较老旧，下一步将更换或升级学校网络基础设施，否则还是会影响网速

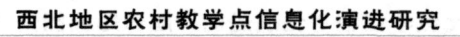

续表

编号	初始概念	材料数量（份）	参考点数（个）	部分访谈内容示例
AA20	教学点教育教学的宗旨不明确，只开着门就行	2	2	您所在教学点信息化演进的影响因素是什么？教学点教育教学的宗旨不明确，只开着门就行
AA21	网速低，信号不畅	5	7	教学点演进（发展）过程中，突出的问题和困难是什么？答：网速低、信号不畅
AA22	教师数量少，身兼数职	23	38	因为教资的有限，教学点都是一人身兼数职
AA23	教师平台注册率很好	15	18	你们是不是依据省级平台每人要注册一个账号？那么你们的师生注册率高不高？杨校长：这个我觉得还不错，几乎是100%
AA24	有些上级响应还不错	4	5	在管理上，上级的响应还是挺不错的。学校缺啥，就去找学区专干，专干很快就能响应我们的需求
AA25	保护学生视力，学生尽量减少和手机接触	1	2	……一个是从保护学生视力方面，还有一个就是学生尽量要减少和手机接触
AA26	国家智慧平台疫情后用得少	4	5	疫情防控期间用的，现在正常线下上课就用得少了
AA27	学校杂事多	15	27	现在一个关键就是刚才说的老师平时杂事太多了。你说让老师去培训学习啥呀，真的是没有时间和精力
AA28	家长对学生使用手机意见也很大	5	8	学生用手机的时间长了会上瘾，家长意见也很大
AA29	教师对教学重视度较高	1	2	老师还是很负责任的，像教学成绩这块儿，我们在全镇一直还是比较领先的
AA30	家校配合不够	6	9	孩子课后没人辅导作业，家校配合不够
AA31	课程基本开齐了	2	2	课程基本开齐着呢
AA32	教师信息化教学要关注效率性和趣味性	1	1	教师个人可以做哪些努力来优化教学点信息化发展？结合教育的效率性和趣味性

第五章 西北教学点信息化演进的问题和影响因素

续表

编号	初始概念	材料数量（份）	参考点数（个）	部分访谈内容示例
AA33	教师具备基本信息技术应用能力	15	22	教师对从宁教云上传或下载资料都会用，90%都会用希沃白板上课
AA34	学生信息技术接受程度较好	3	4	学生接受程度比较好，有时老师应用信息技术时窗口找不见，但是学生就能找见
AA35	部分教学点资源更新不及时	6	7	教学点信息化的发展，离不开国家对于教育事业的支持，包括技术人员的培训，信息化内容的更新
AA36	部分设备在教学中用得少	12	15	在线互动课堂用得多不多？——在教学中用得少，但是会不定期地用于开展教研
AA37	信息闭塞，信息化滞后	1	2	我们农牧地区网络条件不好，信息比较闭塞，也就是近五年来网络条件才逐渐好起来，信息化才真正用起来
AA38	不同科目应用效果存在差异	3	5	音乐和美术的拖课质量比较高，后来加了英语课，有时候也加了语文和数学课，效果不是很好
AA39	拖课情况少	6	7	教学点没有明确的托课计划，中心校以及其他学校对我们没有拖课，在线互动课堂有时候用于教师培训和教研
AA40	有些对省级平台资源用得少	6	8	……省级平台我们用得比较少，我们基本上用希沃白板资源上课。另外，国家智慧教育平台很好用，用得比较多
AA41	与中心校交流较少	20	23	你们平时跟中心校之间有没有教研交流？中心校这一块儿交流比较少
AA42	校长的信息化理念和支持很重要	5	5	首先是领导层面，人的因素。如果本校校长不重视，教师就不重视 校长的信息化教学理念和支持很重要
AA43	设备基本满足教学需求	13	15	您所在教学点经历了怎样的信息演进（发展）过程？从起初没有任何设备到现在设备越来越完善 我们这边支持得很好，现在投影仪都是触摸屏……

为使开放式编码的编码节点和参考点（频次）更加直观地呈现出来，本书还采用了可视化分析，为节点编码制图，图5-1只显示参考点大于2的节点，编码的节点名称和参考点统计见图5-1。

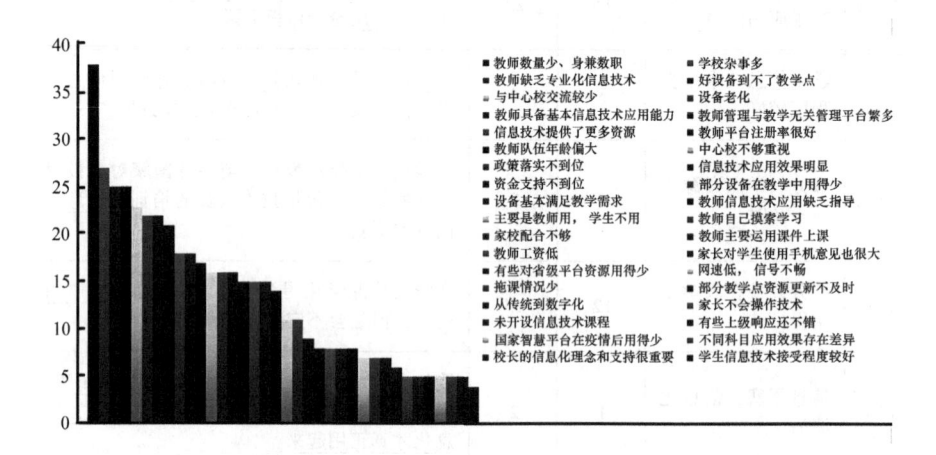

图5-1　教学点数字化影响因素的编码节点名称和参考点统计

（二）主轴式编码

主轴式编码这一阶段以发现和建立概念与概念之间的联系为主要任务，是进一步归纳和合并开放式编码中得到的概念与范畴的过程，同时发掘和构建概念和范畴之间的逻辑关系，比如语义关系、相似关系、对等关系等，从而展示资料各个部分的有机关联。主轴式编码建立了"围绕类属之'轴'的密集关系网络"，目的是分类、综合和组织大量的数据，在开放编码之后以新的方式重新排列它们。[1]

在主轴式编码过程中探索开放式编码所得范畴之间的逻辑关系，将重复范畴或概念相近的范畴进行归类合并，整合出层次更高和概念更抽象的主范畴，从而实现对每个类属的属性和维度进行较为充分的描述。将频次低于两次的编码删除，如"学生对手机的自我管理能力弱""家

---

[1] [英]凯西·卡麦兹：《建构扎根理论：质性研究实践指南》，边国英译，重庆大学出版社2009年版，第77页。

第五章　西北教学点信息化演进的问题和影响因素

长不会操作"等，经过对开放式编码所得各范畴内在联系的分析，得到"BB01 信息化管理应用""BB02 师资队伍建设""BB03 信息化基础设施""BB08 校长信息化理念和支持"等八个主轴式编码，具体如表 5-2 所示。

表 5-2　　　　　　教学点信息化影响因素的主轴式编码

编号	主轴式编码	参考点	开放式编码
BB01	信息化管理应用	100	AA16 政策落实不到位（16）
			AA24 有些上级响应还不错（5）
			AA01 中心校不够重视（16）
			AA14 资金支持不到位（15）
			AA09 好设备到不了教学点（25）
			AA41 与中心校交流较少（23）
BB02	师资队伍建设	151	AA06 教师队伍年龄偏大（17）
			AA10 教师自己探索学习（11）
			AA22 教师数量少，身兼数职（38）
			AA04 教师缺乏专业化信息技术（25）
			AA16 教师工资低（8）
			AA30 教师对教学重视度较高（2）
			AA42 教师没时间培训（2）
			AA27 学校杂事多（27）
			AA08 教师管理与教学无关 管理平台繁多（21）
BB03	信息化基础设施	65	AA11 从传统到数字化（6）
			AA05 设备老化（22）
			AA44 设备基本满足教学需求（15）
			AA19 网络基础设施弱（15）
			AA21 网速低，信号不畅（7）
BB04	信息化资源支持不平衡	27	AA10 部分教学点资源供给不到位（2）
			AA18 信息技术提供了更多资源（18）
			AA35 部分教学点资源更新不及时（7）

· 253 ·

续表

编号	主轴式编码	参考点	开放式编码
BB05	信息技术教学应用情况	125	AA07 信息技术应用缺乏指导（14） AA17 信息技术在教学中的运用效果明显（16） AA33 教师具备基本信息技术应用能力（22） AA15 未开设信息技术课程（5） AA03 主要是教师用，学生不用（11） AA12 教师主要运用课件（8） AA40 拖课情况少（3） AA02 家长不会操作技术（5） AA28 家长对学生使用手机意见也很大（8） AA34 学生信息技术接受程度较好（4） AA38 不同科目应用效果存在差异（5） AA30 家校配合不够（9） AA39 拖课情况少（7） AA40 对省级平台资源用得少（8）
BB06	平台应用较少	29	AA26 国家智慧平台疫情后用得少（5） AA41 有些对省级平台资源用得少（6） AA23 教师平台注册率很好（18）
BB07	部分设备应用少	15	AA37 部分教学点设备用得少（15）
BB08	校长信息化理念和支持	5	AA43 校长的信息化理念和支持很重要（5）

（三）选择式编码

选择式编码是编码的第三步，是继续分析和归纳已经得出的主轴式编码，是核心范畴化的过程。通过分析主范畴之间的有机关联，提炼出更具普遍性和解释性的核心范畴，即得出西北农村教学点信息化演进影响因素的核心类属。选择式编码的过程是用来筛选出更有解释性和普遍性的概念，以更具统领性的类属来诠释影响因素。通过对西北农村教学点信息化演进影响因素进行选择式编码，得到"信息化教学应用""信

第五章 西北教学点信息化演进的问题和影响因素

息化管理机制""信息化基础设施""信息化教学资源""校长及师资队伍"五个选择式编码（如图5-2所示）。

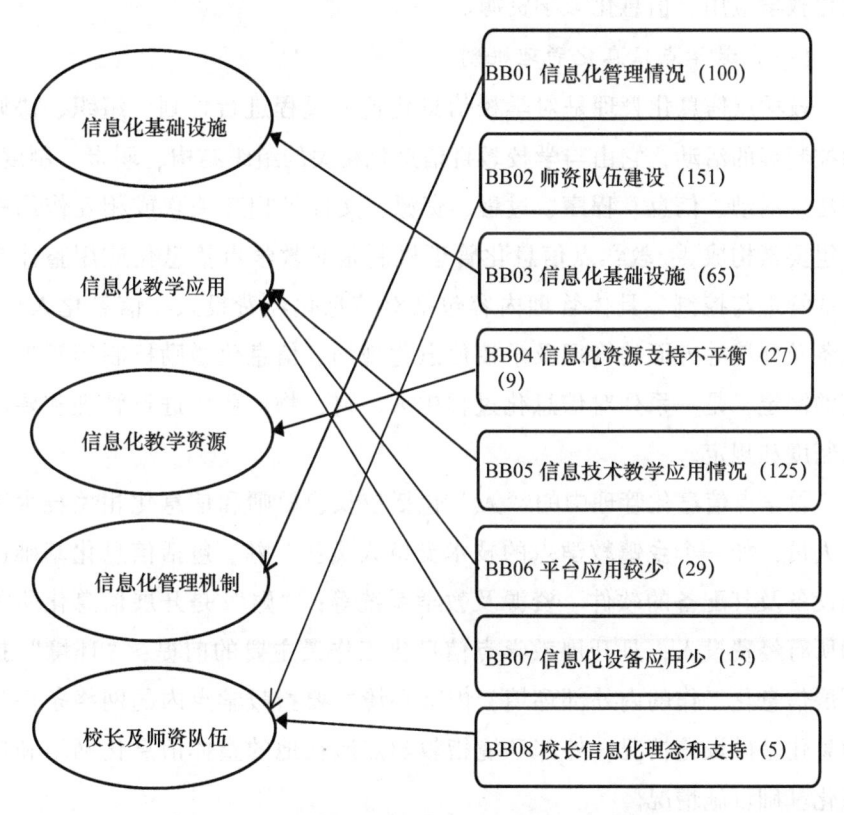

图5-2 教学点信息化影响因素的选择式编码

左侧节点：信息化基础设施、信息化教学应用、信息化教学资源、信息化管理机制、校长及师资队伍

右侧节点：
- BB01 信息化管理情况（100）
- BB02 师资队伍建设（151）
- BB03 信息化基础设施（65）
- BB04 信息化资源支持不平衡（27）（9）
- BB05 信息技术教学应用情况（125）
- BB06 平台应用较少（29）
- BB07 信息化设备应用少（15）
- BB08 校长信息化理念和支持（5）

（四）理论饱和度检验

按照扎根理论饱和度检验原则，当对收集的资料编码不再出现新的概念和范畴时，可认为达到了理论饱和。为减少编码的主观性，本书运用NVivo 12.0软件进行一级节点聚类分析和节点层级分析，在对24份访谈资料进行分析直至不再出现新的概念和范畴，则认为达到了理论饱和度。

二 西北教学点信息化演进影响因素

根据逐级编码分析，结合文献研究和田野调查，发现造成西北地区教学点信息化发展问题及影响教学点信息化演进的因素集中在五个方面，即教学点信息化管理机制、校长及师资队伍、信息化基础设施建设、信息化教学应用、信息化教学资源。

（一）教学点信息化管理机制

教学点信息化管理是对学校信息化这一过程进行计划、组织、协调和控制等的活动，它由与学校教育信息化相关的组织结构、职责、制度、方法、活动、信息、程序、过程、资源、文件等相互关联或相互作用的一组要素构成。[①] 教学点信息化管理机制是对教学点信息化应用整体推进的管理与控制，具体管理内容包括对信息化经费投入、信息化人员、设备及环境等方面的管理及学校信息化规划、信息化激励机制等管理制度的制定，是一系列对信息化过程中人、财、物、环境进行管理和要求的制度和规定。

教学点信息化管理中的"人"包括校长、教师和信息化相关技术工作人员，如一个乡镇教学点的技术支持人员；"物"包括信息化基础设施设备及其配备的软件、资源及教学系统等；"财"是开展信息化所需的所有经费投入，是开展教学点信息化工作最主要的前提；"环境"指开展信息化工作的内外部环境，内部环境主要指教学点内的网络条件和信息化基础设施情况，外部环境指教学点所在地的整体信息化网络和信息化基础设施情况。

当前教学点信息化管理机制尚不健全，有些地区制定了关于教学点教师信息技术应用能力提升、资源使用、在线互动拖课等的规定和考核要求，但管理机制流于形式，没有得到真正落实，没有激励和推动教学点发展。

（二）教学点校长（负责人）及师资队伍

教学点校长（负责人）及师资队伍的信息素养是影响信息化发展的首要因素，对教学点信息化长远规划、设备和资源应用成效、教学质量

---

① 谢忠新：《基于系统视角的学校信息化管理机制研究》，《中国远程教育》2010年第1期。

第五章 西北教学点信息化演进的问题和影响因素

和效果有直接作用。

校长是教学点所有工作的第一责任人,全面负责教学点的教育教学、日常管理等工作。在教学点信息化推进过程中,教学点校长如果对信息化认知不到位,信息化素养不高,不重视信息化,则会对教学点的信息化发展产生负面作用。尤其是那些师资薄弱,教师人数少,甚至"一师一校"的教学点,教师不愿去、去了留不住,因此中心校对校长(或称为负责人)的安排是别无他法的选择,一般由教学点的教师兼任。这些教师一般年龄偏大,因而不愿意也没有学习信息技术的动力,在应用上得过且过,这类教学点校长的信息化理念和素养很弱,阻碍了教学点信息化发展进程。

教学点教师人数少、学科结构不合理、学历普遍较低是长期存在的问题,国家也出台了系列农村教师支持计划,支持教师资源向农村地区及教学点等薄弱学校倾斜,这些状况正在逐步改善。当前教学点教师整体信息技术应用水平不高,尤其是一些新兴技术的应用,这些新技术包括录播课技术、微课录制技术、视音频编辑技术、直播课技术等。不同地区、不同教学点、不同年龄阶段教师的信息技术应用能力差异很大。另外,以往培训对教学点教师的时效性不够,存在培训内容十分不对需的情况。因此应该制定教学点校长(负责人)和教师的激励与管理措施,将信息素养作为校长(负责人)选拔及任命的重要条件之一,将教师信息技术素养作为教师职称晋升的重要参考。通过自学、教研、培训等形式,持续性地推动校长(负责人)和教师提高其信息素养,深入调查教师培训需求,提供精准对需的培训。

(三)教学点信息化基础设施

信息化基础设施建设是教学点信息化的基础和前提,信息化基础设施建设水平在一定程度上决定着信息化应用水平和教学效果。信息化基础设施即为教育教学活动和在校师生学习提供更便利条件的信息化工程设施,是用来保证学校信息化教学活动正常进行的公共服务系统,其范围主要涉及信息化设施与环境、信息化管理与安全及保障机制等。[①] 当前教学点信息化基础设施建设情况分为四类：第一类是电子白板教学。主要使用电子白板及其内置的数字资源教学，这一类是当前使用最普遍的，而且所调研的 64 个教学点的每个教学班中都配备了电子白板，每个教学班都能够使用电子白板教学。第二类是电子白板+教学助手教学系统。这类在宁夏地区的教学点应用得比较普遍。宁夏教育厅于 2018 年发文要求教学点使用教学助手教学[②]，当前宁夏地区教学点教师能够普遍熟练使用希沃助手、宁教云助手开展教学。第三类是电子白板+在线互动课堂教学环境，这类信息化教学设施和环境自 2016 年起逐步建设并得到应用，在所调研的教学点中，虽然接收端设备配置水平不同，但是每所教学点基本上至少有一套在线互动课堂教学系统，各年级根据教学需求轮流使用。第四类是电子白板+在线互动课堂教学环境+录播课，这类信息化设施设备建设相对较少，主要集中在宁夏地区部分信息化条件较好的教学点。

近几年来，随着网络通信技术、互联网+技术、数字教学技术的发展，教学点信息化基础设施建设水平取得了显著提升，信息化基础设施设备比之前更丰富，功能也更强大。但是也出现了一些问题，包括有些设施设备老旧老化严重，得不到及时更换；网络基础设备配置较早，功能有些落后，在设备性能及扩容上存在瓶颈，限制网速升级及网络运行水平；有些设备未针对教学点提供多样化的操作手段，如按键操作、键盘操作及鼠标操作等多样化选择，导致一些设备键盘操作老化，不能用鼠标等操作，设备使用就只能中断。

信息化基础设施建设水平会影响数字资源的使用水平、开齐开好课的程度、教师使用信息技术的积极性等。因此应该借助国家和地方开展

---

① 马晓玲、何兴菊：《宁夏中小学信息化基础设施建设情况调查及提升对策研究》，《中国教育信息化》2020 年第 1 期。

② 《自治区教育厅关于推动宁夏教育资源公共服务平台（教育云）深入应用的通知》，宁夏回族自治区教育厅（http://jyt.nx.gov.cn/zwgk/zfxxgkml/zdgkwj/202104/t20210407_2700631.html）。

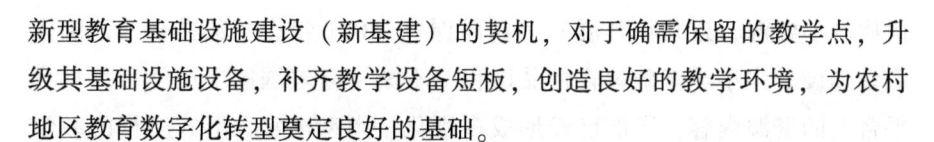

新型教育基础设施建设（新基建）的契机，对于确需保留的教学点，升级其基础设施设备，补齐教学设备短板，创造良好的教学环境，为农村地区教育数字化转型奠定良好的基础。

（四）教学点信息化教学应用

信息化教学应用是信息化经费投入、设施设备、教学资源、教师信息技术应用能力等产生最终效益的途径，教育信息化应用水平决定着教学点信息化发展的进程和水平。当前在信息化教学应用上存在着几方面的问题：一是缺乏信息化教学应用管理机制，应用不深入。有些地区和教学点缺乏明确的信息化应用要求，缺乏技术人员支持，信息技术应用还处在辅助和优化课堂教学层次，离创新融合教学还有较大差距。二是应用方式单一，创新不够。田野调查发现，教师在应用信息技术开展教学时，虽然涌现出如基于师徒研修共同体的专递课堂教学模式、甘肃民乐县的"SW+课堂"教学模式（SW即双师+微课）、甘肃省临洮县教学点采取的"垂直互动"复式教学模式等，但是整体来看，创新性应用不多，教师只是根据应用习惯在课堂上辅助和优化教学，很少思考信息技术应用的价值，以及如何通过创新应用引导学生进行自主合作探究学习。三是一些创新性技术应用流于形式，其效能未真正发挥出来。比如，在线互动课堂教学系统在所调研的西北五省（区）64所教学点中已经普遍安装，但是"开不齐、开不足、开不好课"的问题依然很突出，其根本原因是在线互动课堂教学系统没有真正用起来并用好。有些地区没有明确的在线互动教学规划、缺乏相关激励措施导致教师应用积极性不高，教师缺乏同步协同教学能力等原因致使应用最终流于形式，信息技术效能未真正发挥出来。

（五）教学点信息化教学资源

信息化教学资源是学生学习的主要内容，是对教材等学习材料的拓展和深化。教育信息化发展，资源为本，应用为王。信息化资源的供给能力和服务能力决定着信息化教学的应用水平。通过"三通两平台"建设，建成了国家级、省级教育资源大平台和智慧教育平台，自2014年起教育部通过基础教育"一师一优课，一课一名师"活动开发积累了大量优质教学资源，近几年开展的"精品课"，2021年教育部在全国范围内启动建设的中小学基础教育精品课程，不断丰富着国家中小学智慧教育平台上的资源内容。当前已经形成多维化、类型丰富、形式多样的教学资源体系。随着信息化平台逐渐互联互通，资源的供给能力和服务能力逐渐增强。然而，调研发现，教学点信息化教学资源还存在供给结构不合理，针对教学点教学的适切性不够，教学资源与课程教学匹配度不高等问题，因此，为了应对教育数字化转型，必须优化教学点资源供给结构，提升资源对于教学点的适切性和匹配性，提高信息化资源服务能力。

第六章 西北教学点信息化演进的创新策略和实践路径

近三十年来，教学点信息化演进中所取得的成绩是有目共睹的，但也存在一些问题。本章将分析问题及其影响因素，提出创新性发展策略和实践路径，以期对西北教学点信息化演进提供参考借鉴。

一 创新教学点信息化管理机制，激发内生发展动力

教学点信息化的核心仍然是教学和管理，无论是何种信息技术，都是辅助、优化和创新教学及管理的工具。要让信息技术落地生根，就需要创新教学点信息化管理机制，激发其内生发展动力。

（一）建立持续性经费投入保障机制，促进信息化长远发展

教学点信息化发展属于国家攻坚工程项目，具有公益性和补偿性。教学点信息化要长远发展，需要国家持续性的经费投入机制做保障。这需要可靠的资金渠道、多元化的资金来源。具体可采取的措施为：一是国家在项目设计和规划阶段，应考虑今后维护、运营、管理、维修等经费，设计好持续性投入机制。在项目实施周期内，要有常规性的经费支持，在项目实施结束后，要将其作为国家对农村教育常规性投入的一部分纳入国家和县以上各级政府财政计划。二是明确农村远程教育专项资金的投入机制。农村远程教育所需经费应与农村义务教育经费一样纳入县以上各级政府财政专项预算，并根据经济发展情况加以灵活调整。三是完善"以县为主"的管理体制，进一步加大县级政府对教学点信息化

的投入及经费使用监管。四是将建设经费和应用经费分开，要有一定比例的资源建设、人员培训、应用绩效奖励的经费。

（二）创新组织管理模式，拓展信息化发展空间

教学点归属于当地中心校，缺乏管理自主权。由当地中心校进行经费划拨、资源分配、教师管理，这样会造成很多问题。给予教学点更多的自主权和支持，探索教学点网校、教学点互助平台等联盟模式，推动教学点之间信息资源共享、网络教学、经验交流、问题合作解决等，以横向互动提升教学点信息化教学质量。① 发挥信息技术的作用，创新组织管理模式，拓展信息化发展空间，优化资源共享和应用渠道。

借助于乡村振兴行动，加快推进乡村信息化基础设施建设，改善教学点信息化外部环境。乡村信息化基础设施建设与教学点信息化发展应该有机结合起来，为教学点教师、学生创建丰富的信息化环境，促进师生信息素养发展，助力缩小数字鸿沟。

比如，"互联网+巡课"是一种创新的教育方式，它可以有效地使虚拟课堂教学与农村教学点教学结合起来，为农村地区的学生提供更加优质的教育资源和教学环境。2014年，信息化与基础教育均衡发展省部共建协同创新中心研究团队提出了"互联网+在地化课堂"的解决策略，将县域内城乡课堂通过互联网连接起来，构建N×（1+M）的在地化教学共同体②，实施同步互动课堂，加强农村教育资源的共享和合作，实现城乡教育一体化发展。

（三）形成信息技术应用的常态化管理机制

建立常态化信息技术应用管理机制，才能推动各教学点应用的融合创新。首先，每所教学点结合实际情况，制定本校信息技术应用章程和应用规范，如创建信息技术应用简报制度，定期发布信息技术教学、教研应用工作安排和应用成果，形成集体教学、教研的典型案例；其次，

---

① 钱佳、郭秀旗、韦妙：《农村教学点教育信息化政策实施困境与路径选择》，《教育研究与实验》2018年第6期。
② 王继新等：《基于教学行为数据分析的"互联网+在地化课堂"优化对策研究》，《电化教育研究》2020年第4期。

第六章　西北教学点信息化演进的创新策略和实践路径

切实发挥"互联网+"管理的优势,开展自组织性信息技术应用教研。鼓励各学校根据需求动态灵活组建区域性、主题性、学科性等教研组,提高教学点信息化教研的灵活性、实效性。要遵循教学点的实际和人才培养规律,开展信息化2.0时代教学点信息技术应用的新探索、新模式。综合考虑资金、技术、教师、学生等多方面要素,在实践中不断提炼总结经验,确保教学点信息技术强师资、促教学、育人才初衷的落地落实,实现教学点信息化发展的高质量与可持续。

(四)设立区域信息技术首席信息官(CIO)

重视教学点的日常管理和教学工作。在管理上,市(县)要因地制宜,制定教学点的管理制度,包括质量评估、抽查、督查机制等,并安排专人负责教学点的管理。在教学业务上,实行市(县)教研室—中心校—教学点的组织模式,以乡镇为单位成立基层教研室,组织教师进行业务学习、集体备课和研讨。教学点教师每月有1—2次参加基层教研室活动的机会,每学期能够参加1—2次中心校教研活动,每年有一次参加市(县)级学习培训的机会,费用均不能由教学点和教师承担。因当前教学点归属于中心校,应强化中心校的管理责任,各级在检查、督导、评估时,应将教学点的日常管理列为对中心校的考核内容之一,使中心校真正负起责任来。

建立以乡镇为单位的乡村信息技术首席信息官(CIO)制度。选拔信息技术规划能力、执行能力和应用能力较强的人员作为CIO,负责一个乡镇所辖教学点的信息化规划、信息技术应用及技术指导工作。支持这些CIO能够立足乡村,大胆探索教学点的信息化管理机制,充分发挥CIO的示范引领作用。将乡村CIO制度与校长教师交流轮岗等改革结合起来,激活乡村教师队伍活力,为发展公平而有质量的乡村教育提供坚强支撑。

二　抱团取暖,加强教学点之间的深度合作交流

"抱团取暖,加强交流"是教学点发展的必由之路。教学点有其自身的特殊性,但教学点之间也有共性。一个区域内的教学点之间,由于

距离相对较近,因此教学点之间有相似的教学环境、教学问题等,这些因素有助于拉近各教学点教师之间的距离。基于此,教师可以形成研学团队,借助"互联网+"技术,解决遇到的问题;各学校共享教学资源,汇聚个人教学经验,形成群体智库资源;规模较大学校的教师每周可以花几小时去学校教学,中心校校长也可以每周到每个教学点工作一天,这样可以进行实地教学和管理交流;可以在教学点之间开展联合研讨会来促进教师专业发展。教学点的合作发展在国际上也很流行,并且有成熟的借鉴模式。Raggl 研究认为,应加强小规模学校间的合作,进行区域集群式发展。[①] 他认为,小规模学校应该通过非正式、不定期相互碰面加强联系,相互支持。在一个区域性学校网络中连接几所小型农村小学(可由2—8所学校组成),由一名校长负责这个集群学校,对这些学校可给予教学、学习材料等方面的支持。[②] 这样也可以减少教学点教师的孤独感。

Busher 和 Hodgkinson 认为,"合作"是帮助解决小规模学校问题的主要途径。[③] 在韩国农村地区,由于很难从合格的教师和良好的设施那里获得优质教育,因此政府采用自上而下的设计,在一所学生数不到200人的中心学校和四所学生数不到30人的小型学校全部安装了有线网络,以便五个不同地点的学生可以同时使用该系统。集群式发展也有利于管理。印度针对大量教师随意缺席课堂的现象,为了便于远程监控和管理,采取了集群化组织形式。他们将四—五个村落编为一个集群,多个集群又形成一个中心校。一般来说,大约五个村落有一个集群协调员,大约五个集群拥有一位中心协调员。由集群协调员、中心协调员等一起,使用技术监控和支持教师。他们通过印度农村平板电脑教育项目 Amri-

---

[①] Raggl, A., "Small Rural Schools in Austria: Potentials and Challenges," in Jahnke, H., Kramer, C., Meusburger, P., *Geographies of Schooling*, Springer, Cham, 2019, pp. 251–263.

[②] Raggl, A., "Teaching and Learning in Small Rural Schools in Austria and Switzerland: Opportunities and Challenges from Teachers' and Students' Perspectives," *International Journal of Educational Research*, 2015, No. 74, pp. 127–135.

[③] Busher, H., Hodgkinson, K., "Co-operation and Tension between Autonomous Schools: A Study of Inter-school Networking," *Educational Review*, 1996, Vol. 48, No. 1, pp. 55–64.

第六章 西北教学点信息化演进的创新策略和实践路径

taRITE，使用 WhatsApp 和其他应用软件远程监控教师和课堂[1]，以此减少教师和学生的课堂缺席现象，提高学生的学习绩效。

三 持续提升教学点管理者和校长的信息化领导力

校长和管理者的信息化领导是指校长或管理者在推进学校教育信息化过程中，能够规划、建设信息化发展愿景，并能够影响和带领全体师生员工共同实现这个愿景的能力与智慧。[2] 在校长的信息化领导力方面，宁夏中小学校长信息化领导力框架包括信息化决策与规划能力、信息化环境建设能力、信息素养、信息化执行能力、信息化评价能力以及信息化教学指导能力六个维度。[3] 教学点是在各级政府、教育主管部门的统一领导下，主要由乡村中心校统筹，教学点校长（兼任教师）负责具体工作。以宁夏为例。近四年来，宁夏教育主管部门组织了多次、多种形式和内容的校长信息化提升培训，采用专题讲座、经验分享、分组研讨以及方案设计等形式为校长解读政策文件、分享案例等，培训并支持一批管理者和校长的发展，取得了良好的反响。但由于培训受人数、经费等的限制，能够参与培训的中心校管理人员和教学点校长很少。教学点信息化是一个不断发展和演进的过程，学校信息化发展将不断面临新问题和新挑战，因此需要提升教学点管理者和校长的信息化领导力，教育管理部门应该关注这一群体的发展，引领并支持他们持续发展信息化领导力。

四 加强信息化基础设施建设，助推教学点信息化转段升级

教学点信息化建设是一个更好地开展教学与管理，优化教与学的过程。虽然近几年教学点信息化建设力度加大，但建设效果如何有待检验。

---

[1] Nedungadi, P., Raman, R., Menon, R., & Mulki, K., "AmritaRITE: A Holistic Model for Inclusive Education," in *Rural India, Children and Sustainable Development*, Springer, Cham, 2017, pp. 171–184.

[2] 孙祯祥：《校长信息化领导力的构成与模型》，《现代远距离教育》2010年第2期。

[3] 卢琰：《宁夏中小学校长信息化领导力绩效评价研究》，硕士学位论文，宁夏大学，2018年，第20页。

另外，现代信息技术发展非常迅速，教学中不断有新技术应用需求出现，因此要以应用为驱动，在应用中进行教学模式、教学方法创新。以用促建，加强教学点信息化持续建设。随着信息化2.0时代的到来，以人工智能技术为代表的智能教育时代已经来临，将会有不同形式的人工智能技术进入教学点，如智能导师、智能学伴、教学机器人等。此外，对于远离城市地区的农村孩子而言，更需要通过这些新兴信息技术开拓视野、面向未来。各级各类政府、教育主管部门应统筹规划，借助教育新基建的机遇，设立专用资金用于教学点信息化建设，助推教学点信息化转型升级，使教学点在面向未来三种信息化环境时能够顺利开展教与学。

五 提高教师"同步课堂"教学能力，开齐开足开好国家课程

针对教学点缺乏高质量师资，开不齐、开不好规定课程的问题，国家实施了"同步课堂"的战略部署来破解这一难题，探索区域、城乡、校际优质教育均衡发展的新模式。"同步课堂"通过"线上名师+线下教师"的协同同步教学，将城市教育优质资源下沉至乡村学校，达到缩小城乡差距、促进教育公平的目的。[1] 同步课堂对教师的教学能力提出了较高的要求，要求教师具备学情分析能力、协同备课能力、协同上课能力、协同管理课堂的能力、协同沟通能力、自身角色认知能力、教学诊断反馈能力、自我反思能力。然而，调查发现，当前教学点很多教师尚不具备顺利开展"双师课堂"的能力，双师课前缺乏交流和协同备课，在课上，教学点教师主要维持课堂秩序，没有很好地协同完成授课内容，在课下也没有及时进行教学反馈及反思，其根本原因在于教学点教师对双师课堂教学缺乏根本性认识，对其自身角色认知不够，缺乏实施双师课堂的能力和培训途径，因此教学效果并不理想。针对这一问题，各级教育管理部门要对教学点教师进行专门培训，内容涉及双师角色和定位、协同备课、协同上课、教学管理等，切实提高双师教师的教学及

---

[1] 乜勇、高红英、王鑫：《"双师教学"共同体模式构建：要素与结构关系分析研究》，《电化教育研究》2020年第12期。

管理能力，开齐、开足、开好国家课程。

六 精准对需，为教师提供有针对性的信息技术培训

田野调查发现，教学点教师的现有培训理论性过强、与教学点实际教学相脱节是影响教师教学能力的一个重要因素。因此需要深入调研教学点教师的培训需求，精准对需设计培训方案、内容及培训方法。在重视理论培训的同时，增加技术应用的实践操作内容和案例。在培训技术应用时，需要在真实教学情境中进行演示和实操，使教师能够将培训内容尽快迁移应用。同时，由于各教学点的情况不一，培训需要因地、因校、因人调整方案。例如，对于只有一位教师的教学点，为了保证正常教学，可以采取"送培到校"的方式；对于有两人以上教师的教学点，可以让其"交叉"参加培训，然后再以校本教研的方式传递给其他教师。集中培训和校本研修作为教学点教师培训的重要方式，两者合理结合，这样有利于教师全方位、多层次地参与学习；同时也可以采用网络研修的方式，通过互联网使得教学点教师与不同地区、不同学校的教师，实现跨地域同步在线学习与交流。此外，还可以采用"互联网+"大学生支教，对接高校的研究生、优秀本科生定期到教学点志愿培训等方式开展培训活动。

七 加强信息技术应用，用应用带动信息化发展

（一）在信息技术应用上深耕细作，最大化地发挥信息技术效能

近几年来，通过国家投入、地方自筹资金、教育部门及学校与企业共同投资、中外合作等多种途径以及一系列工程项目，建设了教学光盘播放点、卫星教学收视点、计算机教室、校园网，就目前来说，教学点信息化尤其是基础设施设备已经初具规模，在人员培训和资源建设方面也有了一定的基础，但信息技术教育教学应用不足，应用的广度和深度远远不够。教育信息化成败的关键在于信息技术在教育教学中的广泛且深入的应用，应用的目的在于最大化地用好现有设备和资源等，提高教育质量和教学水平。因此，未来要在推进应用上下功夫。教学点的信

化会越来越深入，服务的面也会越来越广，如果没有深耕细作的应用，仅靠发文件、督导管理，是产生不出效益的。

"农远工程""三通两平台"、数字教育资源全覆盖、"互联网+教育"等项目和工程提供了信息化基础平台和资源。有了这些基础后，在实际应用中还要从系统的角度推进这些工程的实施，要从技术应用的逻辑回归到教育逻辑。以教学点教育教学中所面临的关键问题为突破点，建立面向问题和实际应用的解决方案，让技术成为解决方案的一部分。譬如，"农远工程"三种模式提供的资源主要是一些城市学校优秀教师的课堂实录以及各种类型的练习题。这些资源对教学点无疑是非常有帮助的，但是城市学生的知识背景、能力水平与教学点学生有着很大的差别，城市学校的课堂教学内容不一定适合教学点的需要，有时还会与教学点的课堂教学相冲突。因此"农远工程"的教育内容要有其自身的特色，要有所侧重。对于教学点有一定师资力量的课程，远程教育应以辅助教学为主，起到辅助、补充的教学作用。对于农村师资力量普遍缺乏，开不出、开不齐的课程，比如英语、信息技术、音乐和美术，远程教育资源应以课堂教学实录等授课资源为主。

另外，近几年在教学点应用"三个课堂"和"双师课堂"，起初采取自上而下的规划，县城学校、区域和中心校根据其特长为教学点安排"双师"课堂和"拖课"，经实践后发现，这种自上而下的规划没有充分考虑教学点的实际需求，结果造成因教学点已经具备开设、开好课程的条件，"双师课堂"或"拖课"就显得较为多余，而一些真正有需要的教学点却没有得到安排，造成资源浪费，供需不匹配，因此教学效果并没有明显提高。"'双师课堂'应用了一段时间后，我们发现了这个问题，及时总结经验，现在由我们教学点自己根据需求提出需求，县城学校、区域和中心校根据我们的需求安排"双师课堂'，结果效果好了很多。"访谈中宁夏彭阳县白阳镇X教学点的吴校长说道。因此，教学从解决资源到解决师资问题，再到应用上的融合创新，必须深耕细作，才能出成效。

第六章　西北教学点信息化演进的创新策略和实践路径

（二）建立教学点信息化建设和应用的"示范校"

自2001年开始，教育部、国家发展改革委、财政部已共同实施了现代远程教育工程试点示范项目。为了进一步探索农村中小学现代远程教育工程三种模式在不同经济社会发展地区、不同地理环境下的工程建设、应用、运行机制和管理方式，检验三种模式技术配置的适用性，建立了一批试点学校。2003年，教育部、国家发展改革委、财政部三部委颁布了农村中小学现代远程教育工程试点方案，计划从2003年开始用一年时间完成试点地区三种模式的建设工作。在试点地区建设20594个教学光盘播放点、49598个卫星教学接收点、6934个计算机教室。[①] 这些示范点在当时的中国偏远深山犹如星星之火一般，播下了希望。农村中小学远程教育项目工程在全国推广应用之前，在全国也建立了一些实验校，这些实验校为项目的全面推广应用奠定了基础。可是，在之后的教学点数字资源全覆盖项目、互联网＋教育建设项目中，没有再建立教学点"示范校"。这不利于教学点信息化建设和应用。

示范校作为建设和应用的典型，能起到"以点带面、以面带全"的效果。因此，在一些有特色的县、区，选择一批基础好、积极性高的学校，建立信息化教育教学应用的"示范校"。对这些学校要给予政策支持和重点建设，将示范校作为区域、片区教育教学应用的示范基地，开展教育教学交流观摩活动，区域、教学点之间建立交流机制，逐步建立适合本区域、本片区的应用方式、方法，形成"重点育苗、全面开花"的局面，建立示范校"传""帮""带"机制。在不同水平教学点之间建立"一帮一""手拉手"等帮、带关系形式，逐步提高教学点的整体水平。

（三）建立教师信息技术应用的评价机制

教学点教师人数较少，管理起来相对容易、灵活。由中心校负责，中心校和教学点合作，建立教学点教师信息技术应用的记录台账，由专

[①]《农村中小学现代远程教育工程试点工作方案》，中华人民共和国教育部（http://www.moe.gov.cn/srcsite/A06/jcys_jyzb/200312/t20031225_82052.html）。

人负责收集教师信息技术应用的全流程数据。如教师参加信息化技术培训和学习的数据；教师教学行为数据、教研行为数据、教学和教研成果数据等。中心校要切实发挥好管理作用，按学期或年度对教师进行综合评价。通过课堂教学应用搭载管理数据，实现以评促教、以评促用。

探索经由教学检验的应用倒逼机制。把教师在教学、教研应用中形成的策略、方法和资源，在课程教学和培养学生的实践中加以转化应用，并通过实践进行迭代完善，形成可借鉴、推广的方案。

八 进行 UGBS 合作，加强教学点教学模式的研究和实践

教学点先天性地处于弱势地位，需要整合全社会力量进行协同办学。可坚持"多方协同发展，创新教育教学实践，提升区域教育质量"的理念，以"共享资源，共担责任，相互支持，协同共进"为策略，利用信息化手段促进区域内优质教育资源共享的 UGBS 协同合作机制。UGBS 是高校（University）、政府（Government）、企业（Business）、中小学（School）多方协同育人机制。其中政府和管理部门为教学点发展提供顶层规划和政策支持；高校提供理论指导，高校研究人员与教师一起开展教学模式创新及实践；教学点是教学模式得以应用的实践场所，通过观课、磨课、公开课等形式开展创新实践；因教师整体信息技术应用比较落后，教学点十分需要企业进行全教学流程、全方位的技术支持。在UGBS 多方协同支持下，应重点加强教学点教学模式的研究和实践，包括新兴技术如何与学科教学创新融合，如何更好地开展复式教学，如何更好地落实"三个课堂"和"双师课堂"等，并能够形成典型、可借鉴、可复制的创新教学模式。

九 以持续性、证实性的绩效评价促进教学点良性发展

近三十年以来，国家及各级政府投入了上千亿元资金推动实施了一系列重大信息化项目工程，包括"农远工程""教学点数字资源全覆盖""三通两平台"及"三个课堂"等工程项目。国家投入巨资实施的工程项目应该取得应有的效果。各级管理部门在工程实施期间，制定了工程

第六章　西北教学点信息化演进的创新策略和实践路径

工作的评估方案,以保障工程顺利有效实施。如"农远工程"对试点工作的评估,要求2004年下半年,三部委将根据试点工作进展情况,适时进行联合调研,总结工程建设方式、技术配置、投资效益和应用效果。[①]这些工程实施期间所做的评价无疑对工程落地具有重要的推动作用。然而,工程项目实施结束后,对工程项目实施后持续性、证实性的评价十分欠缺。这些国家耗资百亿甚至千亿元以上的资金开展的工程,其实施效果到底如何?项目实施后产生了哪些协同效应?对教学点发展和教育教学质量到底产生了哪些影响?这些都需要在工程实施后进行持续性、证实性的评价。可以在工程实施结束后的3—5年里,分地区、分区域抽取一定比例的教学点,评价信息技术应用的绩效,证实工程实施的效果,分析工程实施和应用中存在的问题。对于应用较好的教学点,在后期项目资助中应给予一定的政策倾斜和支持,优先发展这类应用较好的教学点,并考虑将这些教学点建设成为应用"示范校"。

[①] 《教育部、国家发展改革委、财政部关于实施〈农村中小学现代远程教育工程试点工作方案〉的通知》,中华人民共和国教育部 (http://www.moe.gov.cn/srcsite/A06/jcys_jyzb/200312/t20031225_82052.html)。

第七章 总结与展望

第一节 研究总结

近些年来，我们每个人都感受到信息技术给教育教学所带来的震撼。这种震撼起始于技术，以学习为中心，以教学为支持，改变着我们今天和未来的教育。的确，信息技术以"技术""学习"和"教学"为抓手，已经、正在并将继续变革所有教育，也会以强大的力量辐射到中国广大的农村教学点。本书对中国教育的最后一公里——教学点的信息化演进问题，择定西北这一地域进行研究，取得了以下研究成果。

一 分析确定了西北教学点信息化演进的分析框架

梳理了有关课堂教学的相关论著，初步确定教育目的、教学原则、教学目标、教师、学生、教学内容、教学策略（包括教学方法、教学组织形式、教学顺序、教学媒体）、教学环境八个因素。进一步对概念进行归类合并，最终得到课堂教学的五个核心要素，分别为教师、学生、教学内容、教学策略（包括教学方法、教学组织形式、教学媒体、教学顺序）、教学环境。这五个要素构成了本书对教学点信息化演进的分析维度。

二 研究确定了西北教学点信息化演进的过程

本书在系统理论、组织变革理论、教育均衡发展理论、群体动力学、现象学、互动协同理论的指导下,创建了教学点信息化演进的分析框架,依据该框架,将教学点信息化演进历程分为四个阶段,包括教学点信息化起步阶段(2003年以前),这是从无到有、朴素的信息技术应用阶段;信息化基础建设大发展阶段(2003—2011年),这一阶段国家工程项目齐发力,助推教学点信息化获得跨越式发展;信息化应用大力提升阶段(2012—2018年),这是从自主发展、同步互助到专家引领的阶段;互联网+支持的深化发展阶段(2018年以来),这是从共享资源、共享师资向共享课堂发展的阶段。

三 分析确定了不同演进阶段教学点的应用水平

参照中国教育信息化发展中的四种应用水平,即起步、应用、融合及创新,依据中国教学点信息化演进的四个发展阶段,将教学点信息化应用水平分为四种水平,即信息技术辅助教学、优化教学、整合应用及深度融合应用。教学点信息化发展与中国教育信息化发展同向同行,但是在应用水平上滞后于中国教育信息化发展的整体水平。当前教学点信息化应用已完成辅助教学、优化教学、整合应用,正在向深度融合应用和创新融合应用发展。

四 分析确定了教学点信息化演进的三重逻辑

分析确定了教学点信息化演进的三重逻辑,即政策逻辑、理论逻辑和实践逻辑。其中政策逻辑为针对"有起来",旨在培育信息化种子的扶贫性政策,自主"用起来",旨在奠定信息化基础的普惠性政策,围绕"好起来",旨在提升应用水平的精准扶智政策,锚定"强起来",旨在创新深化应用的内涵发展式政策。理论逻辑为从信息技术"一元论"到整合众要素的"系统论";从教学点个体发展到"区域协同发展";教学点与外界的"知识沟"正在逐步缩小;从依靠教学点自身到整合各方力量的"群体动力"发展。实践逻辑为始终以需求和问题为导向的信息化实践应用；从"资源共享""资源优化"到"智力精准帮扶"的资源供给路径；从"设备建设""资源建设"到"服务建设"的实践治理转变；从"资源获取公平"到"学习过程公平"的学习机会转变；从设备、资源"全覆盖"到应用"全融合"的实践创新路径。

五 研究了教学点信息化对教学点生存境遇所产生的影响及提升策略

教学点生存境遇表现在如下方面。对教学点的认知偏差：难逃终究被撤并的命运；教师的困途：热爱但无时间研究信息化教学；政策落实上的偏差：被默认为边缘化；信息技术应用：缺乏及时有力的支持；信息化平台和资源：因不兼容而增加的教师负担。针对这些生存境遇，本书提出教学点信息化生存的突围之策：倾听多方声音，发挥信息技术优势，办好必要的教学点；提升教学点的主体地位，赋予充分的办学自主权；为教师松绑减负，让教师有更多的时间开展信息化教学；为教师提供及时对需的信息技术应用培训；打通平台和资源壁垒，为教学真正赋能增效。

六 探析了西北农村教学点信息化发展存在的问题及影响因素

本书分析了西北教学点信息化演进中存在的问题，包括中心校等部门对教学点管理和沟通不及时、不深入；教学点之间的合作力度不够；"重拥有、轻应用、轻管理"的思想对教学点有着深远影响；网络条件依然难以满足较高的在线教学要求；信息化基础设施未得到充分利用；开不齐、开不全、开不好课的问题依然很突出；教师信息化培训内容有待调整和优化；信息化资源的供给和服务能力不够；教学点信息技术应用支持服务不够；需要加强信息技术支持的教育教学研究；教学点信息化发展缺乏良性生态。针对这些问题，经进一步探析，发现教学点信息化管理机制、教学点校长（负责人）和教师的信息素养、教学点信息化基础设施建设、教学点信息化教学应用、教学点信息化教学资源是主要影响因素。

七 提出提升西北农村教学点信息化发展的路径和策略

针对教学点的问题及其影响因素，本书提出，应创新教学点信息化管理机制，激发其内生发展动力；抱团取暖，加强教学点之间的深度合作交流；持续提升教学点管理者和校长的信息化领导力；加强信息化基础设施建设，助推教学点信息化转型升级；提高教师"同步课堂"教学能力，开齐、开足、开好国家课程；精准对需，为教师提供有针对性的信息技术培训；加强信息技术应用，用应用带动信息化发展；进行UG-BS合作，加强教学点教学模式研究和实践；以持续性、证实性的绩效评价促使教学点良性发展，将有利于教学点及其信息化的长远及可持续发展。

第二节 研究不足及展望

一 研究不足

（一）跨案例的分析和处理不易

本书研究走访和调研的案例比较多。西北地区地域广袤、自然环境差异显著，地理条件决定了乡村教学点存在着很大的差异性。同样地，教学点信息化水平差异也十分大。因此面对不同地情、发展水平的教学点，开展案例分析和扎根数据处理不易。针对这个问题，笔者采用三角互证、与被调研对象多次沟通，反复求证的方式，最终得出了较为可靠的观点和结论。

（二）疫情影响了调研的范围和深度

受三年疫情的影响，在开展教学点调研时，由于管理的原因，进入教学点需要层层审批和管制，尤其是开展跨省（区）调研时，存在很大困难。这在一定程度上影响了调研的范围和深度。针对这一问题，本书采用在线访谈、电话访谈和进校面对面沟通相结合的方式，反复推敲和研究第一手资料的信度和效度，以此保证研究的质量和效度。

二 研究展望

针对上述局限和不足，今后可以继续开展以下研究。

（一）人工智能等新兴技术对教学点教育教学的影响

在未来一段时间里，人工智能教学系统、学习分析技术、人机协同的智能助手、创客教育等将陆续进入教学点，会对教学点的"教—学—管—测—评"过程产生影响。因此，有必要基于这些新兴技术对教学点教育教学的影响，研究新兴技术如何赋能教学点的发展，为教学点的生存和发展提供更大的可能性，并进一步提升教学点的教育教学质量。

（二）在数字化转型背景下，农村教学点课堂教学样态研究

当前教育信息化正值数字化转型时期，学校数字化转型涉及数字化新基建、数字化资源、数字化应用平台、数字应用场景等。数字化转型会对未来农村教学点的教育教学产生哪些影响？教学点的未来课堂教学样态如何？这些问题有待于进一步深入研究。

本书调查的西北五省（区）教学点名单

附录一

西北五省（区）	教师编码	信息化水平 （较好、一般、较弱）
陕西省	蓝田县 A 教学点	较好
	温州工贸协会 B 学校（陕西省蓝田县蓝关街办）	较好
	蓝田县 C 教学点	一般
	陕西洋县 D 教学点	一般
	蓝田县 E 教学点	较弱
	蓝田县华胥镇 F 教学点	较弱
	蓝田县华胥镇 G 教学点	较弱
甘肃省	东乡县 X 小学	较好
	会宁县 X 小学	较好
	会宁县 Y 小学	较好
	临夏市东乡县 Z 学校	一般
	临夏市 A 小学	一般
	会宁县 B 小学	较弱
	会宁县老君坡镇 B 小学	较弱
	会宁县会师镇 C 小学	较弱
宁夏回族自治区	海原县郑旗乡 A 小学	较好
	红寺堡区太阳山 A 小学	较好
	红寺堡区太阳山 B 小学	较好
	泾源县兴盛乡 D 小学	较好

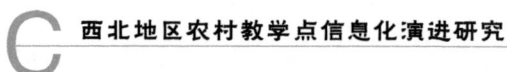

续表

西北五省（区）	教师编码	信息化水平（较好、一般、较弱）
宁夏回族自治区	红寺堡区太阳山 C	较好
	泾源县黄花乡 E 小学	较好
	泾源县黄花乡 F 小学	较好
	泾源县黄花乡 G 小学	较好
	彭阳县白阳镇 X 教学点	较好
	彭阳县 Y 教学点	较好
	彭阳县冯庄乡 P 教学点	较弱
	彭阳县新集乡 R 教学点	较好
	同心县王团镇 A 学校	较好
	同心县王团镇 B 学校	较好
	同心县王团镇 C 学校	较好
	同心县张家塬乡 D 完小	较好
	海原县高崖乡 A 小学	较好
	西吉县将台堡镇 A 小学	较好
	西吉县将台堡镇 B 小学	较好
	海原县贾塘乡 D 教学点	一般
	海原县郑旗乡 X 教学点	一般
	海原县史店乡 Y 教学点	一般
	海原县史店乡 Z 教学点	一般
	红寺堡区太阳山镇 D 小学	一般
	红寺堡区太阳山镇 E 小学	一般
	泾源县泾河源镇 D 教学点	一般
	同心县预旺镇 E 小学	一般
	海原县西安学区 A 教学点	较弱
	海原县西安学区 B 小学	较弱
	海原县西安学区 C 教学点	较弱
	海原县 D 教学点	较弱
	红寺堡区太阳山 F 小学	较弱

附录一 本书调查的西北五省（区）教学点名单

续表

西北五省（区）	教师编码	信息化水平（较好、一般、较弱）
宁夏回族自治区	海原县 G 教学点	较弱
	泾源县兴盛乡 A 小学	较弱
	泾源县泾河源镇 B 小学	较弱
	泾源县泾河源镇 C 小学	较好
	泾源县兴盛乡 Z 教学点	较好
	同心县预旺镇 F 完全小学	较弱
	同心县预旺镇南塬 G 完全小学	较弱
青海省	西宁市城中区 A 教学点	较好
	海东市互助土族自治县 B 教学点	较好
	海东市互助土族自治县 C 教学点	一般
	海东市互助土族自治县 D 教学点	一般
	玉树市 X 小学	较弱
	玉树市 Y 小学	较弱
新疆维吾尔自治区	阿勒泰地区阿勒泰市汗德尕特蒙古民族乡寄宿制学校 A 教学点	一般
	奥托拉克乡小学 B 教学点	一般
	新疆库尔勒市托布力其乡 C 教学点	较弱
	吐鲁番市艾丁湖乡中心小学 D 教学点	较弱
	吐鲁番市三堡乡中心小学 E 教学点	较弱

教学点信息化演进调查问卷
（半开放）

附录二

一 教学点基本信息

1. 学校名称：

2. 联系人及电话：

3. 当前有学生多少人？（　　）学生最多时多少人？（　　）

4. 当前有教师几人？（　　）教师最多时有多少人？（　　）

5. 教师年龄：20 岁以下（　　）人，20—29 岁（　　）人，30—39 岁（　　），40—49 岁（　　）人，50 岁及以上（　　）人

6. 学校始建于哪年？学校经历了怎样的发展和演变过程？影响学校演变的主要因素有哪些？（乡村结构布局、人口变化、教育管理等）

7. 学校的信息化建设始于哪年？信息化发展经历哪些演进（发展）过程？哪些事件影响学校的信息化演进（发展）过程？

二 教学点信息化演进阶段及其应用情况

（一）第一阶段：教学点信息化起步阶段（2003 年以前）

1. 2003 年以前是如何培训教学点教师信息技术应用能力的？培训内容是什么？培训效果如何？

2. 该阶段是如何应用信息技术进行教育教学的？

3. 该阶段影响教学点信息技术应用的因素是什么？

4. 最早的数字教育教学资源的主要内容是什么？资源是如何使用

的？效果如何？

5. 这一时期的信息技术对课堂教学策略有无影响？有什么影响？

（二）第二阶段：信息化基础建设大发展阶段（2003—2011年）

1. 您所在的教学点是何时开始开设"信息技术"课程的？（三年级以上）

2. 西部中小学现代远程教育工程当时的教学资源是如何应用的？应用效果如何？对教学点和学生适应性如何？

3. 《教育技术应用能力标准》对当时教学点的教师有没有影响？有何影响？

4. 《中小学教师信息技术应用能力提升工程》对当时教学点教师的专业发展有无影响？有什么影响？

5. 该阶段信息技术应用对学生有无影响？有什么影响？教学点孩子的学习方式有没有发生明显变化？学生自己或者在老师的帮助下有没有进行自主、合作、探究学习？具体是怎么做的？

6. 教师是如何使用三种教学模式和教学资源的？有哪些创新应用和好的做法？

7. 该阶段，教育信息化在建设和应用方面有无困难？有什么困难？

第三阶段：信息化应用大力提升阶段（2012—2018年以前）

1. 学校是否有老师参加"一师一优课，一课一名师"的比赛？

2. 有关部门是否明确要求教学点教师参加比赛？有无这方面的激励政策或措施？

3. 这一阶段教师在教学创新和信息技术应用方面的做法是什么？有哪些教学特色或教学创新？

4. 这一阶段，教师的发展路径是什么？有没有专家引领的教师发展？具体是怎么做的？

5. 这一阶段，学校和教师在信息化发展方面的困境和需求是什么？

第四阶段："互联网＋"等技术支持的创新发展阶段（2018年以来）。

1. 对开展拖课和"双师课堂"的教师，有没有相应的激励措施？

2. 教学点学生课后用不用信息技术？如果使用，主要用来做什么？

3. 信息技术在教学点的教研活动中是怎么发挥作用的？（有没有支持在线教研）

4. 三个课堂（名师、名校和专递课堂）到底是怎么用的？效果好不好？如果不好，问题是什么？

5. 培训和教研是怎么做的？多不多？什么级别？效果怎样？外出培训是不是惠及不到代课教师？

6. 学校开设了哪些课程？能否开齐、开好课程？有什么困难和问题？

7. 音乐、体育、美术、英语课程是如何开设的？开设的效果如何？

8. 是否开设了《信息科技》课程？是如何开设的？

三 教师和学生基本情况

年级	人数	教师受教育程度	人数	从教时长	人数
一年级		初中毕业（人数）		小于5年	
二年级		高中毕业（人数）		5—9年	
三年级		大专（人数）		10—19年	
四年级		大学		20—29年	
五年级及以上		大学以上		30—39年	
学生总数		教师总数		40年及以上	

教师接受相关培训情况：

1. 教师接受过哪些方面的培训（国家数字资源全覆盖项目培训、送教下乡、国培、区级培训、县级培训、学区培训、学校教研活动）？这些培训是否满足你们的需求？

2. 教师的信息素养如何？

3. 学生的信息素养如何？

4. 教师专业成长方面的困难和需求？

5. 教师在信息化教学方面的困难和需求？

四 信息化教学设施设备

信息化教学设备	数量	购置/配置时间	师均数量	生均数量	运行状态（能/否）
学生用电脑（台）					
教师用电脑（台）					
电子白板（个）					
农远模式一：DVD＋电视＋教学光盘（套）					
农远模式二：卫星信号接收器＋计算机、刻录机等（套）					
在线互动课堂					

五 信息化教学资源和教学平台

1. 学校教师教、学生学的主要方式是？[讲授式、教师主导—学生主体（如翻转课堂）、探究式等]

2. 学校教学化资源配置方式有哪些？

3. 学生在增加或减少时，教师人数有没有相应增加或减少？对教与学的方式有无影响？

4. 学校现有的信息化教学资源有哪些？资源的来源渠道是什么？

5. 信息化教学资源对教与学是否有帮助？具体应用形式有哪些？

6. 学校是否用信息化教学平台？用的哪些平台（如宁夏教育云等）

7. 一些信息化工程项目（如"农远项目""教学点数字资源全覆盖项目""三通两平台"）对信息化资源、平台等是否有影响？

张家塬乡中心学校2018年"一师一优课、一课一名师"活动实施方案（节选）

附录三

根据同心县教育局《关于开展2018年"一师一优课、一课一名师"活动的通知》（同教发〔2018〕54号）精神，为促进信息技术与课堂教学融合创新，推动信息化手段在课堂教学中的广泛应用，在应用中逐步汇聚形成系统的优质数字教育资源，使信息技术教学常态化应用。为开展好张家塬乡"一师一优课、一课一名师"活动，现依据《同心县2018年"一师一优课、一课一名师"活动实施方案》，结合实际，特制定本方案。

一 活动目标

充分调动我乡广大中小学教师应用信息技术的积极性、主动性和创造性，组织引导教师在国家教育资源公共服务平台（以下简称国家平台）进行学习研讨、"晒课"，在这一平台上，建设一支善用信息技术和优质数字教育资源开展教学活动的骨干教师队伍，促进优质数字教育资源的开发与共享，逐步形成一套覆盖小学各年级各学科各版本的生成性资源体系，力争注册参加活动教师数量达到全乡小学教师数的100%，晒课数达到全乡小学教师数的100%以上。在各个学校推优基础上，遴选3节"优课"参加"县优"课评选，按照上级分配名额从中推选出一等奖课例参加"市优""省优""部优"课评选。

附录三　张家塬乡中心学校2018年"一师一优课、一课一名师"活动实施方案（节选）

二　组织领导

张家塬乡中心学校成立"一师一优课、一课一名师"活动领导小组，教务处负责具体指导，各完小负责具体实施，全体教师共同参与，各学校紧密配合；并成立由学科带头人、骨干教师、教研员、信息管理员、一线教师等组成的评委指导组。

三　活动内容

（一）组织网上晒课

各学校要结合本校实际，组织教师在规定时间内通过国家平台登录，利用国家平台提供的"晒课"功能进行实名制网上晒课。今年的"活动"重心下沉到学校，要把工作做在基层，把基本功练在课堂，把学习贯穿于过程始终，一定要把过程做实、做细，把结果做强、做优，让质量"上乘"的优课在各个学校产生。各完小要成立学科指导组，我乡的获奖教师、骨干教师要带头注册、晒课、推优。中心学校成立学科指导组，各校也要成立学科指导组，在晒课之前进行线下"观优课""评优课""做优课""磨优课"等研课系列活动，对活动进行实效性指导，乡、校两级学科指导组精准对接，在"晒课"前进行线下研课，对活动进行参与指导。中心学校根据活动进展情况将邀请县教研员、城乡结对帮扶学校（同心第一小学）、市区教学教研精准帮扶学校（开元小学）深入各完小参与指导，按照自治区教育厅规定，教师参与"一师一课"参加活动所用课时，折算成相应学分，纳入教师全员培训学分。

1. 版本要求

"晒课"教材的版本为经教育部审定的中小学教材，以教育部公布的2018年度教学用书为准。

综合实践活动以专题形式进行晒课和评审，小学和初中信息技术学科纳入综合实践课程范畴。今年新增心理健康教育、安全教育和家庭教育等内容，以主题分类方式进行晒课和评审。

2. 晒课节点

本年度晒课节点的变化。为鼓励教师在无"部优"和"省优"课例的节点下晒课，方案要求：国家平台上"省优'课例总数超过 5 堂的节点不再开放晒课。请晒课教师注意：这些节点为灰色，点击后出现提示""此节点下省优加部优总数量超过 5 堂，本年度不再开放晒课！请在有蓝色按钮的节点下晒课。标注有"＊"的节点表示该目录下没有部优课，在评审时优先，鼓励在这些节点进行晒课。

3. "晒课内容"

教师所提交的网上晒课内容应包括：一堂利用信息技术开展课堂教学的完整教学设计、所用课件及相关资源（或资源链接）、课堂实录（可选，拟参加教育部"优课"遴选的为必选）和评测练习（可选）等。

鼓励教师上传课堂实录（指教学过程视频）。课堂实录应展现课堂教学的完整过程（最低不少于 30 分钟），画面清晰。课堂实录片头不超过 5 秒，应包括课程名称、年级、上/下册、版本、单位、主讲教师姓名等基本信息。课堂实录分辨率在 720×576 或以上，视频数据不大于 1G，码流为 0.5—1Mbps。推荐"县优"课，中心学校将联系录播教室等硬件设备的使用，确保教师有良好的"晒课"录制环境。

"晒课"视频必须是 2018 年 3 月以后录制且能真实反映教师当前教学水平的课堂实录。如发现有教师、学校上传在以前各种参赛活动中录制且参评过的"旧课"的情形，将取消其参赛资格并通报批评。

4. 晒课时间

为防止网络堵塞给教师传课带来不便，综合考虑各年级教师数量和晒课数量等因素，本年度晒课采取按学段分阶段传课的方式，不同学段传课的时间安排如下：

小学 4—6 年级：3 月 16 日—4 月 25 日

小学 1—3 年级：3 月 16 日—5 月 25 日

张家塬乡中心学校

2018 年 3 月 20 日

同步课堂远端教师教学能力调查问卷

附录四

亲爱的老师：

您好！非常感谢您奉献宝贵的时间填写这份问卷。同步课堂是利用信息化手段促进教育均衡和公平的重要举措。教师同步课堂教学能力是影响同步课堂教学效果的重要因素。本次调查的目的旨在了解目前同步课堂远端教师教学能力水平现状，您的个人信息将严格保密，请按照自身实际情况填写。感谢您的参与和配合！

第一部分：基本信息

1. 您的性别是（   ）

   A. 男　　　　　　　B. 女

2. 您所教的年级是（   ）

   A. 一年级　　　　　B. 二年级　　　　　C. 三年级

   D. 四年级　　　　　E. 五年级　　　　　F. 六年级

3. 您所教的学科是（   ）

   A. 语文　　　　　　B. 数学　　　　　　C. 英语

   D. 科学　　　　　　E. 音乐　　　　　　F. 美术

   G. 体育　　　　　　H. 信息技术　　　　I. 其他

4. 您的教龄在（   ）

   A. 1—5 年　　　　　　　　　　　　　　B. 6—10 年

C. 11—20 年　　　　　　　　　　　　　　D. 20 年以上

5. 您平均每学期参加几节同步课堂的课（　　）

A. 1—2 节　　　　　　　　　　　　　　B. 3—4 节

C. 4 节及以上　　　　　　　　　　　　D. 没有参加过

第二部分：远端教师教学能力评价

【考察量表】（请您仔细阅读以下表格内的"项目内容"，在您认为符合的空格中打"√"）

1 完全不符合　2 不符合　3 基本符合　4 符合　5 完全符合

指标	1	2	3	4	5
L1. 我非常愿意参加同步课堂					
L2. 上课前，我愿意与授课教师进行深度沟通与交流，一起备课					
L3. 课中，我愿意辅助主讲教师引导调动学生学习参与，提供一定的指导					
L4. 课后，我愿意与主讲教师一起进行教学反思，提出教学意见					
L5. 课前，我会与授课教师一起进行以下分析					
●学情差异分析					
●教学内容选择					
●教学活动设计					
●教学评价设计					
●突发情况预设					
L6. 我能够督促协调本班学生的学习，对学习提供及时反馈，帮助学生查漏补缺					
L7. 我能够配合主讲教师管理课堂，并及时提供反馈信息帮助主讲教师了解教学和学生学习情况					
L8. 我能够利用各种通信方式与主讲教师实时沟通交流教学信息和学生学习情况					

续表

指标	1	2	3	4	5
L9. 面对同步课堂中的突发情况，我能够配合主讲教师及时解决，保证同步课堂的顺利进行					
L10. 我能够发挥就近优势，引导本班学生积极回答主讲教师的问题，调动本班学生学习参与，促进课堂交互产生					
L11. 我能够对本班学生的学习提供即时的指导反馈，以弥补主讲教师异地交互不足的弊端					
L12. 课后，我能够及时与主讲教师同步开展教学评价，沟通交流教学效果					
L13. 我能够与主讲教师及时交流反思、反馈问题、提出教学改进建议					
L14. 我熟练掌握同步课堂相关教学设备与系统的操作，如计算机多媒体设备等					

教学点教育信息化演进影响因素的校长访谈提纲

附录五

基本信息：

1. 您的性别（　　）

　A. 男　　　　　　　　　　B. 女

2. 您的学历（　　）

　A. 中专及以下　　　　　　B. 大专

　C. 本科　　　　　　　　　D. 本科以上

3. 您的年龄（　　）

　A. 20 岁以下　　　B. 20—29 岁　　　C. 30—39 岁

　D. 40—49 岁　　　E. 50 岁及以上

4. 您从事教学点管理工作时长（　　）

　A. 不满一年　　　B. 1—5 年　　　　C. 6—10 年

　D. 11—20 年　　　E. 20 年以上

5. 您所在教学点的名称：

问题1：教学点信息化演进（发展）的基本情况

（1）您所在教学点经历了怎样的信息演进（发展）过程？

（2）在教学点演进（发展）过程中，突出的问题和困难是什么？

（3）在教学点演进（发展）过程中，信息技术的主要教育教学应用有哪些？

问题2：教学点信息化演进的影响因素

附录五 教学点教育信息化演进影响因素的校长访谈提纲

（1）您认为，您所在教学点信息化演进的影响因素是什么？（可以围绕政策、资金、技术和人员等方面谈，也可以根据您的认识来谈）

（2）您认为，国家现有教育信息化政策对教学点信息化发展的支持程度如何？有没有需要优化的地方？

（3）您认为，相关教育管理部门在教学点信息化资金投入和分配、资金管理和应用方面有无需要改进的地方？

（4）您所在教学点现有信息技术的适用性如何？在信息技术应用过程中有无困难和问题？当前阶段还有哪些需求？

（5）您是如何看待信息技术对教学点教育教学的影响的？请举例说明。

（6）您所在教学点教师的信息技术应用水平如何？教师的应用水平对教育教学效果产生了哪些影响？

（7）您所在教学点学生的信息素养如何？学生信息素养对学习效果有什么影响？请举例说明。

问题3：教学点信息化演进（发展）的优化策略

（1）您认为，应该从哪些方面入手优化当前教学点信息化演进（发展）？

（2）教学点信息化演进（发展）还需要哪些支持？

（3）您觉得教师个人可以做哪些努力来优化教学点信息化发展？

教学点教育信息化演进影响因素的教师访谈提纲

附录六

基本信息：

1. 您的性别（　　）

A. 男　　　　　　　　　　B. 女

2. 您的学历（　　）

A. 中专及以下　　　　　　B. 大专

C. 本科　　　　　　　　　D. 本科以上

3. 教师年龄（　　）

A. 20 岁以下　　　B. 20—29 岁　　　C. 30—39 岁

D. 40—49 岁　　　E. 50 岁及以上

4. 您的教龄（　　）

A. 不满一年　　　　　　　B. 1—5 年

C. 6—10 年　　　　　　　D. 10—20 年

5. 您所在教学点的名称：

问题1：教学点信息化演进（发展）的基本情况

（1）您所在教学点经历了怎样的信息演进（发展）过程？

（2）在教学点演进（发展）过程中，突出的问题和困难是什么？

（3）在教学点演进（发展）过程中，信息技术的主要教育教学应用有哪些？

问题2：教学点信息化演进的影响因素

附录六　教学点教育信息化演进影响因素的教师访谈提纲

（1）您认为，您所在教学点信息化演进的影响因素是什么？（可以围绕政策、资金、技术和人员等方面谈谈，也可以根据您的认识来谈）

（2）您认为，现有教育信息化政策对教学点信息化发展的支持程度如何？有没有需要优化的地方？

（3）您所在教学点现有信息技术的适用性如何？在信息技术应用过程中有无困难和问题？当前阶段还有哪些需求？

（4）您的信息技术应用水平如何？您是如何应用信息技术开展教育教学的？应用效果如何？请举例说明。

（5）您在应用信息技术教育教学时有哪些困难和问题？需要什么支持？请举例说明。

（6）您所在教学点学生的信息素养如何？学生信息素养对学习效果有什么影响？请举例说明。

问题3：教学点信息化演进（发展）的优化策略

（1）您认为，应该从哪些方面入手优化当前教学点信息化演进（发展）？

（2）教学点信息化演进（发展）还需要哪些支持？

（3）您觉得教师个人可以做哪些努力来优化教学点信息化发展？

参考文献

中文文献

著作/译著

陈向明：《质的研究方法与社会科学研究》，教育科学出版社 2000 年版。

邓亮：《薄弱学校文化变革研究》，中国社会科学出版社 2019 年版。

范先佐：《中国教育改革 40 年：农村教育》，科学出版社 2019 年版。

顾明远主编：《教育大辞典（简编本）》，上海教育出版社 1999 年版。

郭清扬、赵丹、范先佐：《中小学布局调整与教学点建设研究》，人民教育出版社 2011 年版。

郭绍青、李华、吴永红：《远程教育卫星资源接收与利用》，高等教育出版社 2005 年版。

国家互联网信息办公室、北京市互联网信息办公室：《中国互联网 20 年网络大事记篇》，电子工业出版社 2014 年版。

何克抗：《信息技术与课程深层次整合理论：有效实现信息技术与学科教学深度融合》，北京师范大学出版社 2019 年版。

何克抗、吴娟：《信息技术与课程整合——信息技术与课程深度融合的理论与实践》，高等教育出版社 2019 年版。

黄荣怀、王运武等：《中国教育改革 40 年：教育信息化》，科学出版社 2019 年版。

解月光：《农村基础教育信息化绩效评估及发展研究》，人民教育出版社

2015年版。

靳希斌：《教育经济学》，人民教育出版社2005年版。

李秉德：《教学论》，人民教育出版社2001年版。

李苒：《资源配置和空间布局的均衡性研究》，科学出版社2019年版。

毛齐明：《维果茨基与教育》，山西人民出版社2019年版。

石中英：《教育哲学》，北京师范大学出版社2007年版。

史宁中等：《新农村建设与城镇化推进中农村教育布局调整研究》，经济科学出版社2014年版。

孙耀君：《西方管理思想史》（上），山西人民出版社1987年版。

万玮：《教育只有一个主题》，中国人民大学出版社2022年版。

王策三：《教学论稿》，人民教育出版社2005年版。

王英杰、曲恒昌、李家永：《亚洲发展中国家的义务教育》，人民教育出版社2003年版。

魏宏森、曾国屏：《系统论——系统科学哲学》，清华大学出版社1995年版。

邬志辉等：《中国农村教育：政策与发展（1978—2018）》，社会科学文献出版社2018年版。

尹俊华、庄榕霞、戴正南编：《教育技术学导论》，高等教育出版社2002年版。

曾天山、祝新宇：《信息化引领教育未来》，教育科学出版社2021年版。

翟博：《基础教育均衡发展理论与实践》，教育科学出版社2013年版。

翟博：《教育均衡论》，人民教育出版社2008年版。

张文兰主编：《信息技术与课程整合》，陕西师范大学出版总社有限公司2012年版。

张净：《信息时代的组织变革管理》，甘肃人民出版社2014年版。

赵丹：《农村教学点问题研究》，中国社会科学出版社2016年版。

中华人民共和国教育部：《中国教育统计年鉴2021》，中国统计出版社有限公司2022年版。

[美]卡尔·R.罗杰斯：《罗杰斯著作精粹》，刘毅、钟华译，中国人民

大学出版社 2018 年版。

［美］迈尔斯、休伯曼：《质性资料的分析：方法与实践第 2 版》，张芬芬等译，重庆大学出版社 2008 年版。

［美］唐纳德·里奇：《大家来做口述历史：实务指南》，王芝芝、姚力译，当代中国出版社 2006 年版。

［美］威廉·维尔斯曼：《教育研究方法导论》，袁振国主译，教育科学出版社 1997 年版。

［美］约翰·杜威：《学校与社会·明日之学校》，赵祥麟译，人民教育出版社 2005 年版。

［苏］赞科夫：《教学与发展》，杜殿坤等译，人民教育出版社 2018 年版。

［英］凯西·卡麦兹：《建构扎根理论：质性研究实践指南》，边国英译，重庆大学出版社 2009 年版。

学位论文

鲍广场：《基于 VPN 的远程教育网络设计》，硕士学位论文，西北师范大学，2008 年。

陈飞宇：《组织变革理论视角下的地方大学国际化发展研究》，博士学位论文，山东师范大学，2020 年。

陈阳：《农村教学点教师在线教研实践案例研究》，硕士学位论文，华中师范大学，2020 年。

董文丞：《专递课堂教学互动及其优化策略研究——以西吉县小学科学课为例》，硕士学位论文，宁夏大学，2021 年。

范春亚：《宁夏农村教学点数字化教学资源应用调查研究》，硕士学位论文，宁夏大学，2021 年。

郭炯：《西部农村远程教育中教师学习资源中心有效运行的研究》，硕士学位论文，西北师范大学，2005 年。

金慧颖：《信息化视域下乡村小规模学校优质教学资源供给现状的调查研究》，硕士学位论文，河北师范大学，2021 年。

李楠：《我国优秀赛艇运动员体能训练体验的现象学研究》，博士学位论文，首都体育学院，2022年。

李雅丽：《农村教学点教师信息技术应用能力现状及提升策略研究》，硕士学位论文，广西师范学院，2017年。

卢晓旭：《基于空间视角的县域义务教育发展均衡性测评研究——以江苏省常熟市为例》，博士学位论文，南京师范大学，2011年。

罗敬：《基于改进型FIAS农村小学同步直播课堂交互问题的研究》，硕士学位论文，云南师范大学，2020年。

吕依驰：《H省C县专递课堂"双师"协作教学研究》，硕士学位论文，华中师范大学，2020年。

任少芳：《交互式电子白板提升农村教学点数学课堂教学质量的实证研究》，硕士学位论文，赣南师范大学，2021年。

孙小健：《张掖市三通两平台建设现状分析与发展对策研究》，硕士学位论文，西北师范大学，2017年。

王妍莉：《"农远工程"环境下民族地区双语教学资源建设与应用策略研究——以甘南藏族自治州为例》，硕士学位论文，西北师范大学，2010年。

吴秀圆：《同步课堂背景下的城乡教师实践共同体发展研究——以湖北省咸安区为例》，硕士学位论文，华中师范大学，2015年。

徐畅：《河北省威县双师课堂教学效果实证研究》，硕士学位论文，河北大学，2021年。

徐辉富：《教育研究的现象学视角》，博士学位论文，华东师范大学，2006年。

张伟平：《信息化助力乡村教学点质量提升的机制和机理研究》，博士学位论文，华中师范大学，2019年。

周需：《"互联网+教育"背景下教师"教—研—训"共同体的构建与应用》，硕士学位论文，湖南科技大学，2021年。

朱文：《云南边远地区"1+N"专递课堂的实施现状及教学成效研究》，硕士学位论文，云南师范大学，2020年。

期刊论文

本刊编辑部:《2001 中国现代远程教育 10 大新闻》,《中国远程教育》2002 年第 1 期。

《宁夏:82%的学校接入互联网》,《中国教育网络》2016 年第 1 期。

阿伦娜:《中国电化教育(教育技术)年表》(二),《电化教育研究》2006 年第 12 期。

鲍传友:《农村薄弱学校的信心缺失与信任重建》,《中国教育学刊》2017 年第 3 期。

蔡蔚君、魏依云、黄亚平:《促进学习机会公平:后扶贫时代的乡村教育信息化——基于机会多元主义理论视角》,《中国教育信息化》2022 年第 8 期。

曹骁勇、曲珍:《国内外义务教育均衡发展研究述评》,《黑龙江教师发展学院学报》2021 年第 10 期。

陈庆贵:《农村中小学现代远程教育环境下的教学应用模式研究》,《电化教育研究》2006 年第 12 期。

陈向明:《扎根理论的思路和方法》,《教育研究与实验》1999 年第 4 期。

达于迁:《互助县复式教学模式调研分析》,《青海教育》2011 年第 11 期。

邓立言等:《纵论教育信息化历程》,《信息技术教育》2004 年第 12 期。

翟博:《教育均衡发展:理论、指标及测算方法》,《教育研究》2006 年第 3 期。

范春亚、马晓玲:《宁夏农村教学点数字化教学资源应用研究》,《中国教育信息化》2022 年第 3 期。

冯琳:《消除数字鸿沟 促进教育均衡化发展——联合国儿童基金会与中国合作远程教育项目访谈综述》,《中国远程教育》2009 年第 10 期。

付卫东、王继新、左明章:《信息化助推农村教学点发展的成效、问题及对策》,《华中师范大学学报》(人文社会科学版)2016 年第 5 期。

甘甜、程路:《为什么宜春的农村教学点对教师有了吸引力》,《人民教育》2018 年第 22 期。

郭炯、杨丽勤:《协同与交互视角下的同步课堂:本质、困境及破解路径》,《中国电化教育》2020 年第 9 期。

郭绍青:《正确认识国家农村远程教育工程中三种硬件模式与教学模式》,《电化教育研究》2005 年第 11 期。

侯清珺等:《从 1.0 到 3.0 的进阶:走向深度的项目学习》,《中小学管理》2020 年第 8 期。

胡小勇:《"三个课堂"促进新时代教育公平发展的研究》,《中国电化教育》2021 年第 10 期。

黄涛、田俊、吴璐璐:《信息技术助力农村教学点课堂教学结构创新与均衡发展实践》,《电化教育研究》2018 年第 5 期。

康开洁:《教育均衡发展理论与实证研究综述》,《当代教育论坛》2008 年第 9 期。

孔利华、焦中明:《基于"农远工程"的农村教学点教师专业化发展的策略研究——以赣南地区为例》,《中国教育信息化》2009 年第 22 期。

赖萍:《大山再高也挡不住知识——"教育部、李嘉诚基金会西部中小学现代远程教育项目"云南实施纪要》,《云南教育》(小学教师)2004 年第 Z1 期。

雷励华、左明章:《面向农村教学点的同步互动混合课堂教学模式研究》,《电化教育研究》2015 年第 11 期。

雷万鹏:《城镇化进程中农村小规模学校发展》,《全球教育展望》2014 年第 2 期。

梁林梅、陈圣日、许波:《以城乡同步互动课堂促进山区农村学校资源共享的个案研究——以"视像中国"项目为例》,《电化教育研究》2017 年第 3 期。

刘洋、黄旭光、林毅君:《山东省"教学点数字教育资源全覆盖"项目资源应用现状研究》,《现代教育技术》2019 年第 4 期。

刘奕杉、王玉琳、李明鑫:《词频分析法中高频词阈值界定方法适用性的实证分析》,《数字图书馆论坛》2017 年第 9 期。

罗锋：《新疆基础教育信息化发展的探索与展望》，《中国民族教育》2017年第8期。

乜勇、高红英、王鑫：《"双师教学"共同体模式构建：要素与结构关系分析研究》，《电化教育研究》2020年第12期。

南国农：《教育信息化建设的几个理论与实际问题（上）》，《电化教育研究》2006年第11期。

潘云鹤：《人工智能2.0与教育的发展》，《中国远程教育》2018年第5期。

钱佳、郭秀旗、韦妙：《农村教学点教育信息化政策实施困境与路径选择》，《教育研究与实验》2018年第6期。

瞿红良、王照辉、侯利华：《点亮大山深处——凤凰县箭道坪小学"1+N"网络联校建设经验》，《湖南教育》（D版）2022年第2期。

仁青扎西、达娃：《西藏偏远地区"撤点并校"个案调查研究——以西藏那曲县A教学点为例》，《西藏大学学报》（社会科学版）2017年第9期。

任少芳、焦中明：《智慧课堂提升农村教学点课堂教学质量的路径探析——基于Seewo与Plickers的课堂教学》，《中国教育信息化》2020年第16期。

孙长忠：《远程教育基层教学点学习者个别化自主学习研究》，《中国电化教育》2012年第2期。

田宝宏：《农村教学点的形成、现状与危机——来自中部Z市教学点的质性研究》，《中国教育学刊》2009年第6期。

王海涛等：《人工智能发展的新方向——人机物三元融合智能》，《计算机科学》2020年第S2期。

王继新、施枫、吴秀圆：《"互联网+"教学点：新城镇化进程中的义务教育均衡发展实践》，《中国电化教育》2016年第1期。

王继新等：《基于教学行为数据分析的"互联网+在地化课堂"优化对策研究》，《电化教育研究》2020年第4期。

王娟：《对教育部和李嘉诚基金会西部中小学现代远程教育项目工作的

调研》,《宁夏教育》2003 年第 3 期。

王丽娜、陈琳、陈丽雯等:《教学点"全覆盖"项目——信息化促进教育公平典型范例研究》,《中国电化教育》2017 年第 12 期。

王陆、王晓芜、张敏霞:《农村中小学现代远程教育工程中 DVD 模式的教学应用》,《中国电化教育》2005 年第 11 期。

王娜:《基于团体动力学理论的远程教育学习小组研究》,《湖北大学成人教育学院学报》2011 年第 4 期。

王莹、张永:《中小学教师信息技术远程培训现状调查研究——以 2016 年甘肃省中小学教师信息技术应用能力提升工程为例》,《甘肃教育》2017 年第 16 期。

王振岭、丁生东:《青海藏族地区基础教育发展的背景、现状及对策》,《民族教育研究》2007 年第 1 期。

王志军、余新宇、齐梦梦:《"互联网+"背景下我国农村教育信息化发展着力点分析》,《中国电化教育》2021 年第 10 期。

王珠珠、郑大伟:《西部中小学远程教育项目的成功经验》,《中国远程教育》2004 年第 11 期。

韦妙:《农村小规模学校信息化发展的生态学思考》,《教育科学》2015 年第 6 期。

文继奎、张玲玲:《"农远工程"资源应用中存在的问题与对策》,《中小学电教》2008 年第 Z2 期。

肖静、黄文琪:《群体动力学视域下的高校教师学习共同体发展探究》,《武汉理工大学学报》(社会科学版)2017 年第 5 期。

谢幼如、宋乃庆、刘鸣:《网络课堂协作知识建构的群体动力探究》,《电化教育研究》2009 年第 2 期。

杨改学、张榕玲:《远山呼唤的回声 千年期盼的实现——鸟瞰农村中小学现代远程教育工程》,《中小学信息技术教育》2006 年第 10 期。

杨俊锋等:《混合同步网络课堂有效性的实证研究》,《电化教育研究》2018 年第 12 期。

杨丽勤、郭炯、姚亚杰:《教师同步课堂教学能力框架研究》,《电化教育研究》2021年第9期。

杨晓宏、郭治虎：《西部"农远工程"建设及应用现状分析》，《开放教育研究》2007年第1期。

杨永贤、罗瑞、杨晓宏：《宁夏南部山区农村中小学现代远程教育资源教学应用调查》，《电化教育研究》2009年第6期。

张际平：《系统论与基础教育信息化应用推进》，《中国电化教育》2009年第3期。

张耀国：《"SW+课堂"教学模式在农村小学的推广应用》，《甘肃教育》2020年第4期。

张忠法：《我国农村信息化建设及远程教育的有关政策问题》，《中国远程教育》2009年第11期。

赵丹、曾新：《"新机制"后农村教学点的经费困境与出路——基于湖北省Y县C教学点的个案分析》，《上海教育科研》2009年第7期。

赵丹、范先佐、郭清扬：《乡村小规模学校教育质量提升——基于集群发展视角》，《教育研究》2019年第3期。

赵丹、吴宏超：《全球视域下农村小规模学校作用的重新审视》，《教育发展研究》2012年第3期。

赵向华：《希望的种子——"明天女教师培训计划"纪实》，《中国远程教育》2001年第1期。

自治区教育厅教育信息化管理中心：《大力实施农村现代远程教育工程 不断提高"三种模式"应用水平》，《宁夏教育》2006年第Z1期。

报刊

卜晓明、顾玲：《青海率先全面实施远程基础教育》，《中国民族报》2006年10月31日第1版。

陈小强、胡庭芳：《青海农村中小学远程教育工程进展顺利》，《中国民族报》2005年10月14日第3版。

林玟均、董发辉：《大通撤并百所学校和教学点》，《青海日报》2010年12月1日第2版。

闫寒冰、柳立言：《智能技术开启教学共同体新模式》，《中国教育报》

2022年7月28日第3版。

英文文献

Albright, M. J., "Cable Connections: Exploring the Possibilities," *TechTrends*, 1992, Vol. 37, No. 3.

Appleman, R., "A New View—Applications of Instructional Television," *TechTrends*, 1992, Vol. 37, No. 3.

Arnold, P., "Review of Contemporary Issues for Rural Schools," *Education in Rural Australia*, 2001, Vol. 11, No. 1.

Barnard, J., "Videoconferencing to Help Build a State Network," *TechTrends*, 1990, Vol. 35, No. 3.

Bennett, N., O'Hare, E. and Lee, J., "Mixed-age Classes in Primary Schools: A Survey of Practice," *British Educational Research Journal*, 1983, Vol. 9, No, 1.

Benveniste, L. A., McEwan, P. J., "Constraints to Implementing Educational Innovations: The Case of Multigrade Schools," *International Review of Education*, 2000, Vol. 46, No. 1.

Bianchi, W. "Education by Radio: America's Schools of the Air," *TechTrends*, 2008, Vol. 52, No. 2.

Bohrson, R. G., Stutz, R. C., "Small School Improvement: Urban Renewal Begins in the Country," *The Bulletin of the National Association of Secondary School Principals*, 1966, Vol. 50, No. 307.

Broadbent, E., Feerst, D. A., Lee, S. H., Robinson, H., Albo-Canals, J., Ahn, H. S., & MacDonald, B. A., "How Could Companion Robots be Useful in Rural Schools?" *International Journal of Social Robotics*, 2018, Vol. 10, No. 3.

Busher, H., Hodgkinson, K., "Co-operation and Tension between Autonomous Schools: A Study of Inter-school Networking," *Educational Review*, 1996, Vol. 48, No. 1.

Carroll, J. S., *Teacher Education and Visual Education for the Modern School*, San Diego, Cfal. Y, Office of the Superintendent of Schools, 1948.

Cornish, L., "Multi-grade Pedagogy and Student Learning," *Bhutan Journal of Research and Development*, 2014, Vol. 3, No. 1.

Cowell, R. N., Holsinger, D. B., "Indonesia's Small Schools Project: A Fresh Look at a Persistent Problem," *International Review of Education*, 1985, Vol. 31, No. 1.

Cullen, T., Frey, T., Hinshaw, R., & Warren, S., *Technology Grants and Rural Schools: The Power to Transform*, Paper Presented at the Annual Meeting of the Association for Educational Communications and Technology, Chicago: IL, 2004.

Dale, E., Finn, J. D., & Hoban, Jr. C. F., "Research on Audio-visual Materials," *Teachers College Record*, 1949, Vol. 50.

Daniel, E., Curry-Corcaran, D. E., & O'Shea, P. M., "ACTT Now: A Collaboration Reshaping Teacher Technology Training," *TechTrends*, 2003, Vol. 47, No. 5.

Darling-Hammond, L., "Strengthening Clinical Preparation: The Holy Grail of Teacher Education," *Peabody Journal of Education*, 2014, Vol. 89, No. 4.

Dennis, M. M., *Rural and Remote Schools: A Reality in Search of a Polity*, Edge Conference October 2009, St. John's, NL Canada, 2009.

Devlin, M., McKay, J., "Teaching Students Using Technology: Facilitating Success for Students from Low Socioeconomic Status Backgrounds in Australian Universities," *Australasian Journal of Educational Technology*, 2016, Vol. 32, No. 1.

Dlamini, S., Vyver, A., "A Qualitative Analysis of an E-education Initiative in Deep Rural Schools in South Africa: A Need to Build Resilience," in International Development Informatics Association Conference, Springer, Cham, 2018.

Ellerani, P. , Tenchini, C. A. , & Barca, D. , "Smart Learning Extended Environment: Connecting Anywhere People and Organizations," in SMART 2018: The Seventh International Conference on Smart Cities, Systems, Devices and Technologies, 2018.

Elliott, G. M. , "Film and Education," *Music Educators Journal*, 1949, Vol. 35, No. 6.

Evans, T. , "Constructing Educational Technologies: Interactive Television for Teachers Professional Development in Australia," *Educational Technology Research and Development*, 1995, Vol. 43, No. 1.

Fox, J. , Loutsch, K. , & O'Brien, M. , "ISDN: Linking the Information Highway to the Classroom," *TechTrends*, 1993, Vol. 38, No. 5.

Francom, G. M. , "Barriers to Technology Use in Large and Small School Districts," *Journal of Information Technology Education Research*, 2016, Vol. 15, No. 1.

Frossard, F. , Trifonova, A. , & Frutos, M. B. , *Evolutionary Approach of Virtual Communities of Practice: A Reflection within a Network of Spanish Rural School*, in International Conference on Technology Enhanced Learning, 2010.

Gosmire, D. , Vondruska, J. , "Distance Teaching and Learning Academy," *TechTrend*, 2001, Vol. 45, No. 3.

Hagon, R. , "Serving the Underserved: Two-Way Cable TV Links Rural Schools," *TechTrend*, 1986, Vol. 31, No. 1.

Hilli, C. , "Distance Teaching in Small Rural Primary Schools: A Participatory Action Research Project," *Educational Action Research*, 2020, Vol. 28, No. 1.

Howley, A. , Wood, L. , & Hough, B. , "Rural Elementary School Teachers' Technology Integration," *Journal of Research in Rural Education*, 2014, Vol. 26, No. 9.

Huett, J. , Moller, L. , Foshay, W. R. , & Coleman, C. , "Implications for Instructional Design on the Potential of the Web, the Evolution of Distance Education: Implications for Instructional Design on the Potential of the Web," *TechTrends*, 2008, Vol. 52, No. 4.

Hyry-Beihammer, E. K., & Hascher, T., "Multi-grade Teaching Practices in Austrian and Finnish Primary Schools," *International Journal of Education Research*, 2015, Vol. 74, No. 7.

Kanter, R. M., et al., *The Challenge of Organizational Change: How Companies Experience It and Leaders Guide It*, New York: Free Press, 1992.

Kerimbayev, N., Akramova, A., & Suleimenova, J., "E-learning for Ungraded Schools of Kazakhstan: Experience, Implementation, and Innovation," *Education and Information Technologies*, 2016, Vol. 21, No. 2.

King, K., "Television in the Schools: Instructional Television and Educational Media Resources at the National Public Broadcasting Archives," *TechTrends*, 2008, Vol. 52, No. 4.

Kormos, E. M., "The Unseen Digital Divide: Urban, Suburban, and Rural Teacher Use and Perceptions of Web-Based Classroom Technologies," *Computers in the Schools*, 2018, Vol. 35, No. 1

Kramer, C., "A Multilevel View of Small Schools: Changing Systems," in Baden-Württemberg and Vorarlberg, *Geographies of Schooling*, Knowledge and Space. Springer, 2019.

Kurt, L., "Frontiers in Group Dynamics," *Human Relations*, 1947, No. 1.

Lee, O., "Information Technology Applications in the Centralized Educational System: Ten Years of Korean Experience," *Educational Technology Research and Development*, 1998, Vol. 146, No. 1.

Lester, N. C., "Teaching Principals: Their Background Experience and Preparedness for the Role," *Practising Administrator*, 2001, Vol. 23, No. 4.

Lewis, J. A., *Improving Rural K-12 Teachers' Use of Technology for Instruction and Student Learning*, Walden University, 2010.

Maněnová, M., Wolf, J., & Skutil, M., et al., "Combating the Coronavirus Pandemic in Small Schools," *Sustainability*, 2021, Vol. 13, No. 13, p. 7086.

Mangione, G. R. J., Cannella, G., "Small School, Smart Schools: Distance Education in Remoteness Conditions," *Technology, Knowledge and Learning, Technology, Knowledge and Learning*, 2021, Vol. 26, No. 4.

Nedungadi, P., Mulki, K., & Raman, R. "Improving Educational Outcomes & Reducing Absenteeism at Remote Villages with Mobile Technology and WhatsAPP: Findings from Rural India," *Education and Information Technologies*, 2018, Vol. 23, No. 1.

Nedungadi, P., Raman, R., Menon, R., & Mulki, K., "AmritaRITE: A Holistic Model for Inclusive Education in Rural India," in *Children and Sustainable Development*, Springer, Cham, 2017.

Page, G. A., Hill, M., "Information, Communication, and Educational Technologies in Rural Alaska," *New Directions for Adult and Continuing Education*, 2008, No. 117.

Park, E., Sinha, H., & Chong, J., "Beyond Access: An Analysis of the Influence of the E-Rate Program in Bridging the Digital Divide in American Schools," *Journal of Information Technology Education: Research*, 2007, Vol. 6, No. 1.

Plessis, A., Subramanien, B., "Teacher Usage of ICT in a South African Multigrade Context," in *Perspectives on Multigrade Teaching*, Springer, Cham, 2021.

Raggl, A., Smit, R., & Kerle, U. (Hrsg.), "Kleine Schulen im ländlich-alpinen Raum," *Swiss Journal of Educational Research*, 2016, Vol. 38, No. 3.

Raggl, A., "Teaching and Learning in Small Rural Schools in Austria and Switzerland: Opportunities and Challenges from Teachers' and Students' Perspective," *International Journal of Educational Research*, 2015, No. 74.

Robinson, R. S., Collins, K. M., & West, P. C., "NO Funds? NO

Teachers? Share Advanced Courses with Other Schools via Interactive Cable Television," *TechTrends*, 1985, Vol. 30, No. 2.

Ronsisvalle, T., Watkins, R. "Student Success in Online K-12 Education," *Quarterly Review of Distance Education*, 2005, Vol. 6, No. 2.

Rudduck, J., "Students and School Improvement," *Improving Schools*, 2016, Vol. 4, No. 2.

Saettler, P., *The Evolution of American Educational Technology*, Englewood, Colorado: Libraries Unlimited, Inc, 1990.

Saqlain, N., "A Comprehensive Look at Multi-age Education," *Journal of Education and Social Research*, 2015, Vol. 5, No. 2.

Seamon, D., "Phenomenology, Place, Environment and Architecture: A Review of the Literature," *Phenomenology Online*, 2000, No. 36.

Seltzer, D. A., Himley, O. T., "A Model for Professional Development and School Improvement in Rural Schools," *Journal of Research in Rural Education*, 1995, Vol. 11, No. 1.

Shareefa, M. V., et al., "Facilitating Differentiated Instruction in a Multigrade Setting: The Case of a Small School," *SN Social Sciences*, 2021, Vol. 1, No. 5.

Stelmach, B. L., "A Synthesis of International Rural Education Issues and Responses," *Rural Educator*, 2011, Vol. 32, No. 2.

Taole, M. J., Cornish, L., "Breaking Isolation in Australian Multigrade Teaching Contexts through Communities of Practice," in *Perspectives on Multigrade Teaching*, Springer, Cham, 2021.

Thomas, A., Falls, Z., "Rural Elementary Teachers' Access to and Use of Technology Resources in STEM Classrooms," in *Society for Information Technology and Teacher Education*, 2019.

Tomlinson, C. A., Brighton, C., Hertberg, H., Callahan, C. M., Moon, T. R, Brimijoin, K., Conover, L. A., & Reynolds, T., "Differentiating Instruction in Response to Student Readiness, Interest, and

Learning Profile in Academically Diverse Classrooms: A Review of Literature," *Journal for the Education of the Gifted*, 2003, Vol. 27, No. 2/3.

Wang, P. Y., "Examining the Digital Divide between Rural and Urban Schools: Technology Availability, Teachers' Integration Level and Students' Perception," *Journal of Curriculum and Teaching*, 2013, Vol. 2, No. 2.

Weinman, C., *Bibliography on Audio-Visual Materials for Teachers in the Elementary School*, New York: Bureau of Publications, Teachers College, Columbia University, 1950.

Willis, P., "From 'the Things Themselves' to a 'Feeling of Understanding': Finding Different Voices in Phenomenological Research," *Indo-Pacific Journal of Phenomenology*, 2004, Vol. 4, No. 1.

Wood, D. N., Wylie, D. G., *Educational Telecommunications*, Belmont, CA: Wadsworth Publishing Company, 1977.

后记

  我对农村教学点信息化的关注很早。我从小生长在农村,成长于农村,自20世纪90年代以来,我以一名教育技术学习者、研究者的身份亲历了中国教育信息化的发展及应用历程,我的学习和成长受益于信息化教育带来的红利和好处。很幸运,我享受到了更好的教育。

  在十余年的研究历程中,我曾多次深入中国西北农村薄弱地区调研,我看到了西北农村薄弱地区教育发展的艰难、家长的无奈和教师的坚守。我也深刻感受到随着经济社会发展,农村贫困地区家长们对教育的重视和需求日益增长与学校教育教学严重落后之间的矛盾逐渐凸显。农村教学点作为中国教育系统中最薄弱、最困难、最特殊的一类学校,它们的处境远比我们想象得还要困难。改革开放以来,中国教育信息化取得了举世瞩目的成就,产生了大量的信息化教学资源,信息技术融合应用进入新阶段,师生信息素养得到显著提升。相较于中国教育信息化的整体发展情况,教学点信息化起步较晚,始于20世纪90年代初,国家先后对教学点信息化发展给予了非常大的支持和帮扶,主要通过一些国家级项目加以推动落实,包括"教育部—李嘉诚现代远程教育项目""现代远程教育三种模式""教学点资源全覆盖项目""三个课堂""互联网+教育"项目等。历经三十多年发展,教学点信息化经历了从起步、应用、融合到创新的发展过程。在学校结构布局大调整的浪潮中,教学点虽然逐年减小,但还是保留了一定的规模。这些教学点能够立足并获得

后 记

发展，除了国家和地方政府、教育管理部门给予很大的支持和帮助外，信息技术发挥了重要作用。它在很大程度上丰富了教学点资源，通过"三个课堂"、共享直播课缓解了教师不足的问题，通过同步互动课堂开齐开好规定课程。农村教学点信息化发展虽然滞后于中国教育信息化的总体水平，但还是呈现出良好的发展势头。

中国特色社会主义进入了新时代。中国社会的主要矛盾已经转化为人民日益增长的美好生活需要和不平衡不充分的发展之间的矛盾。教育领域的矛盾亦是如此。如何缓解农村贫困地区人们日益增长的教育需求与学校教育教学严重落后之间的矛盾？本书以西北地区的教学点为调查对象，通过梳理教学点信息化演进的过程，剖析每个阶段的应用及其特点，总结研究过程中存在的问题，剖析问题原因，提出提升教学点信息化发展的对策，为教学点发展及推动农村薄弱地区教育优质均衡发展提供借鉴。

西北地区农村教学点信息化演进的时间跨度比较长，本书涉及的调查对象比较多，包括西北五省（区）的教学点，撰写教学点案例时间和空间跨度较大，再加上受三年疫情影响，进入教学点做深入调研很不方便。研究存在一些现实困难。幸运的是，西北地区各省（区）、市（县）、中心校及教学点的管理人员和教师给予笔者大量帮助，本书才得以完成。笔者前后共访谈了百余人，在这里我就不一一列举他们的名字了，谨向这些接受过我访谈、陪同我一起调研、给予我帮助的领导和老师致以最真挚的感谢！

本书是 2018 年国家社会科学基金项目"西北农村教学点信息化演进的质性研究（项目号：18XSH006）"的成果。本书是笔者多年来对农村教育及信息化思考的结果，是课题团队及实验室成员精诚合作的结晶，汇聚了我们的协同创新精神及集体智慧。

全书由笔者设计整体架构和研究内容。全书的撰写基本上由笔者一人执笔完成。在成书的过程中，笔者的研究生王川芳、宗昊、季瑜、马倩、范春亚、禹娟娟、邓玉超、马瑛、尹慧荣、赵阳、卜敏、赵美银、蒲雪梅、荆悠、周文青、李永婷等人帮助查阅了大量资料、绘制图表、分析数据等；研究生王川芳、宗昊、焦雪、马倩、范春亚、禹娟娟、卜敏跟随笔者多次到西北五省（区）教学点进行实地调研，他们及时撰写调研报告并对本书的撰写多次提出建设性的意见和建议。这些研究生有的已经成为博士研究生，有的已毕业，走上工作岗位，有的还在继续攻读硕士研究生学位，在此一并向他们表示感谢。感谢他们的努力和对本书的所有付出，他们是我研究中的得力助手。

最后，向书中所列出及未列出的各类参考文献的作者致以深深的谢意！是他们的辛苦探索和智慧结晶给了笔者研究启发和灵感，是他们的成果丰富了本书的内容。

对书中引用和参考的国内外参考资料文献，我们尽量标注了出处，若有遗漏和不精准之处，恳请谅解！

书中一定会有论述不当或不妥之处，真诚希望各位读者批评指正！

马晓玲

2023 年 6 月 21 日

出版学术专著目录

1. 曹二磊：预科生数学核心概念理解水平及教学策略研究
2. 关荐：民族地区文化共同体建设的心理学路径研究
3. 王安全：西部乡村振兴中的教师教育供给制度研究
4. 马晓凤：精准帮扶视野下西北地区农村小规模学校发展研究
5. 马晓玲：西北地区农村教学点信息化演进研究
6. 田养邑：后脱贫时代西北民族地区教育精准扶贫介入机制拓展研究
7. 马笑岩：小学教育专业教学质量评价标准研究
8. 谢延龙：乡村教师支持计划的精准支持研究
9. 李英慧：梁漱溟青年教育观研究
10. 陈琼：西北地区小学中华优秀传统文化传承的典型案例研究